文庫

善悪の彼岸

ニーチェ

中山元訳

kobunsha
classics

光文社

Title : JENSEITS VON GUT UND BÖSE
1886
Author : Friedrich Nietzsche

凡例

（1）本書の原文のテクストは、Friedrich Nietzsche, *Jenseits von Gut und Böse, Zur Genealogie der Moral*, Kritische Gesamtausgabe, Herausgegeben von Giorgio Colli und Mazzino Montinari, Walter de Gruyter & Co, 1968である。なお学生版のコンメンタール（*Kommentar zu den Banden* 1-13, kritische Studienausgabe in 15 Einzelbänden/Friedrich Nietzsche; herausgegeben von Giorgio Colli und Mazzino Montinari, Bd. 14）も参考にした（以下ではコンメンタール巻と呼ぶ）。

（2）巻末の訳注と年譜の作成にあたっては、コンメンタール巻と三島憲一ほか編『ニーチェ事典』（弘文堂）を参考にしている。

（3）節のサブタイトルはすべて訳者によるものである。ニーチェの断章にはまったく改行がないが、思考の区切りを示すためには改行が便利なので、暴力的だとは思いつつも、区切りのよいところで改行している。［］で囲んだ部分は訳者による補足、〈〉で囲んだ部分は訳者による強調である。

『善悪の彼岸』目次

善悪の彼岸

未来の哲学の序曲

序

真理が女であると考えてみては——、どうだろう？[1] 哲学者が独断論的な理論家であるかぎりは、女たちを理解できないのではないかという疑問には根拠があるのではないだろうか？ 哲学者たちはこれまで、ぞっとするほどの真面目さと不器用な厚かましさをもって、真理に近づこうとしてきたものだが、これは女たちを口説《くど》くには、なんとも下手で不細工なやりかたではないだろうか？ 女たちが口説き落とされなかったのは、もっともなことなのだ。——そこであらゆる種類の独断論的な哲学者たちは今や、力を落とし暗い顔をして佇《たたず》んでいるというわけだ。[2] 彼らがそもそもまだ立っていられるとしての、、、ことだが！

というのは独断論などというものはすでに失敗に終わって地面に倒れているとか、すべての独断論は横になって最後の息をひきとろうとしていると嘲笑する人々がいるほどなのだ。真面目なところ、哲学におけるすべての独断論的な議論は、どんなに晴れがましくふるまおうとも、みずからを最終的な学とか、究極の学とか呼ぼうとも、結局のところは上品ぶった子供だましか、素人の遊びだったことが明らかになるのは、十分に予測できることなのだ。独断論の哲学者たちはこれまで、崇高で絶対的な哲学の建物を構築してきたのだが、その礎石となるものはいったい、どんなものであればよかったのか、繰り返し問われるようになる日はおそらく近い。──その礎石は、記憶にないほどの昔から伝えられた民族的な迷信のようなものではないのか（たとえば、現在でも主観や自我という名で悪さをしつづけている魂という迷信のように）。あるいはおそらく［言語の］文法のために知らず知らずのうちに生まれたある種の地口のようなものではないのか。あるいはごく狭く、ごく個人的で、あまりに人間的な事実を、無鉄砲にも普遍化することで生まれたものではないのか。

独断論的な哲学は、かつての占星術がそうだったように、せいぜい数千年先のことを約束するにすぎないものだったと思われてくる。これまで占星術には、ほかのどんな真の学問も比較にならないほどの多くの労働と、資金と、鋭い洞察力と、忍耐力が費やされてきたのだった。──アジアとエジプトにかの偉大な建築様式が誕生したのも占星術のおかげ、占星術が「超自然的に」利用されたおかげなのだ。すべての偉大な事柄は、人類がそれを永遠の課題として自分の心のうちに刻みこむためには、まず恐怖をまきおこすほどの巨大な愚者となって、地上を彷徨する必要があったかのようである。独断論的な哲学もまさに、こうした愚者の一人だった。アジアのヴェーダーンタ哲学がそうだし、ヨーロッパのプラトンの哲学もそうだ。

たしかにわたしたちはこうした哲学の恩恵を忘れるべきではないだろう。もちろんこれまでのすべての誤謬のうちで最悪で、退屈極まりなく、もっとも危険な誤謬が、独断論のもたらした誤謬であったこと、すなわちプラトンによる純粋な精神と善そのものの発明にあったことを忘れることはできないとしてもである。しかしこの誤謬が克服され、ヨーロッパがその胸苦しさから解放されて一息つくことができるようになった今では、——少なくとも健康な眠りを享受できるようになった今では、覚醒そのものを課題とするわたしたちこそが、この誤謬との闘いのうちで育《はぐく》まれたすべての力を相続する者なのである。精神と善についてプラトンのように語ることは、真理を転倒させること、すべての生の土台となる条件としての遠近法をみずから否定することにほかならない。医師ならば、次のように問うことができるだろう。「古代のもっともみごとな人物であるプラトンに、どうしてあのような病気がとりついたのか? 悪しきソクラテスがプラトンを駄目にしてしまったのか? ソクラテスは若きプラトンを台無しにした人物なのか? ソクラテスはみずから毒杯をあおぐに値することをなしたのか」と。——しかしプラトンとの闘いは、あるいはもっとわかりやすい「通俗的な」語り口をすれば、千年を超えるキリスト教と教会からの圧力との闘いは——というのはキリスト教は「通俗的な」プラトン哲学だからだ——、ヨーロッパにかつて地上にみられなかったほど、めざましい精神の緊張をもたらしたのだ。これほどの力で引き絞った弓であれば、どんな遠い的でも射ることができるほどだ。

もちろんヨーロッパの人々は、この緊張を緊急事態と感じている。そしてすでに二度まで、この弓の緊張を緩める偉大な試みが行われている。最初はイエズス会の試みであり、二回目は民主的な啓蒙の試みだった。——啓蒙は、出版の自由と新聞の購読の力を借りて、精神がもはやそう簡単には「緊急」事態に陥らないようにできたかもしれないのだ! (ドイツ人は火薬を発明した——注目、注目! しかしドイツ人はそれを帳消しにしてしまった——新聞を発明したからだ。) しかしイエズス会士でも民主主義者でもないわたしたちは、そしてまだ十分にドイツ人になりえていないわたしたちは、すなわち善きヨーロッパ人であり、自由な精神、きわめて自由な精神であるわたしたちは――まだ精神のすべての〈緊急〉から離れておらず、弓をしっかり引き絞ったままなのだ！　それにわたしたちは矢も、課題も、（誰が知ろうか？）標的すらも、まだもっているのだ。

オーバーエンガディンのジルス・マリアにて

一八八五年六月

第一篇　哲学の先入観について

一　真理の価値の問い

わたしたちをまだ多くの冒険に誘《いざな》うに違いない真理への意志、すべての哲学がこれまで畏敬の念をもって語ってきたこの有名な〈誠実さへの願い〉、この真理への意志はわたしたちに何という問いを投げかけてきたのだろうか！　それは何と驚くほどに悪しき奇妙な問いだろうか！　この問いについてはすでに長い歴史があるのに、――それでもこの問いはまだ始まってもいないかのようではないか？　わたしたちがついにこの問いに不信の念をいだき、忍耐心を失い、がまんできなくなって背を向けるようになったとしても、驚くべきことだろうか？　わたしたちがこのスフィンクスから、自分なりの問いを問うことを学んだとしても、驚くべきことだろうか？　そもそもわたしたちにこの問いを問うたのは誰なのか？　わたしたちのうちの何が、そもそも

「真理への」意志をもたせるのか？——実際のところわたしたちは、なぜこの意志が生まれたのかという問いの前に、長らく立ち尽くしていたのである。——そしてもっと根本的な問いの前で立ったまま、身動きもできなくなったのである。わたしたちはこの意志の価値について尋ねた。ただしわたしたちが真理を望むと仮定したうえでのことだが。しかしなぜ、むしろ非真理を望まないのか？ なぜ不確実さを望まないのか？ 無知をさえ望まないのか？——真理の価値の問題がわたしたちの前に歩みでる。——あるいはむしろわたしたちがこの問題の前に歩みでたのだったろうか？ ここでオイディプスであるのはわたしたちのうちの誰だろうか？ スフィンクスであるのは誰だろうか？[3] まるで疑問と疑問符のランデヴーのようなものではないか。——この問題がこれまで提起されたことがなかったかのように、——この問いを初めて目にしたかのように、——初めて目撃し、初めて敢えて問うかのように思われるのだが、そう信じるべきではないのだろうか？ これは一つの冒険だからだ。そしておそらくこれよりも大きな冒険はないのだ。

二　〈危険なおそらく〉の哲学者たちの到来

「あるものが、その反対の物から生じうるのだろうか？　たとえば誤謬から真理が生まれることがあるだろうか？　欺瞞への意志から真理への意志が生まれることがあるだろうか？　利己心から無私のふるまいが生じることがあるだろうか？　貪欲から賢者の曇りのない純粋なまなざしが生まれることがあるだろうか？　そのようなことは起こりえない。そんなことを夢見るのは愚者か、もっと質《たち》の悪い者だ。最高の価値をもつものは、もっと別のところから、固有の源泉から生まれるのでなければならない。――移ろいやすく、人を惑わせ、欺くような取るに足らぬ世界からは、狂気と欲望の混乱のさなかからは、そのような最高の価値をもつものを導きだすことはできないのだ！　そうではなく、存在の母胎のうちに、移ろうことのないもののうちに、隠された神のうちに、〈物自体〉のうちにこそ――その土台が存在するのでなければならない、ほかのどこでもなく！」

――このような判断のしかたこそが、哲学に固有の先入観を作りだすものであり、こうした判断方法によって、あらゆる時代の形而上学者をすぐに見分けることができる。このような価値評価の方法が、彼らのすべての論理的な手続きの背後に潜んでいるのだ。こうした「信仰」のうちから彼らは自分たちの「知識」を、やがては麗々しく「真理」と名づけられるものを取りだそうと努力するのである。

形而上学者の基本的な信念は、価値が対立しあうという信念である。彼らのうちでもっとも用心深い人ですら、これこそが何よりも疑う必要のあることだということを、思いつきもしなかったのである。「すべては疑うべきである」（デ・オムニブス・ドゥビタンドゥム）と、たがいに褒めあっていたにもかかわらずである。[4] 疑うべきだったのは、次のようなことだった。第一にこうした価値の対立がそもそも存在するかどうかということ、第二に形而上学者たちが太鼓判を押していた俗受けのする〈価値評価と価値の対立〉なるものが、「背景にあるものが」前景に投射された評価にすぎないのではないか、暫定的な遠近法にすぎないのではないかということである。それだけでなくある片隅から、おそらく下から見上げた遠近法、画家たちがよく使う言葉でいえば、〈蛙の遠近法〉にすぎないのではないか？　たしかに真理、誠実さ、無私というものは価値の高いものかもしれない。しかし仮象や、欺瞞への意志や、利己心や、欲望などにこそ、一切の生にとってさらに高い価値、根本的な価値があることを認めねばならないかもしれないのだ。

さらに、敬われている善きものの価値を作りだしているそのものが、ある悪しきもの、一見するとその反対にみえるものと危険な形で結びつけられ、繋《つな》がれ、編みあわされていること、おそらく本質的に同一のものであることだって、十分にありうることなのだ。おそらく！――しかしこのような〈危険なおそらく〉と関わりをもつことを望む人などいるだろうか！　それには、新しい種類の哲学者が訪れるのを待たねばなるまい。――これまでの哲学者たちとは反対の趣味と傾向をそなえた哲学者たちの到来を。――あらゆる意味で、〈危険なおそらく〉の哲学者たちの到来を。しかしじつのところわたしには、そのような新しい哲学者たちがやってくるのがみえるのだ。

三　思考と本能の深い関係

わたしは長いこと、哲学のテクストの行間を読んだり、しげしげと検討したりする作業をつづけてきたが、こう言わざるをえない。哲学の思考を含めて、意識的な思考の最大部分は、じつは人間の本能の活動の一つなのではないだろうか。わたしたちは遺伝について、人間の「先天的なものはなにか」という問題について学び直してきたのだが、思考についても学び直す必要があるのではないだろうか。遺伝の現象に先立つプロセスやその後のすべてのプロセスの考察においては、分娩という行為そのものが考察されることはほとんどない。「分娩という行為が、その背後の遺伝プロセスを示す重要な現象であるのと」同じように、「意識という営み」も、「本能の現れを示すものであり」本能と決定的な意味で対立したものとみなされることは、ほとんどないのである。——哲学者の意識的な思考の多くは、ひそかにその本能によって導かれているのであり、ある定められた軌道に沿って進むように強いられているのである。「人間の思考は」論理学の法則にしたがっているようにみえるし、「思考の」運動を論理学の法則が勝手に支配しているようにみえるが、その背後に潜んでいるものがある。それは価値評価であり、はっきりと言ってしまえば、ある種の生を維持することを求める生理学の要求なのである。

たとえば「無意識的な価値評価の例をあげてみると」確定的なものは不確定なものよりも価値が高いとか、仮象は「真理」よりも価値が劣るという評価があるが、こうした評価はわたしたちにとっては何かを規定するという意味で重要ではあるが、実際には前景的な評価にすぎないのであり、わたしたちのような存在がみずからを維持するために必要なある種の愚かしさ《ニエズリー》にほかならない。ただしわたしたち人間が「万物の尺度」などではないと仮定してのことだが⑤……。

四　虚偽の判断の必要性

ある判断が間違っていたとしても、それはわたしたちにとって判断そのものを否定する根拠にはならない。こう表現すると、わたしの語る新しい言葉がきわめて異様に響くかもしれない。重要なのは、判断というものがどれほどまでわたしたちの生を促進するものか、生を維持するものか、人間という種を維持するものか、おそらくは種を育てるものかということなのだ。わたしたちは根本的に、ある判断がどれほど間違っていても（たとえば「カントの」アプリオリな総合判断というのはその一例だ）、それはわたしたちに絶対に不可欠なものであると主張する傾向がある。そして人間というものは、論理的な虚構を働かせずにいられないとか、絶対者や自己同一者など、純枠に虚構の世界に準拠して現実の世界を測定せずにいられないとか、数によって世界を絶えず偽造せずにいられないとか主張するのである。——間違った判断であっても、それを手放すということは、生を手放すということ、生を否定するということだと信じこんでいるわけだ。［しかしわたしたちは反対に］非真理が生の条件であることを認めるべきなのだ。もちろんこれは、わたしたちに馴染《なじ》みの価値評価の感情に抵抗しようとする危険な営みだ。だからこのようなことを敢《あ》えてする哲学というものは、そのことだけで、すでに善悪の彼岸にあるのである。

五　哲学者の手品

すべての哲学者をなかば不信の念をもって、なかば軽蔑の気持ちをもって眺めたいと感じることがある。それは哲学者というものがなんとも無邪気な人々であることに何度も繰り返し気づかされるからだけではなく——哲学者というものは何と頻繁にそして何とたやすくやり損ない、道を間違える人々なのだろうか、いかに子供っぽく、幼いものなのだろうか——、むしろ彼らのやり口が十分に正直なものとは言い難いからなのだ。そのくせ哲学者たちは、ごく遠まわしに誠実さの問題が示唆されただけでも、みんなでこぞって道徳的な大騒ぎをしでかすのである。そして誰もが明晰で、純粋で、神々しいほどに呑気《のんき》な弁証法の自己展開の力で、自分だけの意見を発見し、獲得したかのようにふるまっている（これと対照的なのは、あらゆる種類の神秘家だ。彼らは哲学者よりも正直で、不器用なのだ――なにせ［自分の力で獲得したものではなく、他から与えられた］「霊感」について語るのだから）。［哲学者たちのやり口はと言えば］まずあらかじめ考えておいた命題とか、思いつきとか、「ひらめき」とかを想定する。これはたいていは哲学者が抽象的に作りだし、篩《ふるい》にかけたひそかな願望なのだ。そしてこれをあとから探しだした理由によって弁護する。――哲学者たちは誰もが弁護士のようなものであり（もっとも彼らはそう呼ばれるのは嫌うが）、しかも自分たちで「真理」と呼び習わしている偏見を抜け目なく擁護する代弁者なのである――そしてこのことをみずから認めるだけの大胆な良心など、とうてい持ち合わせていない。そのことを敵なり友人なりに警告するためにせよ、高慢なあまりにせよ、または自分を嘲笑するためにせよ、告白する勇気をもつという趣味のよさなど、とうてい持ち合わせていないのである。

老カントは、あのぎこちなく、つつましそうな偽善家ぶりによってわたしたちを弁証法の間道へと誘《いざな》うのであり、この間道はわたしたちを「〈なすべしと命じる道徳的な〉定言命法」へと導く（正しくは誘惑する）のだが――こうした芝居はわたしたちのような分け知りの人間を苦笑させるものだ。(6) わたしたちは年老いた道徳学者や道徳の説教師たちの巧みな策略をあばくことには、ちょっとした喜びをみいださずにはいられないのだ。スピノザは自分の哲学に――それは「この哲学《フィロソフィア》、すなわち知《ソフォス》への愛《フィロス》という」語の正しき意味で、結局は「神への知的な愛ではなく」「みずからの智恵への愛」ということだが――「幾何学の体系を採用することで」〈ちちんぷいぷい〉と数学的な形式の呪文を唱えたのだが、(7) これは青銅の甲冑《かっちゅう》や仮面をかぶるようなもので、こうすることで「自分の体系を」攻撃しようとする人々の勇気をあらかじめ殺《そ》いでおいたのも、こうした策略の一つである。「この策略で」無敵なる処女神であるアテナ女神の顔を覗こうとする輩《やから》を退けたのだ。――隠遁した病人のかぶったこの仮面は、どれほどの独特な内気と脆さを、知らず知らずのうちに明かしていることだろうか！

六　哲学と道徳

　これまでの偉大な哲学というものがどういうものだったか、わたしには次第に明らかになってきた。哲学の理論とは、その創始者の自己認識であり、意図せずにさりげなく書き残されたある種の覚書《メモワール》なのだ。あらゆる哲学には固有の生の〈胚〉というものがあるが、それは道徳的な（あるいは反道徳的な）意図であり、いつもそこからこの植物の全体［すなわちその哲学の体系］が成長してきたのである。実際のところ、きわめてかけ離れた形而上学的な議論を展開している哲学があったとして、それがどのようにして成立してきたのかを調べる何よりもよい（そして賢い）方法がある。それは次のように問うことだ。その体系は（その哲学者は──）、どのような道徳を目指しているか？

　だからわたしは、「認識への欲動」が哲学の〈父〉であったとは思わない。哲学もほかの学問と同じように、もっと別の欲動が認識を（そして誤認すらも）ひとつの道具のように利用しているのだと考えている。ここにおいて人間の根本的な欲動が、インスピレーションを与える精霊として（あるいはそれをダイモーンとか、いたずらな妖精《コボルト》と呼んでもよいが——）、どれほど巧みに働いているかを調べてみれば、こうした欲動がすでに、一度は哲学をやってみたことがあることが分かるだろう。——そしてこうした欲動はどれも、まさに自分こそが、その他のすべての衝動の正統なる主人であり、生存の究極の目的であることを示したがっていることも分かるだろう。というのもあらゆる欲動は、他の欲動の主人になりたがっているのであり、そのようなものとして、哲学することを試みるからだ。

——もちろん博識な人々、ほんらいの意味での学者の場合には事情が異なり——お望みなら、もっと「ましである」と言ってもよいかもしれない——、こうした人々には真の意味での認識への欲動があるのかもしれない。小さな時計仕掛けのようなものが独立して働いていて、しっかりとネジさえ巻いておけば、ひたすらこつこつと働いて、学者のその他のすべての欲動は、本質的にはそこに働きかけなくてもよいようになっているのかもしれない。だから学者のほんらいの「関心」は、ふつうは家族の問題なり利殖なり政治なりとは、まったく別のところにあるものなのだ。そして学者のこの小さな〈装置〉がどの学問分野で働くかということはほとんど、どうでもよいことなのだ。「有望な」若き研究者が、文献学の分野で働こうとも、茸《きのこ》の研究に携わろうとも、化学者になろうとも、それほど違いはないのだ。――彼がこの分野を研究するか、別の分野を研究するかは、研究者の特性を示すものではないのである。ところが哲学者の場合には反対に、個人的でないものはまったくない。とくに道徳は、その哲学者が何者であるか、すなわちその哲学者の本性のもっとも内奥の衝動にどのような位階の順序がつけられているか、を示す決定的な（というよりも決定済みの）証拠なのである。

七　エピクロスの語った悪口

しかし哲学者とは、何と意地悪になりうる人々だろうか！　わたしはエピクロスがプラトンとその仲間たちに向けて語った冗談ほどに、毒を含むものは知らない。エピクロスは彼らを「ディオニュシオコラケス」と呼んだのだ(8)。言葉どおりには、「ディオニュシオスの追従者」、すなわち僭主の取り巻き、おべっか遣いという意味だが、これは表面的な意味にすぎない。むしろ「奴らはすべて役者であり、本物は一人もいない」と言おうとするのである(「ディオニュソコラケス」とは、役者の俗称だったからだ)。この第二の意味こそ、エピクロスがプラトンに向けたほんものの悪口である。エピクロスには、プラトンとその弟子たちが心得ていた〈まるで芝居じみた〉大袈裟なふるまいが嫌いだったのだ。——エピクロスにはこのやりかたが耐えられなかったのだ! サモス島出身の老いたる教師だったエピクロスは、アテナイの〈園〉に隠遁して、三百冊の本を書いたのだが、それはもしかしたら? プラトンへの憤怒と競争心からではなかっただろうか?——ギリシアが、この〈庭園の神〉エピクロスがどのような人物であったかを嗅ぎつけるまでに、百年かかったのだ。——しかしほんとうに嗅ぎつけたのだろうか?——

八　驢馬の登場

哲学にはつねに、その哲学者が「確信しているもの」が舞台に登場する瞬間というものがある。古い秘教の言葉を借りれば、こう言えるだろう。

そこに驢馬《ろば》が登場した
美しく、いとも逞《たくま》しき驢馬が(9)

九　哲学の暴力

［ストア派は］「自然にしたがって生きよ」と教えたが、君たちはほんとうに生きること、を望んでいたのだろうか？(10)　おお高貴なストア派の人々よ、何という言葉による欺瞞だろうか！　自然というものがどんなものか考えていただきたい。自然は、際限なしに浪費するし、際限なしに無関心であり、意図も顧慮ももたず、憐憫《れんびん》も正義も知らず、豊饒であると同時に不毛であり、同時に不確実である。この無関心こそが力であることを考えてみたまえ。――君たちはどうやってこの無関心にしたがって生きることができるというのか？――生きるとはまさに、この自然とは〈違ったものとして存在しようとすること〉ではないのか。生きるということは、評価すること、選り好みすること、不正であること、限られたものであること、関心をもとうと［違ったものであろうと］欲することではないだろうか？

もしも君たちの「自然にしたがって生きよ」という命令が、基本的には「生にしたがって生きよ」という意味だとすると、――君たちにそれができない理由があるだろうか。君たち自身がそうであるものから、そうでしかあらざるをえないものから、一つの原理を作りだすということができるものだろうか？――ほんとうのところはその反対なのだ。君たちは自然から自分たちの掟のための規範《カノン》を読みとるのだと強弁しているが、じつはすばらしき役者であり、自己欺瞞者である君たちは、その反対のことを望んでいるのだ！　君たちの傲慢な心は、自然に（自然にすらだ）、自分の道徳と理想をおしつけ、「自然を」わがものにしようとしているのだ。自然が「ストア派にしたがった自然」となることを求めているのだし、すべての存在が自分たちの〈像〉にしたがってのみ存在することを望んでいるのだ、――ストア派の哲学を巨大に、そして永遠に賛美すること、「この哲学が」普遍的なものとして存在することを。君たちは真理への愛のすべてをもって、これほど長いあいだ、これほど頑固なまでに、これほど硬直した催眠状態において、自然を間違ってみること、すなわちストア派的にみることをみずからに強《し》いてきたので、もはや別の見方をすることができなくなっているのだ。――そして底知れぬ高慢さのために、ついに君たちは途方もない希望を抱くようになった。君たちは自分自身を暴力的に支配できるがゆえに――ストア派の哲学とは、自己の暴力的な支配である――、自然も暴力的に支配できると信じこんだのである。しかしストア派の哲学者もまた自然のひとかけらではないだろうか？……しかしこれは古い、永遠の物語だ。ただ現在でも、哲学がみずからを信じ始めた途端に、かつてストア派に起きたことが起こりうるのだ。哲学はつねに世界をみずからの〈像〉にしたがって作りあげるし、ほかのやり方はできないのだ。哲学とはこのように暴力的に支配しようとする衝動そのものである。もっとも精神的な、力への意志であり、「世界の創造」への意志であり、第一原因《カウサ・プリマ》への意志である。

一〇　現実と仮象

今日のヨーロッパではどこでも、「現実の世界と仮象の世界」の問題にこだわっているが、その熱心さと巧みさには（狡猾さと言いたいところだが）、考えさせられるものが、耳を傾けるべきものがある。その背後にあるのは「真理への意志」にすぎないと考えて、それ以上は耳を澄まさない人は、あまり鋭い耳をもっているとは言えないだろう。たしかにごく稀ないくつかの場合には、こうした真理への意志や、羽目を外すほどの冒険を好む勇気や、絶望的な試みに駆られた形而上学者の名誉心などが働いていることもあるかもしれない。しかしこうした場合にも、車に山積みした〈美しき可能性〉よりは、一握りの「確実性」が好まれるものだ。ピューリタン的な良心の狂信者であれば、不確実な〈何か〉に賭けるよりも、確実な〈無〉に命を賭けることを望むかもしれない。しかしこれはニヒリズムであり、死に飽きるほどに絶望した魂の兆候というものである。その美徳のふるまいがどれほど勇敢に思えるとしてもである。

もっと強く、生命力に満ち、いっそう生きることを望んでいる思想家の場合には、事情が異なるようだ。それはこうした思想家は仮象に反対する姿勢を示しているからであり、「遠近法」という言葉をすでに誇りをもって口にしているからである。そして「地球は動かない」という見掛けを信じないのと同じように、自分に身体があることも信じようとせず、みたところ上機嫌で、この「身体という」もっとも確実な所有物を手放そうとするからである（今では、自分の肉体よりも確実に信じられるものはあるだろうか?）。しかしこうした人々も根本的には、かつてさらに確実なものとして所有していたものを取りもどそうとしているのではないと、確信できる人はいるだろうか？　それはたとえば、かつての信仰という古き所有のいくつかであり、おそらく「不死の霊魂」であり、おそらく「古き神」である。要するに、彼らが取りもどそうとしているのは、「現代の理念」と比べるとより良く生きてゆける理念、すなわちもっと力強く、明るく生きてゆける理念なのである。そこにはこの現代の理念にたいする不信の念が、昨日や今日に作られたすべてのものにたいする不信の念が現われているのだ。あるいはさまざまな場所から生まれた概念の〈がらくた〉にはもはや耐えられないという、わずかな嫌悪と嘲笑の気持ちも混じっているかもしれない（ちかごろ売りにでているいわゆる実証主義とやらは、こうした〈がらくた〉の一つなのだ）。いわゆる現実を重視するこれらのえせ哲学者たちが持ちだすものは、縁日に持ち込まれる色とりどりの〈がらくた〉やぼろ切れにも似たもので（そこにはこの極彩色のほかには真正なものはなにもない）、ぜいたくに慣れた趣味人なら、こうしたものに吐き気を催すのも無理はないだろう。これについては現代の懐疑的な反現実主義者たち、認識の顕微鏡主義者たちは正しいと思うし、現代の現実とやらに背を向けようとする彼らの本能には反駁の余地はない。——こうした人々の抜け道が後ろ向きだとしても、わたしたちにかかわりのあることだろうか！　重要なのは彼らが「後戻り」しようとしているのではないということだ。彼らが——去ろうとしていることが大切なのだ。わずかでも、もっと力が、高揚が、勇気が、芸術家らしさがあれば、彼らは外にでてゆこうと望むだろう。——そしてもはや戻ってはこないだろう！——

一一　カントの「発明」の魅力

いまや誰もが、かつてカントがドイツの哲学に及ぼした影響から目を逸《そ》らそうと、とくにカントがみずからに認めた価値を巧みに迂回しようと、努めているようにみえる。カントは何よりも自分の「『純粋理性批判』で示された」カテゴリー表を誇りに思っていたし、この表を手にして、「これこそが形而上学の目標としえた営みのうちでも、もっとも困難な作業だった」と語ったものだった。——この「「目標と」しえた」という言葉の意味をよく理解していただきたい！　カントは人間の新しい能力、すなわちアプリオリな総合判断の能力を発見したことを誇りに思っていた。たとえカントがそのことで思い違いをしていたにせよ——それでもドイツ哲学の発展と急速な開花は、カントのこの誇りにかかっているのであり、できればもっと誇りをもてるようなものを——いずれにしても「新しい諸能力《ノイエ・フェアメーゲン》」を！——発見したいと考えたすべての若い世代の哲学者たちの競争心にかかっているのである。

しかしここでよく考えてみよう（今はその時期だ）。カントはアプリオリな総合判断がどのようにして可能なのかという問いを立てた[11]。——その答えはそもそもどんなものだっただろうか。ある能力の力で（フェアメーゲ・アイネス・フェアメーゲンス）というものだった。しかしカントはこのたった三語で答えたのではなく、きわめて面倒で、厳かで、ドイツらしい含意と美辞麗句を駆使して答えたものだから、その答えのうちにひそんでいたほがらかでドイツらしい愚直さ《ニエズリー》は聞き漏らされたのだった。この新しい能力が発見されたことで人々は熱狂したし、カントはさらに人間のうちに道徳的な能力が存在することまで発見したものだから、人々の歓喜はその絶頂にまで高まったものだった。——というのも当時のドイツ人はまだ道徳的であり、「リアル・ポリティクス」を重視したりはしなかったからである。——その後にドイツ哲学の甘美な時代が訪れた。テュービンゲンの神学校の若き神学者たちはすぐに藪《やぶ》の中にはいりこんだ[12]。——誰もが「能力」とやらを探していたのだ。そしてみつけだせぬものなど何もないかのようだった。——何しろドイツ精神がまだ若く、豊かで、無邪気な時代だったし、かの悪賢い妖精であるロマン主義が笛を吹き、歌を聞かせていた時代、まだ「発見」と「発明」の区別も明確ではなかった頃のことだからだ！

とくに「超感覚的なもの」の能力が重視された。シェリングはこの能力を〈知的直観〉と名づけ、まだ基本的に信仰心の強かった当時のドイツ人の心の深いところに潜んでいた願望をかなえたのだった。これはなんとも思い上がった夢見るような試みだった。しかしシェリングはまだ若かったのだから、たとえ老人くさい灰色の概念で思い切って偽装していたとしても、これをあまり真にうけて、道徳的に憤慨するのは公正ではないだろう。ともあれ人は老いるものであり、――夢は飛び去ったのである。人々が「自分は夢をみていたのではないかと」額をこすりながら、自問する時期が訪れたのであり、現在でもわたしたちはまだ額をこすりつづけているのだ。人々は夢をみていたのだ。そして誰よりも先に、――老カントが夢をみていたのだ。「ある能力の力で」――とカントは語った。少なくともそのつもりだった。しかしそれは――答えと言えるものだろうか？　説明なのだろうか？　むしろ問いを繰り返しただけのものではないだろうか？　「この答えを別の例で言い換えてみよう」阿片を吸うと人は眠るが、それはどうしてだろう。「ある能力の力で」、すなわち眠りの力〈ウィルトゥス・ドルミティウァ）によってである。モリエールの芝居で医者はこう答える。

そのゆえは、そのもののうちに眠りの力がそなわりて
その力は五感を眠《センスス・アスピーレ》らせる本性をもつがゆえ(13)

このような答えは、喜劇にふさわしいものだ。こうしてカントの問い「アプリオリな総合判断はどのようにして可能か？」という問いの代わりに、「なぜこのような判断を信じる必要があるのか？」という問いを立てる時期が、ついに訪れたのである。──すなわち人間という種の生存を維持するためには、このような判断が真なるものとして信じられる必要があったのはなぜか、ということを理解すべき時期が訪れたのだ！　もちろんそれだからこそ、これは間違った判断でもありえたとも言えるだろう。もっとはっきりと、そしてむきだしに、根本的に表現するならば、〈アプリオリな総合判断〉なるものはまったく「可能」であるはずがないのである。わたしたちにはこのような問いを立てる権利はないし、わたしたちの考えではこれはまったくの間違った判断なのである。しかしこの判断が真理であるという信念は必要なのであり、

それが生の遠近法の光学の一部なのである。それは前景的な信仰としても、外見としても役立つものなのだ。――さて最後に、「ドイツ哲学」なるものが――ここで引用符を使う必要のあることは、理解していただけるだろうか？――ヨーロッパの全土に及ぼした巨大な作用を考えてみれば、そこにある〈眠りの力〉が働いていたのは、疑問の余地のないところである。あらゆる国の高貴な暇人たち、徳の高い人々、神秘家、芸術家、四分の三だけのキリスト教徒、政治的な曚昧《もうまい》主義者たちは、ドイツの哲学が、前世紀から今世紀へと流れ込んできただけでなく今なお強い力をもつ［イギリスの］感覚論［経験論の哲学］にたいする解毒剤を与えてくれたことで、狂喜しているのだ。すなわち――この〈五感を眠らせるもの《センスス・アスピーレ》〉を与えてくれたことを……。

一二　霊魂の原子論

唯物論的な原子論といえば、これはすべての理論のうちで、もっとも激しく論駁されてきた理論である。現在のヨーロッパの学者には、この理論を真面目に考えようとする無学な人は誰一人としていないだろう。この語は便利な日常用語として、表現のための〈略語〉の一つとして扱われているにすぎないのだ。——こうなったのはかのポーランド人のボスコヴィッチのおかげであり[14]、彼はポーランド人のコペルニクスとともに、〈見掛け〉を攻撃してもっとも輝かしい成功を収めた人物である。すなわちコペルニクスは、わたしたちのすべての感覚に反して、地球が動かずに静止しているわけではないことを信じるように説得したのだが、ボスコヴィッチは地球上にあって「不動である」最後のもの、すなわち「物質」であり「質料」であるもの、地球の最後のこまぎれの微粒子［原子］への信仰を捨てることを、わたしたちに教えたのである。これは感覚にたいする勝利としては、地上がこれまで獲得した最大の勝利である。——しかしさらに一歩を進めるべきなのだ。わたしたちはあの有名な「形而上学的な要求」だけでなく、「原子論的な要求」にも、——宣戦布告し、しかも情け容赦のない血の闘いを挑まねばならない。——この「原子論的な要求」は、誰ひとりとして予想もしなかったようなところで、いまなお危険な余生を送っているのである。——まずキリスト教がもっとも長いあいだ、もっとも巧みに教えてきた別の宿痾《しゅくあ》のような原子論、すなわち霊魂の原子論にとどめを刺す必要があるのだ。

この霊魂の原子論という言葉でわたしが語ろうとしているのは、霊魂を不滅のもの、永遠のもの、分割できないもの、「ライプニッツの言う一なる」モナドとして、原子として考えようとするあの信仰のことである。このような信仰こそ、学問から追放しなければならないのだ！ 内々の話ではあるが、その際に霊魂そのものを捨てる必要はないし、もっとも古くからある尊ぶべきこの「霊魂の存在という」仮説そのものを断念する必要はまったくないのである。不器用な自然主義者たちは「霊魂」に手を触れるやいなや、それを失ってしまうことが多いのだが、それにならう必要はないのだ。むしろ霊魂の仮説を新たに理解し、さらにこの仮説を洗練するための道が開かれているのである。そして「死すべき霊魂」とか、「主体の多様性としての霊魂」とか、「欲動と情動の結合構造としての霊魂」のような概念が、やがては学問の世界でも市民権をもつようになるだろう。新しい心理学者は、これまで霊魂の観念の周囲に、ほとんど熱帯の植物のように鬱蒼と茂っていた迷信を片づけることによって、新しい荒野に、新しい不信の中に突き進むことになったのである――古い心理学者たちは、もっと安心して楽しくやっていられたのかもしれない。――しかしついには、新しい心理学者がこれによって、発明することを運命づけられていることを認識するようになるだろう――それが発見への運命でないことを、誰が知っているだろうか？

一三 自己保存の欲動

生理学者たちは、自己保存の欲動を有機体の枢要な欲動と考えているが、この理論は考え直すべき時期がきている。何よりも生きているものはすべて、自分の力を放出しようとするものである。生そのものが力への意志なのだ――。自己保存はそこから間接的に、もっとも頻繁にうまれる帰結にすぎない。――というのは、よくあることだが、余計な目的論的な原則には用心しなければならないのだ！――自己保存の欲動もそうした原則の一つだ（スピノザの哲学はこれについては一貫性を欠いていたのだ[15]――）。ある方法を採用するということは、［利用する］原理を節約することを本質とするものであり、そのためにも［余計な原則を加えないことが］必要なのだ。

一四 物理学の機能

今ではおそらくぼんやりとではあろうが、五人か六人の人々は理解し始めたことだろう、物理学とは世界を説明する学問ではなく、たんに世界を解釈し、整理するものにすぎないことを（失礼ながら、わたしたちの考えによればである！）。しかし物理学が感覚への信仰に依拠しているかぎり、それはたんなる解釈ではないものとみなされるだろうし、これから長いあいだも、解釈以上のもの、すなわち〈説明〉とみなされることだろう。物理学は人間の目と指を味方につけているし、見掛けと平明さも味方にしているのである。基本的に粗野な趣味をもつこの時代にあっては、これは魅力的で、説得力があり、納得させる力があるのである。——それは永遠に大衆的な感覚論の真理という規範に、本能的に適《かな》っているのである。

さてここで明白なものとは、「説明された」ものとは何だろうか？　それは第一に、目で見えて、指で触ることのできるものである。——そこにいたるまで、すべての問題を追い詰める必要がある。プラトンの哲学の思考方法の魔力はそれとは反対に、感覚に訴えるものに抗するところにあったのであり、これは高貴な思考方法だった。——おそらくこの思考方法は、わたしたちの同時代人よりもさらに強く、鋭い感覚を享受しながらも、この感覚を支配することにもっと高次の勝利を味わうことを知っていた［古代ギリシアの］人々のあいだで行使されたものだろう。しかし彼らは、多彩な感覚の渦（プラトンはこれを感覚の賤民と呼んでいた）の上に、冷たい灰色のむきだしの概念の網を投げかけることで、この感覚の渦を克服したのだった。プラトン風のこの方法で世界を克服し、世界を解釈することには、現代の物理学者が提供するのとは違った種類の喜びがあった。もちろんこの喜びは、ダーウィン主義者たちや、生理学の研究者のうちで目的論を否定する人々が、「最小限の労力」と〈最大限の愚鈍さ〉の原則で提供する喜びとは異なるものである。「人間がもはや目で見るべきものも、指でつかむものもないところには、もはや何も探す必要はない」――これはもちろんプラトンとはまったく異なる掟である。それは荒っぽい仕事を片づける必要のある人々、たとえば未来の機械工や架橋工など、粗野で勤勉な人々にとっては、まさにうってつけの掟であろう。

一五　身体とその外界

良心の咎《とが》めなしで生理学を研究するには、感覚器官が観念論の哲学でいう意味での現象ではないことに留意しておく必要がある。もしも感覚器官が現象であるならば、それはいかなるものの原因でもありえないことになるだろう！　だから感覚論は、発見的な原理ではないとしても、少なくとも統制的な仮説としては役立つのである。——ところがどうしたことか？　外界は、わたしたちの器官が作りだしたものだと主張する人々がいるではないか？　もしそうだとしたら、この外界の一部であるわたしたちの身体を、わたしたちの器官が作りだしたことになるではないか！　だとすると、わたしたちの器官そのものが、——わたしたちの器官が作りだしたものだということになるではないか！　これはわたしには、根本的な背理に落ち込む議論だと思われる。もちろん自己原因《カウサ・スイ》という概念が、根本的に不条理なものであることを認めるとしてだが。だから外界はわたしたちの器官の作りだしたものではないということになるのではないか？——

一六　直接的な確実性の迷信

いつの時代にも、無害な自己観察者というものはいるもので、彼らは「直接的な確実性」なるものが存在していると信じている。たとえば「デカルトの」「われ思う」がそうだし、ショーペンハウアーの迷信「われ欲する」もそうだ。あたかも認識が対象を「物自体」として純粋に、そしてありのままに把握することができるかのようであり、その際に主観の側からみても客観の側からみても、欺きは存在しないかのようである。しかしこの「直接的な確実性」なるものは、「絶対的な認識」とか「物自体」なるものと同じように、形容矛盾（コントラディクティオ・イン・アドイェクト）を含むものであることは、何度でも繰り返し指摘するつもりである。言葉の誘惑とそろそろ手を切るべきではないだろうか！

大衆なら、認識するということは、ある究極の知であると信じこんでいても構わないだろう。しかし哲学者であるならば、「われ思う」という命題で表現されるプロセスを分解してみれば、いくつかの〈大胆な〉主張にであうということを、こうした主張を根拠づけることは困難であり、おそらく不可能であることを語らねばならないのである。——こうした〈大胆な〉主張とはたとえば、考えているのはわたしであるとか、そもそも考えている何かが存在しなければならないとか、思考とは、ある存在者の活動であり、行為であり、その結果と考えられるとか、ある「われ」なるものが存在するとか、（最後になるが）思考が何を意味しているかはすでに周知のことであるとかいうものである。――要するに、わたしは思考とは何かということを知っているということだ。もしわたしが思考について決定的なことは何も知らないのだとすると、いま起きていることを、あるいは「望むこと」とか「感じること」かもしれないことを、どうやって判断できるだろうか？　だから「われ思う」という命題は、わたしが自分の今の状態を、すでにわたしが熟知している他の状態と比較してみて、今の状態がどのようなものであるかを確認できるということを想定しているのである。このように今の状態を決定するためには、わたしは他の状態についての知識にさかのぼる必要があるのだから、今の状態はいずれにしても「直接的な確実性」などではないということになる。

――こうして、ある場合には大衆が信じこんでいるかもしれない「直接的な確実性」とやらの代わりに、哲学者はいくつかの形而上学的な問いに直面することになるのである。これはほんらいの意味で知性の良心が抱く疑問であり、次のような問いである。「わたしは思考という概念をどこから手にいれたのか。わたしは原因と結果なるものをなぜ信じているのか？　わたしは、ある〈われ〉なるもの、原因となる〈われ〉なるもの、最後に思考の原因となる〈われ〉なるものについて語る権利をどこから手にいれたのか?」。ある種の直観のような認識に訴えることで、これらの形而上学的な問いにただちに答えようとする人がいるかもしれない。たとえば「わたしは、少なくともしかじかのことが真実であり、現実であり、確実であると考えるし、信じている」と答えるような人である。——しかしこうした人に哲学者は、ただちに一つの微笑《ほほえ》みと二つの疑問符をもって応じるだろう。そして哲学者はその者に諭《さと》すように語るだろう。「ねえ、君が間違っていることは、ありえないことかもしれない。でもだからといって、それがすぐに真実だということになるのかい?」

一七　エスが考える

論理学者の迷信について、わたしはあるちょっとした単純な事実を、何度でも飽きることなく強調したいのだ。迷信深い論理学者たちはこれを認めようとしないのだが。——それは思想というものは、「それ」が欲するときだけにわたしたちを訪れるのであり、「われ」が欲するときに訪れるのではないということだ。だから主語「われ」が述語「考える」の条件であると主張するのは、事態を偽造していることになる。

〈それ《エス》〉が考えるのである。[16]そしてこの「エス」が、あの昔から有名な「われ」であると主張するのは、控え目にいっても一つの仮説に、一つの主張にすぎないのだし、何よりも「直接的な確実性」などではないのである。

さらに言えば、この「〈エス〉が考える」さえも言い過ぎなのだ。この「エス」はすでに、思考過程を解釈したものであり、思考過程そのものに含まれたものではない。ここでは文法の習慣にしたがって、「思考とは一つの活動である。すべての活動にはそれを行う主体が存在する、だから——」と推論を行っているのである。古代の原子論者はほぼ同じ図式に依拠して、作用する「力」から、その背後にある微細な質料とやらを探しだそうとした。[その作用する]力はその質料のうちにあって、そこから働きだすに違いない、その微細な質料こそが原子であるというわけである。厳密に思考する人々の力で、この「地球の残滓」はついに取り除かれた。やがては人々もこうしたやりかたに慣れてくるだろうし、論理学者たちもあの小さな「エス」なしで済ませることができるようになるだろう(エスは、古く貴き〈われ〉が揮発して生まれたものなのだ)。

一八　反駁の意志

一つの理論にとって、それが反駁されうるということは、じつは少なからぬ魅力のあることだ。反駁されるというのは、緻密な頭脳によって吟味されるということだからだ。「自由意志」の理論はすでに何百回となく反駁されてきたが、それでもまだ生き延びているのは、こうした魅力のせいなのだろう――。この理論を反駁できるだけの能力があることを示すことに満足を感じる人が、何度でも登場するのだ。

一九　意志の多様性

哲学者は意志について、それが世界のうちでもっともよく知られたことであるかのように語りたがる。ショーペンハウアーでさえ、意志だけはそもそも熟知されたものであること、完全に知られたものであることと考えていたし、〈何も足さずに、何も引かずに〉手にすることのできるものだと考えていた。しかしわたしにはいつでも、ショーペンハウアーは意志については、哲学者たちが長年やってきたこと、すなわち大衆の先入観をとりいれて、それを誇張することを繰り返しているにすぎないように思える。

わたしには〈意志すること〉は何よりも複合的なもの、言葉の上だけで統一されたものであるように思える。――そしてこの一語にこそ、用心の足りない哲学者たちをいつでも支配している大衆の先入観がひそんでいるのである。わたしたちはもっと用心深くあろうではないか、「哲学者らしくなく」ふるまおうではないか。

――第一に、すべての〈意志すること〉のうちには多数の感情が含まれていると言おうではないか。すなわち、そこから遠ざかっていく状態の感情と、そこへ向かっていく状態の感情が含まれる。さらにこの「遠ざかっていく」と「向かっていく」ことそのものの感情が含まれる。そしてこれに付随する筋肉の感情もある。これはある種の習慣であり、わたしたちが「腕と脚」を動かさなくても、「意志」を働かせると同時に動き始めるものである。だから意志のうちに不可欠なものとして感情が、しかもさまざまな感情が含まれることを認める必要がある。

そして第二に、意志には思考も含まれるのだ。すべての意志する行為のうちには、それを命令する思念が含まれている。――意志から思念をとりのぞいても、意志だけが残るかのように、この思念を「意志」から分離できると考えるべきではないのである！

第三に、意志はこのように感情と思考の複合体であるだけではなく、何よりも一つの情動である。しかも命令を発する情動なのだ。「意志の自由」と呼ばれるものは本質において、服従を強いられる者に対する優越感の情動なのである。「わたしは自由である。しかし〈彼〉は服従しなければならない」というわけだ。――すべての意志にはこの意識がひそんでいるのだ。さらに意志には、緊張した注意深さとか、ある一つのものだけを注視するまなざしとか、「今はこれをするのであり、ほかのことは必要ではない」という無条件の価値評価とか、命令すれば服従されるのは確実だという内的な確信など、命令する者のうちにみられるすべてのものが含まれているのだ。

意志する人間は、――みずからのうちにあって服従するもの（あるいは服従するとその人が信じているもの）に命令するのである。――意志とはかくも多様なものなのに、大衆はこれを呼ぶのにただ一つの語しかもっていないのである。ところがこの意志という多様なものには、さまざまな驚くべきところがある。すなわち、わたしたちが

〔意志する場合には〕つねに命令する者であると同時に服従する者であること、そして服従する者として、意志する行為が始まるとすぐに強制と強要と、圧迫と、抵抗と、運動などの感情が生まれてくるものだということを知っていることである。他方でわたしたちは、この二重性を「われ」という総合的な概念で片づけ、ごまかす習慣があるために、この〈意志すること〉には誤った推論のすべての連鎖が、そしてそのために意志そのものへの誤った評価がまつわりついているのである。――こうして、意志する者は、行為するには意志するだけで十分であると確信するようになったのである。というのも、そもそも人が意志するのは、その命令の効果が期待できる場合、すなわち服従や行為が期待できる場合であることが多いものだ。この見掛けの事態から、そこに命令の効果の必然性が存在するかのように感じられるようになる。だから意志する者はかなりの確信をもって、ある意味では意志と行為が一つのものであるかのように感じているのである。――意志する者は、その意志することが成就するのは意識のおかげであり、意志する行為は意志そのもののおかげで成就し、実現されると考えているのであり、すべての成就がもたらすあの〈力の感情〉の拡大を享受しているのである。「意志の自由」――これは意志する者が命令を下し、同時にそれを実行する者とみずからを同一化するときに感じる多様な快感状態を示す言葉である。——意志する者はそのような者として、抵抗への勝利をともに享受するが、そもそも抵抗に打ち勝つことができたのは、自分の意志そのものであると「誤って」判断してしまうのである。

ところがこのように意志する者は、みずからを命令する者として快感を覚えながら、一方では同時に、行為を遂行し成功を収める道具であり奉仕するものである「下位の意志」あるいは下位の魂——わたしたちの身体は、多数の魂の共同体にすぎない——の快感も享受するのである。結果とは、わたしが作ったものだ（レフェ・セ・モワ）。ここでは巧みに構築された幸福な共同体で起こるのと同じことが起きている。統治する階級が、その共同体の「行動の」成果と同一化しているのだ。あらゆる〈意志すること〉において重要なのは、（すでに指摘したように）多数の「魂」の共同体を土台として、命令を下すこと、そしてその命令が服従されることである。だからこそ哲学者には、意志するという行為を、道徳という観点から捉える権利があるというものだ。ここで道徳とは、支配関係の理論として理解する必要がある。そこからこそ「生」の現象が生まれるのである。

二〇　文法の呪縛

哲学の個々の概念は、恣意的なものでも自然に生まれ育ってくるものでもなく、他の概念との相互関係や近縁関係のもとで成長するものである。ある概念が思考の歴史のうちで突如として、しかも恣意的に登場したかのように思われたとしても、ある大陸のすべての動物相が一つの系統に属するのと同じように、その概念は一つの体系に属するものなのだ。きわめて異質な哲学者たちも、いつも繰り返しありうべき哲学において考えられる基本図式のうちで、きまった位置を占めているということからも、これは明らかなのだ。

何か目にみえない呪縛にでもかけられたかのように、哲学者たちはいつも繰り返すかのように、同じ円環軌道を新たにたどるのである。あるいは哲学者たちは、自分の批判的な意志や体系的な意志のもとで、たがいに独立して思考していると考えているかもしれない。しかしじつはある内的なものに導かれ、さまざまな概念に生得的に含まれる体系性と近縁関係を結びながら、たがいに特定の秩序のうちに動かされているのである。哲学者たちの思考はじつのところ発見というよりは再認であり、再想起である。これは遥かに遠く、遥かに昔にある魂の全体の住処《すみか》に戻ることであり、帰郷することである（さまざまな概念は、この住処から生まれたのだ）。――哲学をするということはその意味では、いわば最高度の先祖返りなのである。インド哲学、ギリシア哲学、ドイツ哲学には、驚くほどの〈家族的な類似性〉がみられるが、それはこのことからすぐに説明できる。

言語の類縁性が存在するところにあっては、文法の基本的な考え方が同一であるために――ということは、類似した文法の機能が無意識のうちに支配し、導くということだ――、哲学の体系はいつも同じような形で発展し、配置される。これはあらかじめ定められていること、これは避けがたいことなのである。そして世界をもっと違う形で解釈する可能性の道が閉ざされているようにみえるのも、避けがたいことなのだ。ウラル・アルタイ語圏（ここでは主語の概念の発達がきわめて遅れている(17)）の哲学者たちはおそらく、インド・ゲルマン語圏の哲学者たちや、イスラーム教徒たちとは違ったまなざしで「世界を」眺めるだろうし、もっと違う道を歩むことになるだろう。特定の文法の機能のもたらす呪縛は究極のところ、生理学的な価値判断と、人種ごとに定められた条件のもたらす呪縛にほかならない。――これは観念の起源についてロックが語った皮相な見解を退けるために述べておいたことである。

二一　不自由な意志という神話

自己原因《カウサ・スイ》という概念は、これまで考えられたうちでも最上の自己矛盾であり、ある種の論理学的な暴行であり、不自然なきわみである。しかし極端なまでの高慢さのために、人間はこの愚行に巻き込まれて、身動きができなくなっているのである。まさにみずから自己原因であろうとする試みから、きわめて形而上学的な知性において「意志の自由」への要求が生まれたが、この概念は残念なことに、哲学をかじっただけの人々の頭をまだ占領しているのである。さらにみずからの行動にたいして、神にも、世界にも、祖先にも、偶然にも、社会にもその責任を負わせず、みずから完全で究極の責任を負おうとする要求もそこから生まれたのである。こうした試みこそ、ミュンヒハウゼンをも凌《しの》ぐ乱暴な要求であり、自分の頭髪をつかんで、虚無という泥沼から抜けだそうとする試みである。(18)

もしも誰かがこの有名な「自由意志」という概念の田舎風の素朴さの本質を見抜いて、頭の中から追いだすことができたならば、その人はみずからの「啓蒙」をさらに一歩先に進めて、「自由意志」という珍妙な概念を裏返しただけの概念も、頭の中から叩きだしてほしいものだ。わたしが考えているのは「不自由な意志」の概念であるが、これは原因と結果の連鎖を誤用したことで生まれるものだ。わたしたちは「原因」と「結果」の連鎖を誤って物象化してはならないのだ。自然科学者は（あるいは今日、同じように思考において自然主義化してしまった人々は――）、最近流行の機械主義的な愚かな方法にしたがって、「結果が現れる」までは、原因を抑えつけて、認めようとしないのだ。そうではなく、「原因」も「結果」も、純粋な概念として扱うべきなのだ。すなわち説明するためではなく、記述し、理解するための便宜的な虚構として使うべきなのである。事柄「そのもの」のうちには、いかなる「因果の連鎖」も「必然性」もないし、「心理学的な不自由」なるものもない。そこでは「結果は原因にしたがう」ということもないし、いかなる「法則」も支配していない。原因、継起、相互性、関係性、強制、数、法則、自由、根拠、目的などの概念をでっちあげたのは、まさにわたしたちなのだ。そしてわたしたちがこの記号の世界を「そのもの」とみなして物の世界の中に考えいれ、混ぜ込んでいるのは、いつもながらのやり口を、すなわち神話的な方法を採用しているのだ。「不自由な意志」は神話である。現実の生において問題となるのは、強い意志と弱い意志にすぎない。——ある思想家が、「因果の連結」とか「心理学的な必然性」という言葉を耳にするたびに、なにかしら強制、強要、服従の必要性、圧迫、不自由のようなものを感じるとすれば、それはその思想家にどこか欠陥があることを示す兆候にすぎない。そのように感じるということで、彼はある秘密を暴露しているのだ。——その人の人格があらわになっているのである。

わたしの観察が正しければ、一般に「意志の不自由」なるものが〈問題〉として提起されるのは、まったく対立した二つの側面からであるが、どちらもきわめて個人的なしかたで問題となるのである。ある者は、いかなる代価を払ってでも、自分の「責任」を、みずからの自己への信仰を、みずからの功績にたいする個人的な請求権を手放すまいとする（虚栄心の強い人種がこれに含まれる——）。反対に何ものにも責任をとるまいとし、いかなる罪も負うまいとし、内心では自己を軽蔑しているために、みずからの責任をどうにかして別のものに転嫁できることを望んでいる人もいるのである。こうした人が書物を書くときには、今日では犯罪者の立場に立とうとするのがつねである。彼らのもっとも好みの偽装は、ある種の社会主義的な同情を装うことである。そして事実、意志の弱い者たちの宿命論は、みずからまことしやかに「人類の苦悩の宗教」の装いをやりおおせたときに、驚くほど美しく身を飾るのである。それが彼の「趣味の良さ」なのである。

二二　自然の合法則性の虚偽

わたしは年老いた文献学者として、意地の悪さからも、正しくない解釈技術を咎めずにはいられないことを、ご理解いただきたい。しかし君たち物理学者が、〈あたかも──である〉かのように、自慢そうに語っている「自然の合法則性」なるものは──これは君たちの解釈、悪しき「文献学」によって成立しているにすぎない──、事実の状態でも、「文献学で研究する」「原文」でもなく、素朴なヒューマニズム的な〈でっちあげ〉であり、歪曲である。君たちは現代精神の民主主義的な本能に、しっかりと迎合しているだけなのだ！「法則の前ではすべてのものが平等である。──

そこでは自然は人間と異なるものではないし、人間よりも優れているのではない」というわけだが、そこには気取った底意が感じられる。すべての特権的なもの、自律的なものにたいする賤民的な敵意が、二番煎じの少しはましな無神論が仮装しているのだ。「神様もまっぴら、殿様もまっぴら《ニ・デュー・ニ・メートル》」——たしかに君たちはそう望んでいるだろう。だから「自然法則、万歳！」というわけだ。図星だろう？ しかしすでに指摘したように、それは原文ではなく、解釈にすぎない。だから［君たちとは］まったく反対の意図と解釈技術をもって、同じ自然から、同じ現象を観察しながら、暴虐無比で仮借のない権力欲の貫徹を読みとることのできる者が現れるかもしれないのだ。——この解釈者は、どこでも「力への意志」が例外なく無条件に貫徹されていることを、君たちの目の前に突きつけるかもしれない。そしてほとんどすべての言葉を、「暴虐」という言葉すら、使えなくするか、弱々しい微温的なものにするための比喩としか——あまりに人間らしいものとしか——思えなくしてしまうかもしれない。それでいてこの解釈者は、世界について結局は君たちと同じことを主張することになるだろう。つまりこの世界は、ある「必然的」で「計算可能な」推移をたどると主張するのである。しかしそれは世界において法則が支配しているからではなくて、絶対に法則が欠如しているから、すべての権力があらゆる瞬間にその最後の帰結を引きだすからなのだ。ただしこれも一つの解釈にすぎないとしたら、――そのとき、君たちはこれに反論するほどの熱意をもてるだろうか？――もてるとしたら、それはそれで結構なことだ――。

二三　新しい心理学の課題

すべての心理学はこれまで、道徳的な先入観と懸念にとらわれてきた。そして深みへと降りていく勇気はなかったのだ。わたしは心理学を、力への意志の進化論および形態学として理解しているが、――そんなことをわずかでも考えた人は、これまで誰もいなかったのだ。これまで書かれたもののうちに、それまで黙されてきたこのことについての兆候を読みとることはできたはずなのだが。道徳的な先入観がふるう暴力は、精神的なものの深みにまで、外見ではきわめて冷徹で、前提というものをおかない世界にまではいりこんでいるのだ。――そしてすぐに分かるように、世界を傷つけ、抑制し、幻惑させ、ねじ曲げるように働いているのだ。

真の生理・心理学は、それを研究する者の心のうちにひそむ無意識の抵抗と闘う必要がある。つまり「心情」を敵としなければならないのだ。「善き」衝動と「悪しき」衝動がたがいに制約しあうという理論はすでに、巧みな悖徳《はいとく》の理論であり、力強く大胆な良心を窮地に追い込み、うんざりさせるのである。——悪しき衝動から、すべての善き衝動を導くことができるという理論など、言わずもがなである。

ところで憎悪、嫉妬、所有欲、支配欲などの情動を、生に必要な情動であり、生の全体の構成において基本的で本質的に存在していなければならないものであると主張する者がいて、生を高揚させるためには、こうした情動をさらに高める必要があると主張したならば、——その者は自分の判断をさらに進めるうちに、ある種の船酔いに苦しむことになるだろう。しかしこうした仮説すら、この巨大で、ほとんど知られていない危険な知識の王国においてもっとも苦痛なものでも、もっとも疎遠なものでもない。——実際のところ、誰もがこの王国に足を踏みいれようとしないことには（踏みいれることができる者がいるとしてのことだが！）、もっともな理由がいくらでもあるのだ。

ところがもしもわたしたちが船ごと、この王国の方に吹き寄せられるようなことがあれば、——そうだ！　よし！　しっかりと歯をくいしばれ！　眼をしっかりと見開け！　しっかりと舵を握れ！——そうしてわたしたちは道徳をまっしぐらに乗り越えて離れてゆこう。彼方へとわたしたちの船を走らせ、冒険するうちに、わたしたち自身のうちにある道徳の残滓を押し潰し、噛み潰すだろう。——しかしそれがわたしたちにとって、何だと言うのか！　いかに大胆な旅行者や探検者にも、これほどまでに深い世界が、洞察のために開かれたことはなかったのである。このような「犠牲を捧げる」——これは知性の犠牲などではない、まさにその反対なのだ！——心理学者なら、少なくとも心理学がふたたび諸学の女王として認められ、他の学問がその女王に奉仕し、準備するものとなることを、要求することが許されるだろう。今や心理学はふたたび、根本的な問題にいたる道となったからである。

第二篇　自由な精神

二四　単純さの欺瞞

おお、聖なる単純さよ《サンクタ・シンプリキタス》！　人間はなんと奇妙な単純化と欺瞞のうちに生きていることか！　ひとたびこの不思議さに眼を見開いた者なら、驚かずにはいられないことだろう！　わたしたちは自分の身の回りのすべてをなんと明るく、自由で、軽く、単純なものとしたことだろうか！　わたしたちは自分の官能には、すべての皮相なものへと自由に通行させる許可を与え、自分の思考には、気紛れな飛躍と誤った推論への神のごとき欲望を与えたのだ！　――わたしたちは最初から、生を享受するためには、ほとんど理解しがたい生の自由と無思慮と不用心さと大胆さと明朗さを享受するためには、無知でいなければならないことを、弁《わきま》えていたのだ！　そして学問はこれまで、この無知という強固で花崗岩のように堅い土台の上でこそ、みずからを構築することができたのだった。はるかに強靭な意志、非知への意志、不確実への意志、虚偽への意志の上にこそ、知への意志が構築されてきたのだ！　それも無知への意志の反対物としてではなく、――それを洗練されたものとすることによってなのだ！　というのも言葉の上ではここかしこでその無骨さをまだ脱することができずに、たんに程度の違いやさまざまな微妙な段階の違いがあるにすぎないところで、まったく反対のものについて語りつづけることもあるだろう。同じように、現在ではわたしたちのいかんともしがたい「血と肉」となってしまった道徳の化身である偽善が、訳知りな人々の言葉を、語る端からねじまげてしまっているかもしれない。そしてここかしこでわたしたちはそのことを認識して、笑いだしてしまうのだ。最善の学問ですら、単純化し、徹底的に技巧的で、巧みに作りあげられ、巧みに偽造されたこの世界のうちに、わたしたちをできるかぎり足留めしようとするのだ。この学問は何と心ならずも、しかし意図して、誤謬を愛することだろう。それは学問もまた生あるものであり、――生を愛するからだ！

二五　哲学者の殉教

これほど楽しい前置きの言葉を述べたあとだから、真面目な言葉も聞き漏らさないようにしてほしい。これはきわめて真面目な人々に語る言葉なのだ。哲学者たちよ、そして認識を愛する人々よ、警戒めされよ、殉教者となることのないように！「真理のために」受難することのないように！　自己を防御することにも警戒めされよ！それは諸君の良心のすべての無辜《むこ》と純粋な中立性を台無しにしてしまうのだ。異議を申し立てられると、まるで赤い布をみた闘牛のように猛《たけ》りくるうようになるだろう。諸君が危険と、誹謗と、嫌疑と、排斥と、そしてその他の敵意の粗野な帰結と闘わねばならないときに、結局のところ地上での真理の擁護者の役割を演じなければならないときに、諸君は愚かになり、獣のように、牡牛のようになってしまうだろう。――「真理」がまるで、擁護者を必要とする無害で鈍重な人物となったかのように！　しかも諸君のような悲しげな騎士を、のらくら者を、精神の糸を紡ぐ蜘蛛を、擁護者として必要とするかのように！

要するに諸君も十分に弁えているのだ、諸君の主張が正しいかどうかは問題ではないこと、これまでいかなる哲学者も正しいことを主張してはこなかったこと、貴重な誠実さは、告発者や法廷の前で麗々しく示されるすべての身ぶりや切り札にあるのではなく、諸君の座右の銘やお気に入りの教訓に（あるいは諸君の背後に）つけられた小さな〈疑問符〉のうちにあるのだということを！
むしろ退《しりぞ》いていたまえ！　隠れ家に逃げ込みたまえ！　仮面をつけて巧みな手管をふるって、正体を見抜かれないようにしたまえ！　それでなければ、少しは恐れることを知りたまえ！　そしてあの庭園を、黄金の柵をめぐらしたあの庭園を忘れないことだ！　身の回りには、庭園にふさわしい人々を集めたまえ。――あるいはすっかり日の暮れた頃に、一日がすでに記憶となろうとしている夕暮れどきに、水辺を流れる音楽のような人々を集めたまえ。――善き孤独を、自由で気ままで軽やかな孤独を選びたまえ、この孤独のうちでなら諸君は、ある意味では善き人間でありつづける権利があるのだ！

公然たる暴力でもって行われることのない長き闘いは、どれほどまでに人々を有害で、狡猾で、悪しきものとするのだろう！　長き恐怖が、敵への、ありうべき敵へ、の長き警戒が、人をどれほどに個人的にすることだろう！　社会から排除された者たち、長いあいだ追跡されてきた者たち、ひどく迫害されてきた者たちは――スピノザやジョルダーノ・ブルーノのような隠遁を強いられた人々を含めて――、きわめて精神的な仮面をつけたとしても、みずから知ることもなく、やがては狡猾な復讐者に、毒を混ぜて飲ませる者になってしまうのだ（スピノザの倫理学と神学の土台を掘って調べてみれば分かることだ！）。――ここでは、道徳的な憤怒の愚かしさにはふれないことにする。この憤怒こそは、哲学者が哲学のユーモアを喪失したことを示す確実な証拠なのだ。

哲学者の殉教と、「真理のための自己犠牲」は、哲学者のうちにどのような扇動者が潜んでいるか、どのような役者が潜んでいるかを、白日のもとにさらけ出すのだ。これまで人は曲芸を眺めるような好奇心だけから哲学者たちを眺めてきたが、いまや多くの哲学者がどれほど堕落しているかという観点から眺めてみようという危険な願望が生まれてくるのは、十分に理解できることなのだ（哲学者がどのようにして「殉教者」にまで堕落したのか、舞台と演台の上で叫ぶ弁士になりさがったか）。しかしこのような願望を抱くからには、いったいそこで何を目撃することになるのかを、はっきりさせておくべきである。——それはサテュロス劇、たわいのない閉幕後の茶番か、いずれにしてもほんらいの長い悲劇が終わってしまったことを証明しつづけるものにすぎないだろう。[19]——すべての哲学は、その端緒においては長い悲劇であったとしてのことだが——。

二六　キュニコス派の哲学者

選び抜かれた人なら誰も、本能的に自分の城と隠れ家を求めるものだ。こうした場所でなら大衆から、多数者から、大多数の人々から解放されるからだし、枠から外れた者として、「人間」という基準を忘れることができるからだ。——ただそこに一つの例外がある。その人物が例外的な強い意味での認識者として、さらに強い本能に誘われて、この基準に正面から衝突する場合である。他人と交際する際に、ときには感情の瀬戸際に追いこまれたとき、吐き気、倦怠、同情、陰鬱、孤独などのために、心が緑に「好意的に」なったり灰色に「陰鬱に」なったり、さまざまな色合いに染められることがない人間は、たしかに趣味の高尚な人とは言えないだろう。ただしそれは、その人物がこうしたすべての煩わしさと不快をみずから背負い込むのをつねに避けて、すでに述べたように自分の城のうちに、静かに誇り高く潜んでいるとしてのことだが。しかしそれであれば、その人物は認識には不向きであるということ、認識者としての運命に定められていなかったことだけはたしかである。

認識者であるならば、ある日「わたしの高尚な趣味など悪魔にくれてやる！　そうだ、例外よりも標準的なもののほうが興味深い。──例外者であるわたしよりも！」と言いだすに違いないからである。──そして彼は下へ降りていくだろう。そして「中へ」。平均的な人間を研究すること、長い時間を費やして、真剣になってこの人物を研究すること、そしてそのためにさまざまな仮装をまとい、自己を超克し、馴々しくして、悪しき交際をすること──自分と同等でない人間とつきあうのは、すべて悪しき交際である──、これらはすべての哲学者の伝記の不可欠な一章である。おそらくもっとも不快で、悪臭を放ち、幻滅にみちた一章であるだろう。しかし認識の幸運児にふさわしい運に恵まれれば、自分の課題の長さをほんとうに短縮し、軽減してくれるような人間に出会うだろう。──いわゆるキュニコス派の人間のことだ。こうした人々は自分の動物性、下劣さ、「標準」をそのままに認めるだけでなく、証人の前で、自分について、自分の同類について語らずにはいられないほどの知性や欲望をもっているのである。――ときには書物の中でさえ自分の糞尿の上をころげ回るようなふるまいをするのだ[20]。

キュニコス派の哲学は、下劣な魂が誠実さに近づく唯一の形式である。だからより高尚な人間たちも、かなり粗野だが鋭敏なすべてのキュニコス派の哲学に耳を傾けるべきなのである。そして自分の前で、恥知らずの道化師や賢《さか》しらなサテュロス劇が演じられた場合には、そのたびごとに幸運に感謝すべきなのである。吐き気を催すものに、魅力的なものが混ざっていることだってあるのだ。自然のいたずらで、こうしたぶしつけな牡山羊や猿の芝居に、天才が結びついていることだってあるのだ。たとえばガリアーニ師の場合がそうだ[21]。彼の世紀においてもっとも深く、炯眼《けいがん》で、おそらくもっとも汚らわしい人物だ。――それでいてヴォルテールよりもさらに深みのある人物であり、つまり多くの場合は沈黙を守ることを知っていたのだった。すでに示唆したように、猿の胴体に学のある頭が乗っかっていることや、下劣な魂の上に鋭敏で例外的な知性が座っていることも、稀なことではないのである。とくに医者や、道徳を生理学という視点から観察する者には珍しいことではない。

もしも誰か、憤慨するでもなくむしろ無邪気に、人間とは二つの欲望をもつ胴体と、一つの欲望をもつ頭で作られた存在だと主張するなら、人間はいつでも飢えと性欲と名誉心の働きをみつけ、求め、みいだそうとすること、それこそが人間の行動の唯一で本物の欲動だと主張するなら、要するに人間は――邪悪な存在ではなく――「卑しい」存在なのだと主張するなら、認識を愛する者であれば細部にいたるまで熱心に耳を傾けてしかるべきなのである。憤慨なしに語られることには、つねに耳を傾けるべきなのである。というのは憤慨して語る者は、すなわち自分の歯でみずからを（あるいはその代わりに世界を、神を、社会を）食いちぎり食い破る者は、道徳的にみれば、笑いつつ自分に満足しているサテュロスよりは高尚な人間かもしれないが、しかしその他のあらゆる意味では、低俗で、投げやりで、度し難い人物だからだ。憤慨した人物ほどに、嘘をつく人間はいないのだから。――

二七　理解されることの難しさ

人に理解されるというのは難しいことだ。自分と違った生き方や考え方をしている騒がしい人間たち、すなわち亀の這うように《クルマガティ》、あるいはせいぜい「蛙の足取りで《マンディカガティ》」歩んでいる人々のうちにあって、ガンジスの流れのごとくに《ガンガスロトガティ》「速くのテンポで《プレスト》」考え、生きている場合にはとくに難しいことだ――わたしならむしろ理解されがたい人間になるようにあらゆる手を尽くすのではないだろうか？[22]――だからいくらかでも精密に解釈してくれようとする善意の人には心から感謝すべきなのだろう。しかし「善き友人」を自称する人間には（こうした人物はつねに馴々しいものだし、友人として馴々しくなる権利があると信じこんでいるからだ）、前もって誤解してくれるように、遊戯場と運動場を用意しておくべきである。そうすれば笑いの種ができるし、――あるいはこうした善き友人たちを追い払って、――笑っていることもできるのだ。

二八　ドイツ人の文体

ある言語を別の言語に翻訳するときにもっとも難しいのは、その文体のテンポを生かすことだ。文体のテンポというものは、その民族の性格に根ざしたものであり、生理学的には民族の「代謝」の平均テンポに根ざしたものだからだ。忠実に訳そうと試みながらも、原文の格調を崩してしまって、偽造としか呼べないものもある。それも、事柄と言葉におけるすべての危険なものを飛び越してしまう勇ましく、楽しげな原文のテンポを翻訳できなかったためなのだ。ドイツ人には、「イタリア風の速い」プレスト調をドイツ語で操ることはほとんどできない。だから自由闊達な精神の思想をおもしろく大胆なニュアンスで語ることは、ドイツ人には不向きだと結論しても、間違いではないのである。

ドイツ人には肉体からしても意識からしても、「イタリアの喜劇の」道化師やサテュロスを演じることは向かないし、「古代ギリシアの喜劇作家の」アリストファネスや「猥雑な小説『サチュリコン』の作者であるローマの作家の」ペトロニウスを翻訳することもできない。ドイツでさまざまに発達したのはどれも、重々しいもの、粘着性のもの、儀式ばっていて不器用なもの、すべての長たらしくて退屈な文体である。――事実だからここで指摘するのを認めていただきたいのだが、ゲーテの散文も堅苦しさと優雅さの混合であり、その例外ではない。それはゲーテの「古き良き時代」を写しだしたものであり、まだ「ドイツ風の趣味」というものが存在していた時代に、そのドイツ風の趣味を表現した文体なのである。様式と技巧における《イン・モリブス・エト・アルティブス》ロココ趣味なのだ。

レッシングは例外で、俳優のような性格をそなえていたために、多くのことを理解し、多くのものに熟達していた。『歴史批評辞典』を著した懐疑哲学者のピエール・ベールを翻訳したのも彼にふさわしいことだったし、ディドロやヴォルテールのもとに、できればローマの喜劇作家のもとに逃げだしたかったことだろう。——レッシングの好んだのは自由精神のテンポだったし、ドイツからの逃走だった。しかしレッシングほどの散文の巧者をしても、ドイツ語の文体でマキアヴェッリのテンポを模倣することができただろうか。マキアヴェッリは『君主論』において、フィレンツェのあの乾いて澄んだ空気を呼吸させながら、あれほどに重大な出来事を、手のつけられないような軽いアレグレッシモのテンポで語ってしまうのである。そこにはおそらく、重々しい事柄をあえてそれに逆らって語ろうとする辛辣な芸術家気質も働いていたに違いないのだが。——彼の思想は、長く、重く、堅く、危険であり、ギャロップのようなテンポのうちに、最高の気まぐれな気分が働いているのだ。

しかし誰かついにペトロニウスの作品をドイツ語に訳すことを試みる人が現れるだろうか。これまでのどんな偉大な音楽家よりも、その意匠と着想と言葉の選択においてプレスト調が巧みな巨匠である。——彼のように、風の脚と動きと息吹をもって、そして風の開放的な嘲笑をもって、すべてのものを走らせることで健康にするのだったら、病んだ忌まわしい世界の（「古代世界」を含めてのことだ）すべての泥沼とても、どれほどのことがあろうか！

　またあのアリストファネスについて言えば、あの透明にしながら仕上げる精神が存在したというだけで、わたしたちは古代ギリシアの全体を赦すことができるのだ。もちろん古代ギリシアのすべてが赦しと浄化を求めているものであることを、わたしたちがすべての深みにおいて把握できるとしてのことだが。――だからプラトンの神秘とスフィンクスのような性格よりもわたしを夢見させるのは、幸いにも保存されてきた彼の小品なのだ。死の床にあって枕元に置きたいと思うのは、聖書でもエジプトの書物でもピュタゴラスの書物でも、プラトンの書物でもない。――アリストファネスの作品なのだ。――一人のアリストファネスがいなかったなら、プラトンはどうやって人生を、――プラトンが否定したギリシアの人生を過ごすことができたろうか！――

二九　独立不羈

独立不羈《ふき》であるということは、少数の人間にしかできないことだ。──これは強い者がもつ特権なのだ。独立しなければならないわけではないのに、独立しようと試みる者は、たとえそれだけの権利があったとしても、それはその者がたんに強いだけでなく、放埒《ほうらつ》にいたるまでに向こう見ずであることを明かすものである。それは迷宮の中にもぐりこむことであり、人生にすでにそなわっている危険を千倍にも強めることなのだ。その者は、迷宮で迷い、孤独になり、良心にひそむ洞窟のミノタウロスによって食いちぎられるだろうが、それを目撃する人が一人もいないということは、決して取るに足らぬ危険ではない(23)。その者が滅びるとしても、それは人々が理解できないほどの遠い場所で起こるために、人々はそれを感じることも、同情することもない。──そしてその者はもはや戻ることはできないのだ。もはや人々から同情してもらうため、後戻りすることはできないのだ！──

三〇　洞察の功罪

わたしたちの最高の洞察というものは、その洞察を聞き取るだけの素質もなく、天分もない人々にうっかりと聞かれた場合には、あたかも愚かなことであるかのように、場合によっては犯罪でもあるかのように聞こえねばならない――そして何よりもそのように聞こえるべきなのだ！――。かつてインドでも、ギリシアでも、ペルシアでも、イスラーム教徒のあいだでも、要するに平等とか同権とかいうものが信じられておらず、位階というものが信じられていた世界のどこでも、哲学者たちは公教的なものと秘教的なものを区別していた。――その違いは、公教的なものとは外に立ち、内側からではなく外側から眺め、評価し、計り、判断することにあるのではない。もっとも本質的な違いは、公教的なものは事物を下から眺めるのにたいして、――秘教的なものは事物を上から見下ろすということである。魂には高みというものがあり、そこから眺めると悲劇すらもはや悲劇的なものではなくなるのである。あえて世界のあらゆる悲哀を一つにまとめたとして、この悲哀を眺めることが必ずや同情をもたらし、悲哀を二倍に強めることを誘惑し、強制するのだということを誰が決定できようか？……

高い資質をもつ人間には滋養となり清涼剤となる物質でも、それとはきわめて対照的な劣った人間には、ほとんど毒として働くのである。低俗な人間にとって美徳であるものも、おそらく哲学者にとっては悪徳であり弱点であろう。高い資質をもつ人間が、その素質を失い、滅んでゆこうとするときに、初めて人並みの性質というものをもつようになり、そのために彼が落ち込んだ低き世界においては、逆に聖者として崇拝されざるをえないということもあるのではないか。同じ書物であっても、低き魂が、低劣な生命力の人が読むか、それとも高き魂が、強い生命力の人が読むかで、魂と健康に正反対の価値をもたらすことがあるのだ。低き魂の場合には、その書物は魂と健康にとって危険で、破壊と解体をもたらす書物となる。高き魂の場合には、その書物はもっとも勇敢な人々に、みずからの勇敢さをさらに高めさせる伝令の叫びとなる。万人向きの書物とは、つねに悪臭を放つものだ。矮人《わいじん》のような臭気がこびりついているのだ。大衆が飲み食いする場所は臭《にお》う。礼拝をする場所までもがそうである。きれいな空気を吸いたいときには、教会に入ってはならない。——

三一　青春の幻滅

若い頃には、ニュアンスを嗅ぎ分けるという人生の最善の収穫である技も知らずに、尊敬したり軽蔑したりするものだ。そしてそんなふうに人間や事物をむやみと肯定したり否定したりすることの償いを、手酷《てきび》しく払わされるのである。すべての趣味のうちで最悪のもの、すなわち〈絶対的なもの〉への好みが、人生においては残酷にも嘲笑され、手酷く扱われる仕組みになっているのである。やがて人は、人生の真の芸術家がやるように、自分の感情にある種の技巧を加えることを学び、技巧的なものを試してみるようになる。青春時代には人は激しい怒りや強い畏敬を抱くものだが、こうした感情はみずから人間と事物をうまく偽造して発散されないかぎり、鎮《しず》まることがないようである。——青春そのものがすでに、どこか偽造するもの、欺くものなのだ。後になって若き魂は、さまざまなあからさまな幻滅に苦しめられるようになり、ついにはみずからを疑いのまなざしで眺めるようになるものだが、そのときもなお、疑念と良心の呵責のうちですら、魂はまだ激しく、粗暴なままである。そのとき魂はどれほどにみずからを恨むことだろう。どれほど苛立ってみずからを引き裂くことだろう。それほどまで長いあいだみずから自分の目を潰し、眼を眩《くら》ませていたことに復讐することだろう！　このようにして人は自分の感情を信じられなくなり、みずからを罰するようになるのである。懐疑の気持ちから、かつての感激を責め苦しめるようになる。良心が痛まないということすら、危険なこと、自己欺瞞であり、純粋な誠実さが疲労していることを示す現象であると感じるのだ。そして何よりも徒党を、「青春」というものに敵対することを基本的な原則とする徒党を組むのだ。――そして十年後になってやっと悟るのである、――これらすべてもまた青春であったと！

三二　道徳の三つの時代とその超克

人間の歴史のごく長い期間を通じて――先史時代と呼ばれる時代だ――、ある行為に価値があるかどうかは、その結果から判断されていた。この判断においては、行為そのものも、その起源も問われなかった。中国ではいまでも子供の名誉と不名誉をその両親のせいにするが、それと同じように、ある行為が善であるとか、悪であるとか考えるようになったのは、「その行為のもたらす」成功や失敗を過去にまで遡《さかのぼ》らせる力が働くようになってからのことである。この「行為をその結果だけから判断する先史」時代を、人類の道徳以前の時代と呼ぼう。「汝自身を知れ」という命令は、まだ知られていなかったのだ。

そして一万年ほど前になると、地球のいくつかの大陸で一歩ずつ進歩が遂げられた。こうしてある行為の価値は、もはや結果によってではなく、その起源によって決定されるようになったのである。この大きな現象を全体として眺めてみると、まなざしと判断基準がきわめて洗練されてきたことが指摘できる。貴族的な価値と、「起源」にたいする信仰が支配的になったことの影響が、知らず知らずのうちに現れてきたのである。これは狭義の道徳的な時代の特徴と考えることができるだろう。こうして自己認識の最初の試みが行われたのだった。結果ではなく起源を重視するとは、何という遠近法の転換だろう！　これが長いあいだの闘いと逡巡の後に実現された転換であることは確実なのだ！

もちろんのことだが、このようにして宿命的な新しい迷信が支配するようになり、じつに独特な解釈の狭さが支配的になったのである。ある行為の起源を、明確な意味でその意図から生まれたものとみなすようになったからである。誰もが、ある行為の価値は、その行為を行おうとする意図の価値にみいだすべきであると考えるようになったのだ。意図こそが、一つの行為の起源であり前史であるというのである。この先入観のもとでごく最近にいたるまで、意図こそが地上で道徳的に称賛され、非難され、裁かれ、哲学の思考の対象となってきたのである。

――しかしわたしたちは今や、自己認識をやり直し、深めることによって、価値の決定的な転換と根本的な置き換えを決意すべき必要に迫られているのではないだろうか。――わたしたちは、新しい時代の入り口に佇《たたず》んでいるのではないだろうか。まずは否定的な意味で道徳外的なとでも呼べる時代の入り口に。今やわたしたちのうちでは、少なくとも反・道徳者《アモラリスト》のうちでは、行為の決定的な価値は、この行為の意図せざるところにこそあるのではないか、という疑いが芽生えているのである。そして行為の意図なるものは、そして意図という点から知られ、「意識」されうるすべてのものは、まだ行為の表面に、皮膚に属するものではないのだろうか。――すべての皮膚がそうであるように、これはあるものをあらわにするが、さらに多くのものを隠しているのではないだろうか。

要するにわたしたちは、意図なるものはたんに記号であり、兆候であるものにすぎず、まず解釈を必要とすると考えている。記号というものは、あまりに多くのことを意味するために、それだけでは何も意味しないものだと考えているのである。——だからこれまでの道徳、すなわち意図の道徳は一つの先入観にすぎず、早計であり、おそらく過渡的なものにすぎないのではないだろうか。いわば占星術や錬金術と同じような位置にあるものではないだろうか。いずれにしても超克すべきものである。道徳の超克、ある意味ではむしろ道徳の自己超克、これこそまさに、繊細で誠実でそしてきわめて悪意に満ちてさえいる今日の良心にとって、魂の生ける試金石として準備されていた長い秘密の仕事の名前となるだろう。——

三三　「利害関係のない直観」の美学の誘惑

ほかに道はない。隣人のための自己犠牲とか献身などといった感情に、自己の放棄を求める道徳のすべてに、情け容赦なく口を開かせ、裁きの場に引きずりだす必要がある。「利害関係のない直観」という美学にも同じことが必要なのだ(24)。この美学のもとで現在、人々を誘惑しながら良心の呵責もなしに、芸術が去勢されようとしているのである。「他者のために」とか「自分のためではなく」という感情には、必要以上に多くの魅力があり、甘美なものがある。これについて二重の意味で疑い深くなり、次のように問うべきなのだ。「それはもしかすると――誘惑なのではないか」。これらの感情は気にいるものなのだ。――この感情を抱く者にも、その果実を味わう者にも、そしてただ眺めているにすぎない者にも気にいるのである。――しかしそのことは、この感情を擁護する論拠を与えるものではなく、それに用心することを促すものなのだ。わたしたちは用心深くあろうではないか。

三四　虚構と仮象の世界

現在どのような哲学の立場に立とうとも、どのような観点から眺めようとも、わたしたちがいま生きているこの世界が誤謬に満ちたものであるということこそ、わたしたちのまなざしで捉えうるもっとも確実なこと、もっとも強固なことである。――わたしたちは、さまざまな理由をみつけだし、それに惑わされて、「事物の本質」という欺瞞的な原理を想定してしまうのである。また、この世界が虚妄であることに責任を負うべきなのは、わたしたちの思考であり「精神」であると主張する者がいるが、この議論は意識的にあるいは無意識的に神を弁護しようとする者が通る栄誉ある抜け道である。——空間、時間、形態、運動を含めたこの世界そのものが、偽りのものであることが開示されていると主張する者がいるとすれば、少なくともすべての思考に最終的に不信の念を抱く良いきっかけをみつけたということになるだろう。だが、こうした不信の念はこれまで途方もない悪ふざけをやらかしてきたものではないだろうか？　これまでやらかしてきたことを、今後もやらないという保証はあるのだろうか？　真面目なところ、思考する者の無邪気さにはどこか感動的なところ、畏敬の念を抱かせるところがあり、思考する者はこうした無邪気さをもって、いまでも意識の面前に進みでては、本当のことを語ってほしいと願ったりもするのだ。そして意識は「現実のもの」なのかとか、意識はなぜそもそも外界をこれほどまでに断固として寄せつけないのか、などといった問いを投げ掛けるのだ。

「直接的な確実性」を信じるということは、道徳的な素朴さを示すことであり、これがわが哲学者の名誉となっているのだ。しかし——わたしたちは決して「たんなる道徳的な」人間であってはならないのだ！　道徳というものを除外して考えれば、直接的な確実性を信じるということは愚劣なことであり、わたしたちに名誉となることではないのである。日常生活においてであれば、いつでも何かに不信の念を抱いているというのは、「悪い性格」の兆候とみなされ、当然ながら賢くないことと、みなされるだろう。しかし市民的な世界の彼方では、市民的な世界が認めるものと否定するものの彼方では、――わたしたちが賢くあることを拒んで、次のように主張することを妨げるものなどないのである。すなわち哲学者たちは、これまで地上でもっとも愚か者扱いされてきたのだから、「悪い性格」をもつ権利があるはずだ。――哲学者にとっていまや不信の念を抱くことは義務である。あらゆる底無しの疑念から、悪意に満ちた横目でにらむことこそが義務なのである。――こんな陰鬱な顔や表現で、冗談を言うのをお許しいただきたい。わたしは欺くことと欺かれることについて、ずっと前から人とは別の考え方をするようになってきたのだし、別の評価をすることを学んできたのだ。哲学者たちは、自分たちが欺かれたことに気づくと、わけもわからずに激怒するものだが、そんな輩には、脇腹を数回つついてやることにしているからだ。なぜそうしてはならないことがあるだろう？

真理が仮象よりも高い価値があると考えることは、もはや道徳的な先入観にすぎない。それはこの世のうちでもっとも根拠のない仮説にすぎない。わたしが認めてほしいと考えているのは、すべての生が遠近法に基づいた評価や仮象に依拠しているということである。そして諸君が、多くの哲学者にみられるようないかにも徳の高い者を装った感激と間抜けさをもって「仮象の世界」を完全になくしてしまおうとするなら（諸君にそれができたとしてのことだが）、——諸君の「真理」なるものにはもはや何も残されていないだろう！　そもそも「真なるもの」と「偽なるもの」という本質的な対立が存在することを、わたしたちに想定させるものは何なのだろうか？　仮象にはさまざまな段階があると想定するだけで十分ではないか。仮象にはあるところは明るく、あるところは暗い影があり、全体の調子があると考えるだけで——画家の言葉では異なる色調があると考えるだけで、十分ではないか？　わたしたちに何らかのかかわりのあるこの世界が、——虚構であってならないわけがあるだろうか？　そして「虚構にだって創造者というものがあるのではないか」と尋ねる者にたいしては、——率直に「なぜ」と問い返すことができるのではないか？　この「というものがある」というのも、おそらく一つの虚構ではないのか？　いまや主語にも、述語や目的語に向けるのと同じように、皮肉なまなざしを投げてもよいのではないだろうか？　哲学者は、文法への信仰をふり捨ててもよいのではないか？　家庭教師をつとめる女性たちには敬意を表しよう。しかしいまや哲学は、家庭教師が信奉するものには別れを告げてもよいのではないか？――

三五　善と真理の探求

おお、ヴォルテールよ！　人間性よ！　愚劣なものよ！「真理」には、真理の探求には、それなりのものがある。しかしその際に人間が、あまりに人間的に「ただ善をなさんがために真理を求める」と言い始めたら、――わたしは賭けてもよい、何もみいだすことはできないだろう！

三六　力への意志の根源性

もしも現実に「与えられ」ているのがわたしたちの欲望と情熱の世界だけであり、

わたしたちの現実の欲動のほかには、いかなる「現実」に降りることも昇ることもできないのだとしたら――思考とは、これらの欲動がたがいに抑制しあうことにほかならないのだから――、試しに次のように問うことは許されるのではないだろうか？　わたしたちに与えられている世界や、いわゆる機械的な（あるいは「物質的な」）世界を理解するには、この〈与えられている〉ということを考えるだけで十分なのではないかと。わたしは迷妄としての世界、「仮象」としての世界、「表象」としての世界（バークリーとショーペンハウアー的な意味で）について語っているのではない。わたしたちの情動と同じような現実的な資格をそなえた世界について語っているのだ。――これは情動の世界よりも原初的な形式のものであり、この世界ではすべてのものがまだ強力な統一のもとにまとまっていたが、やがて有機的な過程をたどって分岐し、個別のものとして形成されてゆくのであり（同時に当然ながら弱々しくなり、衰弱してゆく――）、これはある種の欲動の生であり、まだすべての有機的な機能が、自己調整、同化、栄養、排泄、物質代謝などとたがいに総合的に結びつけられているのである。――これは生の前形態と考えることができるのではないだろうか？――要するに、このように試みることは許されているだけではなく、方法論的な意識にしたがって、命じられていることなのである。

ただ一つの因果関係で解決できる試みを、その究極のところまで（――言ってみれば、意味のなくなるところまで）遂行したあとでなければ、複数の種類の因果関係を使ってはならない。――これは方法のモラルとでも言うべきものであり、いまこれから逃げだしてはならない。――数学者であれば、それは「方法の定義から」帰結することだと指摘するだろう。

これから問題となるのは、意志をほんとうに作用するものと考えるべきだろうか、意志の因果関係というものを信じるべきだろうかということである。これを信じるということは、――根本のところ、意志が作用することを信じるというのは、因果関係そのものを信じるということである――、その場合には意志の因果関係だけを唯一の因果関係と想定するように試みる必要がある。ところで「意志」が働きかけることができるのは「意志」にたいしてだけであり――物質にたいして（たとえば「神経」にたいしてだ――）ではないというのは当然なことである。だとすると、わたしたちは次の仮説をあえて採用する必要がある。すなわち「作用」が認められるときには、つねに意志が意志にたいして働いているはずである。――そしてあらゆる機械的な出来事は、そのうちで力が働いているかぎり、それはじつは意志の力、意志の作用ではないだろうかという仮説である。——最後に、わたしたちの欲動の生の全体は、意志の唯一の根本形式が——すなわちわたしの命題では〈力への意志〉が——形成され、分岐して生まれたものだと説明することができたなら、すべての有機的な機能をこの〈力への意志〉から導きだすことができ、生殖や栄養の問題も解決できるようになったならば——それは一つの問題である——、わたしたちはあらゆる作用する力とは、力への意志と同じものであると規定する権利を手にしたことになろう。内側から見られた世界、その「超感性的性格」に基づいて規定され特色づけられた世界——これこそが「力への意志」であり、それ以外の何ものでもないだろう——。

三七　大衆向きの言葉

「何だって？　大衆向きの言葉で言えば、神は反駁されたが、悪魔は反駁されなかったということになるのではないのか——？」その反対だ。反対だよ、わが友よ！　君たちに大衆向きの言葉で語らせようとする者など、悪魔にさらわれてしまえ！——

三八　過去の解釈

結局のところ、近代の晴れやかさのうちにあって、フランス革命で起きたことは、いったいどうなったのだろうか。あの不気味で、近くから判断してみると余計な茶番劇は。ところがヨーロッパのすべての高尚で熱狂的な観客が、遠くからあれほど長いあいだ、自分たちが感じた憤慨や興奮を織り込んで、「フランス革命について」情熱的に解釈しつづけてきたために、原文が解釈の下に埋没してしまったのだ。このように、高尚な後世がすべての過去をもういちど誤解してしまうと、過去がおそらく眺めるに値するものに変わるということもありうることだろう。あるいはこう言うべきかもしれない。このことはすでに起きたのではないか、と。わたしたちは──この「高尚な後世」なのではないのか？　そしていまではもう、わたしたちが理解できる限りで、──これはすでに終わってしまったのではないか？

三九　良き哲学者の資格

ある理論が、人を幸福にすることや、徳の高い人物にすることはあっても、だからといってそれを真理であると考える人はいないだろう。ただし愛すべき「理想主義者」たちは例外で、そう考えるかもしれない。彼らは善とか真理とか美などに熱中し、多彩で、不器用で、善良なあらゆる種類の願望を、いわば自分の池の中でごちゃまぜに泳がせているのだ。幸福も美徳も、論拠となりうるものではない。しかし理論が人を不幸にしたり悪くするということだけでは、その理論の正しさを否定する論拠にならないことは、思慮深い人々もとかく忘れてしまいがちなことである。ある理論がきわめて有害で危険なものであったとしても、それは真理なのかもしれないのだ。人間が完全な認識を獲得することで滅びてしまうとしても、それは人間存在の根本的な特性なのかもしれないのである。──だからある精神の強さを測定するのは、それがどれだけ「真理」に耐え抜くことができるかどうか、さらに明確に表現すれば、精神が真理をどれだけ希釈し、隠蔽し、甘く鈍いものとし、偽造せずにはいられないかという基準によってなのである。しかし真理の特定の部分を発見するには、悪人や不幸な人々のほうが有利な立場にあること、それを発見できる確率が高いことは、疑問の余地がない。運のよい悪人については語るまい。——道徳学者はこうした種族は無視するものなのだ。

強靭で独立した精神をもつ人物や哲学者を作りだすために好ましい条件をそなえているのは、おそらくはあの柔和で、繊細で、控え目な気立ての良い人々や、物事を手軽に処理する技に長《た》けた人々ではなく、むしろ過酷で狡智のある人々なのだろう。——もちろんこうした技は学者にとっては美徳であり、高く評価されているのは当然のことだが。ただし「哲学者」という概念によって、著作を発表している哲学者たち、あるいは自分の哲学を著作に持ち込む哲学者たちだけを考えるべきではないのは当然である。——たとえばスタンダールは、自由な精神をもつ哲学者の像を仕上げるために、最後の一筆を加えたのである。わたしはドイツ趣味のためにも、スタンダールのことを強調せざるをえないのである。彼はドイツ趣味の反対に向かって進む人物なのだ。この最後の偉大な心理学者は、「良き哲学者であるためには、乾いた明晰な精神であること、幻想をもたないことが必要だ。一財産を築き上げた銀行家というものは、哲学で新たな発見をするために必要な性格をほぼそなえている。あるがままに明晰に見ることができるのだ」と語っているのである。

四〇 仮面

深いものはすべて仮面を愛する。何よりも深いものは、形象や比喩にすら憎悪を感じる。対立というものは、神の羞恥が身にまとって歩むにふさわしい仮装ではなかろうか。これこそが、問うに値する問いである。どこかの神秘家がすでにこのような問いを立てていなかったとしたら、それこそ不思議なことではなかろうか。ほんとうに心を打つようなことでも、手荒く扱って埋めてしまい、分からなくしてしまうほうがよいものもあるのだ。愛とか、とほうもなく気前のよい行為でも、そのあとで目撃者を棍棒で叩きのめして、その記憶を鈍らせてしまうほうがよいこともあるのである。多くの人は、自分の記憶を濁らせたり痛めつけたりして、その事態をともに目撃して知っている唯一の人物「である記憶」に復讐する術《すべ》を知っているものだ。——羞恥というものは、工夫の才に長けているのだ。

人が最大の羞恥を感じるもの、それはその人にとって必ずしも最悪のものというわけではない。仮面の背後にあるのは悪しき狡智だけではない。狡智の中には多くの善きものも混じっているのだ。価値の高いもの、傷つきやすいものを自分のうちに蔵している人が、重い箍《たが》をはめた緑色の古びたワイン樽のように、ごろごろと転げ回って荒っぽい人生を送るということだってあるだろう。彼の繊細な羞恥がそうさせるのである。深みにおいて羞恥をもつ人は、かつてほとんど誰も到達したことのない道の極みにおいて、自分の運命に出会い、優しい決断を下したとしても、そのことを身近な人にも、親しい人にも、告げたりしないものだ。これらの人々には彼が生命の危険を冒したこともふたたび生命の安泰をとりもどしたことも知るよしもないのである。

隠れて生きる者、沈黙するために語ること、秘匿するために語ることを本能的に選ぶ者、他者に自分のことを伝えることから逃れてやまない者、こうした者は、自分の仮面が身代わりとなって、友人たちの心と頭の中を歩き回ることを望むのであり、求めるのである。もしも彼がそのことを望まないとしても、やはり友人たちのもとに自分の仮面があったことをいつかは悟るだろうし、──それでよかったのだと分かるだろう。すべての深き精神は仮面を必要とする。むしろすべての深き精神の回りで、一枚の仮面が絶えず育っていくのである。彼のすべての言葉、すべての歩み、すべての生のしるしが、つねに間違って、すなわち浅く解釈されるがゆえにである。――

四一　自己の試練

人はみずからに試練を与えねばならない。みずからが独立不羈な者として、命ずるものとしてあることを運命づけられていることを証すために、それも時を逸せずに。この自己の試練はおそらく、人が戯れうるもっとも危険な遊びかもしれないが、それから逃れてはならない。この試練は結局のところ、自分だけが目撃者となる試練であり、他の裁判官のもとで裁かれることのない試練なのである。

一人の人物だけに心を砕いてはならない。それが最愛の人物であるとしても。――すべての人物は監獄であり、〈行き詰まり〉なのだ。祖国に心を砕いてはならない。――きわめて苦難にあえぎ、助けを求めているときでも。――もちろん勝ち誇った祖国から心を解き放つのは、それほど難しいことではないが。一つの同情に心を砕いてはならない。たまたまわたしたちが目撃したのが、きわめて高貴な人物が無援なまま、稀にみるほどの呵責に苦しめられている姿だとしてもである。一つの学問に心を砕いてはならない。それがこのうえなく貴重で、まさにわたしたちのためにとっておかれたかのような発掘物をもって誘惑するとしてもである。みずからの解放に心を砕いてはならない。ますます高みに飛翔しながら、ますます多くのものを眼下にみおろす鳥のように、はるかに遠いところ、未知のところに誘惑されてはならない。――飛翔の危険というものがあるのだ。わたしたち自身の徳の高さに心を砕いてはならない。そして全体としても、「歓待の精神」のようにわたしたちのうちにある個別の美徳の犠牲になってはならない。これは高尚な天性をもつ豊かな精神の陥りがちな危険としては、最大の危険なのだ。こうした人々は、みずからを浪費し、ほとんど自己に無関心になり、悪徳となるまで、寛大の美徳を発揮するのである。そうではなく、みずからを守ることを知らねばならない。これこそが、独立不羈な魂を試す最強の試練である。

四二　誘惑者

新しい哲学者たちが登場している。彼らをあえて、危険がなくもない名前で呼んでみよう。わたしが謎解きをするかぎりでは、そして彼らがわたしに謎解きをさせるかぎりでは――というのは、彼らはどこかに謎が残ることを望む種類の人々だからだが――、これらの未来の哲学者は誘惑者と呼ばれる権利をもっているのかもしれない（そしてこれは不当な権利だろう）。この名前そのものが一つの試み《フェアズッフ》であり、さらにいえば誘惑《フェアズッフング》でもある。

四三　来たるべき哲学者

これらの来たるべき哲学者たちは、「真理」の新たな友なのだろうか。おそらくそうだろう。というのは、これまでのすべての哲学者たちは真理を愛してきたからである。ただし来たるべき哲学者が独断的な哲学者にはならないのはたしかだ。来たるべき哲学者の真理がもしも万人のための真理でなければならないとしたら、それは彼らの誇りに反することであり、趣味にも反することであるに違いない。これこそが「すなわち万人の真理を語りたいというのが」、これまでのすべての独断的な哲学者の営みが秘めた願望であり、隠された意味でもあったのだが。未来の哲学者はおそらく「わたしの判断はわたしの判断だ。他人には、これをたやすく自分のものにする権利はない」と語るだろう。

多くの人と同じ意見をもちたいという悪趣味は、さっぱりと捨てるべきだ。〈善きもの〉も、隣人がそれを口にしてしまったときには、もはや善きものではない。それに「共同の善」なるものが、ありうるとでもいうのか！　この言葉はそれ自体が矛盾した言葉だ。共同でありうるものは、つねに価値の低いものだ。今もこれからも、次のようでなければならない。偉大なことは偉大な者のためにあり、深淵は深き者のためにある。繊細さと戦慄は、繊細な者のためにある。要するに、すべての稀少なものは、稀なる者のためにあるのだ。——

四四　新しき哲学者

最後に、さらにつけ加えて語る必要があるだろうか、これらの来たるべき哲学者たちは自由な精神であることを、きわめて自由な精神であることを。——たしかに彼らはたんなる自由な精神ではないだろう。むしろ見間違えたり、混同したりすることがありえないような〈より以上のもの、より高きもの、より大なるもの、根本的に他《た》なる者〉であるだろうということを？　わたしたちは、彼らの伝令であり、先駆者である、そしてわたしたち自身、この自由な精神の者である！　しかしこう語るときにわたしは彼らにたいして、そしてわたし自身にたいして、——ある責任を感じるのである。すなわちこれほどまでに長いあいだ、「自由な精神」という概念を霧のように不透明なものとしてきた古くからの愚かしい先入観と誤解を、すべてわたしたちから吹き払わねばならないという責任である。

ヨーロッパのすべての国で、そしてアメリカでも、「自由な精神」という呼び名が濫用されている。きわめて狭量で、囚われ、鎖につながれた精神が、この名で呼ばれているのである。これはわたしたちが意図するもの、本能的に感じるものとはほとんど正反対のものを欲する精神なのだ。——こうした精神が、かの来たるべき新しき哲学者たちにとっては、まさに〈閉じた窓、錠を下ろした扉〉であるに違いない。これは言うまでもないことである。誤って「自由な精神」と呼ばれている者は、要するに厳しく言えば水平化する者たちなのである。——民主主義的な趣味とその「近代的な理念」とかいうものに仕える、能弁で筆のたつ奴隷にほかならないのである。どれもこれも、孤独を知らぬ人間であり、みずからの孤独を知らぬ人間であり、愚かで健気な若者たちである。勇気やまともな礼儀を知らぬわけではないとしても、自由というものを知らず、笑いたくなるほどに表面的な人間なのだ。こうした人々にみられる根本的な傾向は、人間のすべての悲惨と失敗の原因が、おおむねこれまでのさまざまな形式の古き社会のうちにあると考える傾向である。こうして、真理が幸いにも逆立ちすることになる！

彼らが全力を尽くして手にいれようとしているすべてのものは、あらゆる家畜の群れが望む緑の牧場の幸福である。すなわちすべての人が安全で、危険がなく、快適に、そして安楽に暮らせることである。彼らが朗々と歌いあげる歌と教説は二つだけ、「権利の平等」と「すべての苦しめる者たちへの同情」である。――そして彼らのうちから苦悩そのものが除去されねばならないと考えているのである。

彼らとは反対にわたしたちは、これまで「人間」という植物が、どこで、どこまで力強く高みにまで成長したかという問いにまなざしと意識を向けているわたしたちは、人間が高みに成長するのはつねに、これとは反対の条件のもとであったと考えてきたのである。そして、そのために必要なのは、人間の状況が法外なまでに危険なものとなることであり、長きにわたる圧力と強制のために人間の独創力と偽装力が（人間の「精神」のことだ――）、巧みに、大胆なまでに発達し、生の意志が無条件の力への意志にまで高まることだと考えてきたのである。――わたしたちは、厳しさ、暴力的な行為、奴隷、街路での危険や心の中の危険、隠遁、ストア的な考え方、すべての種類の誘惑の技術と悪魔的な行為、人間にみられるすべての悪、恐るべき行い、圧制的なもの、猛獣的なもの、蛇のようなずる賢さなどは、その反対物と同じように、「人間」という種を高めるために役立っていると考えるべきなのである。――これほど語ったところで、まだまだ十分ではない。ともかくわたしたちは、ここで語ろうと沈黙しようと、近代のすべてのイデオロギーと家畜の群れの願望とは反対の極に立っているのである。おそらくその対蹠点《たいせきてん》にいるのではあるまいか？

わたしたち「自由な精神」が、話好きでないとしても不思議ではあるまい。精神が何から自己を解放しうるのか、さらにどこへ向けて駆り立てられていくのか、そのすべてを漏らそうとしないとしても、不思議ではあるまい。これはかの「善悪の彼岸」という危険な表現と無縁ではないのだが、わたしたちは少なくとも次のような人々とは、違うものであることを知ってほしいと考えている。わたしたちは、「自由思想家」[25]

とは違う存在である。自由思想家は誰もが、「近代的な理念」の勇敢な擁護者と自称することを好んでいる。わたしたちはさまざまな精神の国に滞在したことがあるし、少なくとも客として訪問したことがある。そしてわたしたちはあの片隅から、あの湿っぽく、しかも心地好い片隅から、何度でも抜けだしてきたのだ。

要するにそこでは、偏った愛情と偏った憎しみが、青春と素性が、人間と書物の偶然の出会いが、あるいは漂泊の旅の疲れまでが、わたしたちを呪縛するかのように思えたのだ。名誉、金銭、官職、官能の陶酔などのうちには、隷属を誘惑するものが隠れているのであり、わたしたちはこれを心から憎むものである。そして苦難とか、さまざまな症状を示す病気とかには、感謝の気持ちを抱いている。それはつねにわたしたちを、ある規則や、その「先入観」から解放してくれるからである。またわたしたちのうちに住む神や悪魔や羊や蛆虫《うじむし》にまで感謝する。わたしたちは、悪徳をも避けぬ好奇心をもち、残忍なまでの探求者であり、触ることのできぬものに触ろうとする恐れを知らぬ指をもち、消化できないものを消化する歯と胃をもつ者である。鋭敏な感覚と鋭い感性を必要とするすべての手仕事に向かう準備ができている者であり、「自由なる意志」が過剰であるために、どんな危険をも冒す用意がある者である。そしてその最後の意図を誰もすぐには見抜くことのできぬ〈前面の心〉と〈背面の心〉の持ち主であり、いかなる人の足も踏破することのできない〈前景〉と〈後景〉をもち、光のマントに包まれた隠遁者である。遺産相続人や浪費者にみえるかもしれないが、じつは征服者であり、朝から晩まで整理し、収集する者であり、わたしたちの富と、ぎっしり詰まった引きだしを吝嗇《りんしょく》に守る者である。学ぶことや忘れることにかけてはやりくり上手であり、図式を発明するのが巧みで、ときにはカテゴリーの作成に誇りをもち、ときにはペダンティックになり、ときには仕事のためには白昼でも梟《ふくろう》になる。必要であれば、案山子《かかし》にだってなるだろう。──そして今、それは必要なことである。それはわたしたちが生まれつきの孤独の友であり、誓った上での友であり、嫉妬深い友でもあるからだ。わたしたち自身のもっとも深い真夜中の孤独、真昼の孤独の友だからだ。──わたしたちはこのような人間なのだ、わたしたち自由な精神の者たちは！　そしておそらく君たちもこうした人間なのではないか。来たるべき者よ、新しき哲学者たちよ。

第三篇　宗教的なもの

四五　大いなる狩

人間の魂とその限界、これまでに究められた人間の内的な経験の領土、この経験の高さと深さと遠さ、魂のこれまでの歴史の全体、そしてまだ汲み尽くされていないその可能性。これこそが生まれながらの心理学者と「大いなる狩」を愛好する者たちに定められた狩の場なのだ。しかし彼は絶望のあまり、何度も自問せざるをえなかったのである。「ああ、なんと孤独なことだろう！　なんとひとりきりなのだろう！　そして森林と原生林はなんと広いことだろう！」。だからこそ彼は、数百人の勢子《せこ》とよく訓練された猟犬がほしいと願うのだ。彼はそれらを人間の魂の歴史のうちに放《はな》って、そこで自分の獲物を追い詰めたいと思うのだ。

しかしその願いも空しい。彼が強い好奇心を感じるすべてのものについて、勢子と猟犬を手にいれるのがどれほど困難であるかを、何度でも、根本的に、そして厳しく実感させられるのである。あらゆる意味で勇気が、賢さが、繊細さが必要とされるこの新しく危険な狩の場に、学者を送りこんでも空しい。学者たちは「大いなる狩」が始まる瞬間になると、そして大きな危険が始まる瞬間になると、もはや使い道がなくなる。――まさにこの瞬間に彼らは、追跡する目と追跡する鼻を失ってしまうのだ。たとえば、宗教的な人間《ホミネス・レリギオーシ》の魂のうちで知と良心の問題がどのような歴史をたどったかを理解し、確認するためには、パスカルの知的な良心と同じように深く、傷つき、巨大な存在でなければならないだろう。――それだけではなく、明るく悪意に満ちた精神の広大な天空が必要となるだろう。そこから危険で苦痛に満ちた体験の渦を上から見下ろし秩序づけ、定式化できることが必要なのだ。――しかし誰がわたしのためにこの仕事をしてくれるというのだろう！　こうした奉仕者がやってくるのを待っているだけの時間的な余裕が、わたしたちにあるというのだろうか！――こうした奉仕者が育つのはごく稀であるのは明らかだし、いかなる時代にあってもありそうもないことである。結局のところ、いくつかのことをみずから知るためには、すべてを自分でしなければならない。だから沢山のことをしなければならないのだ！――しかしわたしのもっている好奇心など、すべての悪徳のうちで、ごく好ましいものにすぎない。――申し訳ない、わたしが言いたかったのは、真理への愛は、その報いを天国において手にするだけでなく、地上においても手にするということなのだ。――

四六　キリスト教の信仰と古代精神

原始キリスト教が要求し、しばしば到達していたあのような信仰は、懐疑的な南方の自由精神の世界のうちに登場したものだが、この世界はそれ以前の数百年にわたって哲学のさまざまな理論のあいだの争いを経験してきたし、その当時においても経験していた。そしてローマ帝国が認めた寛容の教育の恩恵もうけていたのである。――ルターやクロムウェルやその他の北方の野蛮な精神が、彼らの神とキリスト教に捧げた素朴で不機嫌で隷属的な信仰ではないのである。むしろそれはパスカルの信仰に、理性が恐るべき方法で自殺しつづけているようにみえるパスカルの信仰に[26]、似たところがある。――パスカルの理性は蛆虫のように強靭で長生きだったために、一撃でひとおもいに殺すことはできなかったのである。

キリスト教の信仰は最初から、犠牲を捧げる行為だった。あらゆる自由、あらゆる誇り、精神のあらゆる自己確信を犠牲に捧げることだったのだ。そして同時に隷従し、自己を嘲笑し、自己を破壊することだった。この信仰の中には残酷さと、宗教的なフェニキア主義があり、弱気で、複雑で、ひどく甘やかされた良心にふさわしいものだった。この信仰で前提となるのは、精神の屈従がいいようのないほどの痛みを与えるということ、このような極度の不条理に抵抗するために、精神のすべての過去と習慣が立ち向かうということである。「信仰」はそのような不条理として、精神に立ちはだかる。

現代人は、キリスト教のさまざまな用語に慣れて麻痺しているために、「神が十字架にかけられた」という逆説的な表現が、古代人の趣味にとってどれほどまでに戦慄の極みとして感じられたかを、もはや追体験することができない[27]。それまでにこの表現ほど、大胆な逆転を、これほどまでに恐るべきことを問い掛けてくるものを、疑わしいものを、語った言葉はなかったのである。これは古代のすべての価値の転換を約束するものだった。――このようにして東洋《オリエント》の世界が、深き東洋の世界が、東洋的な奴隷が、上品で浮ついたローマの寛容に、ローマ的な「カトリック主義」の信仰に復讐したのである。――奴隷たちがその主人のもとで、主人に反抗して蜂起するようになったのは信仰のせいではなく、信仰を自由放任したせいなのである。信仰の真面目さにたいして［ローマが示した］半ばストア的で、半ば冷笑するような無頓着さのせいなのである。

「啓蒙」は反逆を呼ぶ。というのは、奴隷たちが望むのは絶対的なものであり、奴隷たちが理解するのは圧制的なものだけだからである。道徳においても奴隷たちは、深みにいたるまで、苦痛にいたるまで、病にいたるまで、いかなるニュアンスもなしに愛し、憎む。――奴隷たちはさまざまに隠された苦悩を味わっているがゆえに、苦悩を否定するかのようにみえる高尚な趣味には反逆するのである。苦悩にたいする懐疑的な姿勢は、もともとは貴族的な道徳の態度にすぎなかったのだが、フランス革命に始まった最近の巨大な奴隷の叛乱の発生にも、少なからず寄与しているのである。

四七　宗教的な神経症

これまで地上で宗教的な神経症《ノイローゼ》が発生したところでは、三つの危険な養生法が結びついていたことを確認できる。孤独と断食と性的な禁欲である。——しかし原因が何であり、結果が何であるのか、そもそも原因と結果という関係がここに存在しているのかどうかについては、ここでは確実に決定することはできない。とくに不審なことは、粗野な国民においても従順な国民においても、宗教的な神経症にいつもみられる兆候として、きわめて放埒な淫蕩が突発したのち、これが同じように突然に痙攣的な懺悔《ざんげ》と、世界と意志の否定に姿を変えるということだ。これはどちらも仮面をかぶった痙攣的な病の現れなのかもしれない。

しかし誰にも、次のような解釈を拒むことはできまい。これまでいかなる種類の人間の周囲にも、この男「ショーペンハウアー」ほどに無意味と迷信が生い茂ることで、人間たち、そして哲学者たちの興味を集めた人間はいないだろう。——いまこそ、いくらか冷静になって、用心深さを学ぶときではないだろうか、できれば、この男から目を背けることが、立ち去ることが必要なのではあるまいか。——ごく最近の哲学、すなわちショーペンハウアーの哲学の背景には、あたかも問題そのもののように、宗教的な危機と覚醒という恐るべき〈疑問符〉がつけられている。意志を否定することがどのようにして可能なのか。それは聖者はどのように可能なのかという問いである。――この問いこそショーペンハウアーを哲学に向かわせ、哲学者にした真の問いだったようである。

そしてショーペンハウアーの哲学は一つの帰結をもたらした。ショーペンハウアーのもっとも忠実な信奉者であったリヒャルト・ヴァーグナーが（おそらくドイツ最後の信奉者だった――）、その生涯最大の傑作をこの問いを軸として完成し、ついにあの恐るべき永遠の人間像をクンドリーという人物として肉づけし、ショーペンハウアーの生き写しの典型《ティプ・ヴェキュ》として舞台に乗せたのだった[28]。そしてほとんどヨーロッパ全土の精神科医たちが、彼を身近に研究する機会をもったのと同じ時期に、いたるところで宗教的な神経症が（――わたしはそれを「宗教的なもの」と呼ぶ――）、「救世軍」として、新たな流行病の発作を起こし、進軍していたのだった。

――しかしあらゆる種類の、そしてあらゆる時代の人間たちが、そう、哲学者たちまでもが、なぜ聖者という現象の全体に、これほどの強い関心をもったのかを問うべきだろう。その答えは、聖者には奇蹟というみかけがつきまとったことにある。奇蹟とは、対立するものが、道徳的に対立した評価をうける魂の諸状態が、直接に連続して現れることだった。そのことに疑問の余地はない。聖者という奇蹟を見ることで、

「悪人」が一挙に「聖者」に、善き人間に変わるのを、目の前で確かめることができると信じられたのである。これまでの心理学はここで難破した。しかしそれはこれまでの心理学が、道徳的なものに支配されていたからではなかったろうか。心理学が道徳的な価値の対立そのものを信じていたから、そしてこの対立を原文のみならず事実のなかにまで眺め、読み取り、解釈したからではなかったか？——どうなのか？「奇蹟」は解釈の失敗にすぎないのではないのか？ 文献学が欠けているのではないのか？——

四八　ラテン民族と北方の民族

わたしたち北方の民族にとってのキリスト教と比較して、ラテン民族にとってカトリックは、はるかに心の内に食い込んでいる信仰のようにみえる。だからラテン民族の諸国では、不信心はプロテスタントの諸国とはまったく別の意味をそなえているようである。——不信心は民族の精神にたいするある種の反逆を意味するのだ。ところがわたしたちにとっては不信心とは民族の精神に（あるいは非精神に——）回帰することを意味するのである。[29] わたしたち北方の民族が、野蛮な民族から生まれたことに疑問の余地はない。宗教的な天分についても、それはあてはまるのである。わたしたちの宗教的な才能は劣っているのだ。ただし［北方の民族のうちでも］ケルト族は例外であり、それゆえにケルト族は北方の民族がキリスト教に〈感染〉するための最善の土壌となったのである。——フランスにおいては、北方の青ざめた太陽がゆるすかぎりで、キリスト教の理想が開花した。最近のフランスの懐疑家たちはわたしたちの趣味からは異様にみえるが、それはその素性にケルト民族の血がいくらか混じっているためなのだ！ オーギュスト・コントの社会学は、ローマ的な本能にしたがった論理学のために、なんとカトリック的であり、なんと非ドイツ的な匂いがすることだろう！[30] ポール・ロワイヤルの愛すべく、賢い道案内《チチエローネ》であるサント・ブーヴは、イエズス会に強い敵意を抱いているにもかかわらず、なんとイエズス会的なことだろう！[31] それにエルネスト・ルナン。[32] ルナンのような人の言葉は、わたしたち北方の民族にはいかに馴染みにくく聞こえることだろうか！ 彼のなかでは宗教的な不安のうちに虚無のようなものが漂っていて、それが繊細な意味で官能的であり、おのれのうちで寛いでいるような魂の均衡を、絶えずつき崩してしまうのだ！ 一度、次のような美しい文章を朗読してみるとよい。――するとわたしたちに、それほど美しくなく頑ななドイツ人の魂のうちに、ただちにそれに応じるかのように、なんという悪意と傲慢な気持ちが掻き立てられることだろう！――「率直に言おう。宗教は正常な人間が作りだした産物である。人間は、もっとも宗教的であり、もっとも無限の宿命を確信しているときにこそ、最高の真理のうちに安らぐのである。……徳が永遠の秩序に適うことを願うのは、人間が善良であるときである。死が忌まわしく不条理なものにみえるのは、人間が利害から離れて事物を省察するときである。人間がもっとも物事を正しくみるのはこのような瞬間であることを、どうして疑うことができよう……」。この文章はわたしの耳にも習慣にもきわめて対蹠的なものであったために、わたしは初めてこの文を読んだときに、最初の憤慨をその傍に書きつけた。「最高の宗教的な愚劣さ！」と。――しかしわたしの最後の憤慨が、真理を逆立ちさせているこの文をすっかり気にいってしまったのだ！　自分の対蹠点をもつということは、喜ばしいこと、すばらしいことなのだ！

四九　ギリシアとキリスト教

古代ギリシアの宗教性で何よりも驚嘆すべきところは、抑制することのできないほどの感謝の気持ちがあふれ、流れだしていることである。——自然と生の前にこのように立つということは、きわめて高貴な人間のすることなのだ！——時代が下り、ギリシアでも賤民が優位を占めるようになると、宗教の中で恐怖が力を振るうようになる。こうしてキリスト教が準備されたのだ。——

五〇　宗教的な忘我

神への情熱。ルターのように、農民風で、愚直で、おしつけがましい情熱もある。——プロテスタンティズムにはすべて、南方の繊細《デリカテッツァ》さが欠けている。そこには東洋《オリエント》風の忘我状態がある。たとえばアウグスティヌスには、身に余る恩恵をうけた奴隷や、優遇された奴隷にみられる忘我状態がある。その物腰にも欲望にも、気品というものがまったく欠けているのは、人を傷つけるほどである。またそこには、恥じらいながら、無意識のうちに、〈神秘的で肉体的な合一《ウニオ・ミュスティカ・エ・フュシカ》〉を求める女性のような情愛ともの欲しげな心が感じられる。マダム・ド・ギュイヨンのようにである[33]。これは多くの場合、少年や少女の思春期の仮装として、奇妙な姿で現れるものだ。老嬢のヒステリーとして現れることも、その最後の虚栄心として現れることもある。――教会はこのような女を聖者として扱ったのである。

五一　聖者への敬い

これまでは最強の人間も、聖者の前では敬虔に頭を下げてきた。聖者を、自己を克服し、意志によって最高の禁欲を体現した〈謎〉とみなしたからである。しかしなぜ頭を下げたのか？　それは聖者のうちに、――いわばその壊れそうで哀れな姿という疑問符の背後に――このような克服によって自己を試そうとする聖者の卓越した力と、意志の強さを感じたからである。そしてこの意志の強さのうちに、「強者は」みずからのうちにある強さと、支配者としての欲望をみいだして、これを敬ったのである。

だから最強の人間たちは聖者を敬うときには、みずからのうちにあるものを敬っていたのである。ところが聖者の姿を眺めているうちに、ある疑念が生まれたのだった。このような法外な否定と反自然を願うには、何か別の理由があるに違いないと呟き、自問したのである。おそらくそれだけの理由があるのだろうし、同時に非常に大きな危険もあるのだろう。そして禁欲者たちは秘密の助言者や聴衆の力によって、その危険について詳しく知っているのではないだろうか、と。要するに世俗の権力者たちは聖者のうちにあらたな恐怖を感じたのである。新たな力を、これから克服すべき見知らぬ敵の存在を予感したのだ。――彼らを聖者の前に立ちどまらざるをえなくしたのは、「力への意志」だった。彼らが尋ねずにはいられなかったのは、それなのである――

五二　旧約聖書と新約聖書

神の正義についての書であるユダヤの「旧約聖書」には、ギリシアやインドの書物でも太刀打ちできないような規模の雄大な人間や事物や物語が登場する。わたしたちは、かつて人間はこのようなものであったのかという驚きと畏敬の念をもって、その巨大な遺物の前に立ち尽くすのである。そして古きアジアに思いを馳《は》せ、その前に半島のようにせりだしたヨーロッパを、アジアにたいして「人類の進歩」を主張したがるヨーロッパを思って、悲哀の念に駆られるのである。もちろんみずからが飼い馴らされたひ弱な家畜にすぎない者は、家畜としての欲望しか知らず（現代の知識人たち、「教養のある」キリスト教の信者たちも加えて——）、かの廃墟の前に佇んでも、みずからを振り返っていぶかることも、悲しむこともないだろう。——旧約聖書を好むかどうかは、「偉大さ」と「卑小さ」を区別する試金石なのだ——。おそらくこうした「ひ弱な家畜のような」人物には、恩寵についての書である新約聖書のほうが、はるかに気に入ることだろう（この書物には、本物の情愛深い偽信者と小心者の臭気がこもっているのだ）。新約聖書はどこからみてもロココ趣味の書物であり、これを旧約聖書とまとめて一冊の書物にしてしまったこと、「聖書」として、「大文字の」「書物そのもの」としてしまったこと、それはおそらく最大の厚かましさであり、「精神に反する罪」であろう。そしてヨーロッパの文学的な伝統は今なお、そのことに良心の咎めを感じているのである。

五三　有神論の没落

今日なぜ無神論なのか？——「父」としての神は、根本的に論駁されている。「審判者」としての神も、「報いを与える者」としての神もである。そして神の「自由な意志」についてもである。神は耳を傾けない。——耳を傾けたとしても、「人間を」助けるすべを知らないだろう。最悪なのは、神はみずからの意志を明確に伝える方法を知らないらしいということだ。神の意志は曖昧なのだろうか？——わたしはさまざまなことを語り、問い、耳を傾けながら、ついにこれこそがヨーロッパの有神論の没落の原因であることを発見したのである。わたしにはこう思える。宗教的な本能は力強く成長しつづけてはいるが、——まさにこの宗教的な本能こそが、有神論的な解決策に満足することを、深い不信の念をもって拒んでいるのである。

五四　反キリスト教的な哲学

最近の哲学は全体として、基本的に何をしているのだろうか？　デカルト以来というもの、――そして、それもデカルトの先例に倣うというよりも、デカルトに抗するために――、すべての哲学者が目指しているのは、主語と述語の概念の批判という外見のもとで、古き霊魂の概念を暗殺することである。――すなわち、キリスト教の教義の根本的な前提を暗殺しようとしているのだ。最近の哲学は、認識論的な懐疑を実践しながら、隠れながら、あるいは公然とした形で、反キリスト教的なのである。とはいっても、耳のよい人々のためにつけ加えれば、反宗教的なわけではない。というのは、かつては文法を信じるように、文法の主語を信じるように、「霊魂」の存在を信じていたからである。「わたし」という主語は限定するものであり、「考える」という述語は語られることで限定されたものだ。――思考は一つの活動であり、そこには主語が原因として想定されねばならない、というわけである。しかし人々は今日では驚くべき粘り強さと狡智をもって、この網から逃れることはできないものかと、試みているのである。――もしかするとその逆が正しいのではあるまいか。「考える」が限定するものであり、「わたし」は限定されたものではないだろうか。「わたし」とは思考によって作られた総合の産物ではないだろうか。

カントが根本において証明しようとしたのは、主観を主観から証明することはできず、客観も「主観からは」証明できないということだった。個別的な主体、すなわち「霊魂」は仮象としての存在にすぎないという可能性は、カントには無縁なものではなかった。この思想はかつてヴェーダーンタ哲学として、地上で絶大な力を振るっていたのである。

五五　宗教的な残忍さの〈梯子〉

宗教的な残忍さという大きな〈梯子〉がある。そこには多くの〈段〉がついているが、そのうちで次の三つのものがもっとも重要である。かつては自分たちの神に、人間を犠牲として捧げたものだった。犠牲にされたのは、周囲の人々からもっとも愛された人間だったに違いない。——太古のさまざまな宗教にみられる初子《ういご》の犠牲はその一例であり、ティベリウス帝がカプリ島でミトラ神の洞窟で捧げた犠牲もそうだ。これはローマ時代のあらゆる時代錯誤のうちで、もっともすさまじいものだろう。

次に人類の道徳時代が訪れると、人々は神に人間のもっとも強い本能を、「自然」を捧げたのである。この祝祭の喜びは、禁欲者の残忍なまなざしのうちに輝いている。禁欲者とは、熱狂のうちに「自然に反する者」なのである。

最後に犠牲に捧げるべきものとしては何が残ったか。人々はついに未来の至福と正義のために、すべての慰めを与えてくれるもの、聖なるもの、癒しを与えてくれるものを、すべての希望を、隠された調和へのすべての信頼を捧げねばならなかったのではないか？　そして自己への残忍さから、神すらも犠牲にして、石を、愚鈍さを、重さを、運命を、虚無を崇拝せざるをえなくなったのではないだろうか？　虚無のために神を犠牲にすること。——最後の残忍さであるこの逆説的な秘儀は、これから現れようとする世代のために準備されたものだ。これについてはわたしたちの誰もがいくらか知っているのである。——

五六　悪循環の神

わたしは謎めいた欲求に駆られて、ペシミズムについて考え抜き、今世紀にいたってショーペンハウアーの哲学という姿で登場した半ばキリスト教的で、半ばドイツ的な偏狭さと単純さからペシミズムを解放しようと、長いあいだ努力してきたものだった。そのわたしのように、アジア的かつ超アジア的なまなざしをもって、考えられるかぎりのあらゆる思考方法のうちで、もっとも世界否定的な思考であるペシミズムを見つめ、見下ろしてきた人間にとっては、──しかもブッダやショーペンハウアーのように、道徳の呪縛と妄想に捉えられてではなく、善悪の彼岸において──、そのような人間であれば、そうした営みによってほんらい望んでいたことではなかったとしても、逆の理想への眼が開かれたことだろう。そしてもっとも不遜で、生命力にあふれ、世界を肯定する人間がもつ理想への眼が開かれたことだろう。こうした人間は、かつて存在し、今も存在するものと和解し、耐えていくことを学んだだけでなく、なおそれを、かつてそうであり、今もそうであるように、繰り返し所有したいと欲するのである。しかも自分に向かってだけでなく、この人生のあらゆる劇と芝居に向かって、永遠にわたって飽くことなく、もう一度《ダ・カーポ》と叫びながらである。しかも芝居だけではなく、根本的にこの芝居を必要とし、――この芝居を必要たらしめた者に向かって叫ぶのである。というのも、こうした者は繰り返し自らを必要とし、必要たらしめているからだ。――どうだろう? これこそが――悪循環《ツィルクス・ウィティオス・デウス》の神ではないだろうか。(34)

五七　永遠の子供

ある人の精神的なまなざしと洞察の力が強まるごとに、その人を囲む遠景の深みが増し、同時にその周囲の空間も深くなる。世界はますます深くなり、つねに新しい星が現れ、ますます新しい謎と形象が眼に入ってくる。おそらく、精神の眼がその鋭さと洞察力を鍛えるために役立ったすべてのものは、彼の鍛練のきっかけにすぎなかったのだろう。子供や子供の心を失わない人々にとっての遊戯のようなものだったのだろう。「神」とか「罪」という厳かな概念のために、多くの人々が闘い、苦しんできたものだが、こうした概念もいつか、老人にとっての子供の玩具や苦しみと同じほどに、取るに足らぬものと思われるようになるだろう。──そしておそらく「その老人」は、もっと違う玩具ともっと違う苦痛を必要とするだろう。いまなお子供であり、永遠の子供であるからだ！

五八　無関心な不信心者

真の宗教的な生のためには（お好みの自己の吟味という顕微鏡的な仕事のためにも、あの穏やかな放下《ほうげ》のためにも。「祈り」と呼ばれるこの放下は「来たるべき神」のための絶えざる準備なのだ──）、身体的な無為が、あるいは無為に近い状態がどれほど必要であるかは、気づいておられることだろう。わたしが言いたいのは、良心が疚《やま》しくない無為の状態のことである。労働することは心も身体も卑しくするものであり、恥ずべきことだという貴族的な感情とは無縁でない無為のこと、血筋による昔からの無為のことである。だから現代のような騒がしく、時間を買い占めた者たちが、不遜にも自慢する勤勉さというものは、他の何にもまして「不信心者」を育て上げ、準備するものではないだろうか？

たとえば現代のドイツで、宗教とは関係なく生きている人々のうちには、さまざまな種類と由来の「自由思想家」たちがいるのだが、その多くは、世代から世代へと勤勉さが引き継がれてきたために、宗教的な本能が消滅してしまった人々なのだ。こうした人々はもはや宗教が何の役に立つものだったかを理解できなくなり、ある種の鈍い驚きの心をもって、ただ世界に宗教が存在していることを、いわば無関心に書き留めているだけなのである。これらの実直な人々は、事業とか娯楽とかにすっかり時間をとられていると感じている。「祖国」とか新聞とか、「家族の義務」など、時間をとるものが沢山あることはいうまでもない。こうした人々にはもはや宗教のための時間などまったく残されていないようである。それというのも、彼らには、宗教が新しい事業なのか、新しい娯楽なのかもわからないからだ。——こうした人々は、「教会なんかに行って、楽しい気分を台無しにするなんて、とんでもない」と言うのだ。

彼らは宗教の風習に反対するわけではない。ある機会に、たとえば国からこうした風習に参加するように求められるならば、要求されたとおりに、さまざまな用事を済ませるのと同じようにするだろう。——それほど好奇心や不快な気持ちを感じることもなく、辛抱強い控え目な真面目さを示しながら——。彼らは宗教的な風習とはあまりに離れて、いわばその外部で生きているので、こうした事柄に賛成すべきか反対すべきかを決める必要も感じないのである。

今日ではドイツの中産階級のプロテスタント信者の大部分は、こうした無関心な人々になっている。とくに仕事が忙しい商業や交通の中心地では、こうした人が多くみられる。さらに勤勉な学者の大多数とすべての大学関係者がそうだ（ただし神学者は別だ。神学者が存在するということ、存在する可能性があるということそのものが、心理学にとってはますます解き難い微妙な問題となりつつある）。敬虔な人々、あるいは教会に所属する人々からみると、現代のドイツの学者が宗教の問題を真面目に考察するために、いかに、いかに多くの善き意志を必要とするか、極言すればいかに恣意としての意志を必要とするかは、理解しがたいところだろう。学者たちはそもそも職業的な性格からして（あるいはすでに指摘したように、現代的な良心からして、職業的な勤勉さをもつことを義務づけられているがために）、宗教にたいしては悠然とした態度を、ほとんど善意に満ちた明朗さに近い態度を示す傾向がある。この態度にはときに軽い軽蔑の気持ちが混じっていることがある。学者たちは、教会に信仰が捧げられるときには、つねに精神の「不潔さ」が伴うと想定しているからである。学者たちが宗教にたいして畏敬に満ちた真面目な姿勢で向かい、はばかるような配慮を示すのは、歴史の助けを借りる場合だけである（ということは、自分の個人的な経験によってではないということである）。しかし学者の宗教にたいする感情が〈感謝〉にまで高まったとしても、個人としては教会とか敬虔さのようなものに向かって、一足でも歩を進めたことにはならない。むしろその逆なのである。

学者は実際には宗教的な事柄に無関心なのであり、この無関心な雰囲気のうちで彼は生まれ、育ってきたのである。この無関心は、宗教的な人間や事柄と接触するのを避けようとする用心深さや潔癖さに姿を変えているのがつねである。だから「宗教に」寛大な姿勢を示すことで、微妙な窮地に追い込まれることを避けようとするのも、学者の寛大さと人間性の深さを示すものかもしれないのだ。――どんな時代にも、その時代に固有の神的な素朴さというものがあり、それを考案したことで、ほかの時代から羨ましがられるものだ。――学者は自分が優れていると信じ込み、良心に咎められずに寛容を信じ、そして天真爛漫なまでの単純な自信を抱いているが、そこにどれほどの素朴さがあることだろう。どれほどの尊敬に値する子供っぽさが、際限のない愚かな素朴さがあることだろう。学者はこうして自信をもって、その本能によって、宗教的な人間は、自分よりも価値が低い劣った人種だとみなすのである。学者は自分のことを、宗教的な人間から遠く離れて、外に、上に成長してきた人間とみなしているのである。──ちっぽけで、尊大で、矮小な賤民にすぎない学者が、「理念」の、「現代の理念」のための勤勉で、すばしっこい頭脳労働者であり、職人である学者が、である！

五九　表面的な存在

世界を鋭く洞察した人であればおそらく、人間が表面的な存在であることのうちに、どれほどの叡智が潜んでいるのか、見抜くことができただろう。浅薄であれ、軽薄であれ、偽物であれと教えるのは、人間の生存本能である。哲学者たちにも、芸術家たちにも、どこにでも「純粋な形式」というものにたいする過度の熱烈な崇拝がみられる。このような〈表面的なもの〉の崇拝を必要とする者が、いつかその下にあるものを不幸にも捉え損なったとしても、不思議だとは思わないでほしいのだ。こうした〈火傷《やけど》した子供たち〉、生まれつきの芸術家たちは、生の像を偽造するという意志をもつことのうちに（同時に生に緩慢な復讐を遂げることのうちに——）、生の享受をみいだすのだが、こうした者たちのうちにも、ある種の位階の序列があるのだ。だから彼らがどれほど生の像を偽造し、希釈し、彼岸化し、神化して眺めようとしているかを調べてみれば、生における苦悩の深さを知ることができるだろう。——宗教的な人間《ホミネス・レリギオーシ》とは、芸術家として、最高の位階の芸術家としてみなすことができるだろう。

宗教的な人間には、癒しがたいペシミズムにたいする深い猜疑に満ちた恐怖が存在している。このペシミズムこそは、数千年にわたってその鋭い歯で、人間存在の宗教的な解釈を嚙み破ってきたものなのである。この恐怖は、人間が十分に強く堅固な存在になる前に、十分に芸術家になる前に、あまりに時期尚早に真理を手にしてしまうのではないかと予感する本能から生まれたものなのである……。この視点から宗教的な人間における敬虔さや、「神のうちなる生」なるものを眺めてみれば、それは真理への恐怖のもっとも微細な最後の産物であり、あらゆる偽造のうちでもっとも優れた偽造にたいする芸術家の崇拝であり、陶酔であり、真理の転倒への意志であり、いかなる代価を払っても非真理を求めるという意志であるかのようである。これまでのところ人間を美化する手段として、この敬虔さほどに強烈なものは存在しなかったのではないか。この敬虔という手段によって人間は、かくも芸術家になり、表面的な存在になり、色彩の綾となり、善き存在となることができたのである。そしてもはや自分を眺めても、悩むことはなくなったのである。——

六〇　人間愛

人間を愛すること、それも神のために——これはかつて人間のうちで抱かれたかぎりでもっとも高貴で、奇怪な感情であった。神聖化しようとするいかなる下心ももたずに人間を愛することは愚劣であり、むしろ禽獣《きんじゅう》的なものであること、人間を愛するという感情は、より高い傾向からしか、その尺度も、繊細さも、塩の粒も、竜涎香《りゅうぜんこう》の粒も、うけとることはできないこと、——このことを初めて認識し、みずから経験した者は、誰であれ、この繊細な事柄を語りだそうとしたときに、その舌がどれほどもつれたことだろう。この者は、これまでもっとも高いところまで飛翔し、もっとも美しく迷った者として、わたしたちのうちではいつまでも聖なる者として尊敬されつづけるのだ！

六一　宗教の効用

　わたしたち、われら自由なる精神にとって哲学者というものは、──人間の全体の発達のための良心をもつ者として、もっとも広範な責任を負う者と理解されている。哲学者は、人類の訓練と教育の手段として宗教の力を借りるだろうし、おりおりの政治的および経済的な状況も利用するだろう。人々を選別し、訓育する影響力、つねに破壊的であると同時に創造的かつ形成的なこの影響力は、宗教の力を借りることで可能となるものであるが、宗教の束縛と保護のもとに置かれる人間の種類に応じて、さまざまに異なるものとなる。

　強い者、独立した者、命令する者になることがあらかじめ定められ、準備された者にとっては、すなわち支配的な種族の理性と技術が体現されている者にとっては、宗教はむしろ抵抗を克服し、支配を可能にする手段である。宗教とは、支配者と服従者を共同に結ぶ絆であり、服従する者たちの良心である。服従する者たちは、つねに服従から逃れようと望むものであるが、良心はこうした者たちの隠されたもっとも内心の気持ちを、支配する者たちに漏らし、引き渡すのである。もっとも高貴な素性の者たちのうちには、高貴な精神性のために、隠遁的で省察を好む生活に心を寄せて、きわめて繊細な支配の方法だけをみずから選びとる傾向を示す者もいる（そして選び抜かれた弟子や修道仲間にこの支配を行使するのである）。しかし宗教そのものは、粗暴な支配のもたらす騒音や苦労にたいしては、安静をもたらす手段として利用できるし、すべての政治的な人間に必要とされる汚れにたいしては、浄化をもたらす手段として利用できるのである。たとえばブラーフマンはこうしたことを心得ていた。彼らは宗教的な組織を利用して、国民のために国王を指名する権利を手にしていたのであるが、一方ではこうした問題の圏外に離れて立っていて、みずからを国王などを超えた高い使命にしたがう者と感じていたのである。

ところで宗教は、支配されている人々のうちでも、次第に台頭してくる階級と身分の者たちには、いつか支配し、命令する者となるべく準備をするための指導と機会を与えたのだった。これらの者たちのうちでは、幸福な婚姻の風習によって、意志の力と欲望が、自己を統御しようとする意志がつねに高まりつづけていたのである。――宗教はこうした人々に、より高き精神への道を歩み、大いなる自己超克と沈黙と孤独の感情をみずから試してみたいと思わせるだけのきっかけと誘惑を与えたのだった。――ある種族が賤民という素性をこえて支配者となろうとするとき、そしていつか支配する者の地位にまで昇ろうとするときには、禁欲主義《アスケーシス》と清教主義《ピューリタニズム》は、ほとんど不可欠な教育手段であり、人々を高貴なものとするための手段となるのである。

最後に普通の人間にとっては、すなわち奉仕と一般的な利益のために存在し、そのかぎりで存在することを許されている大多数の人々にとっては、宗教とは自分たちの境遇と性質に満足できるようにするための計り知れないほどの貴重な手段である。宗教は人間の心にさまざまな平安を与え、服従を高貴なものとし、同輩の者たちと比較して、大きな幸福と苦悩を与えてくれるものであり、日常のすべて、卑俗さのすべて、ほとんど禽獣のごとき魂の貧困のすべてを明朗にし、美化し、ある意味では正当化するための手段となるのである。

宗教と、宗教によって価値の高いものとなった生は、つねに虐げられているこうした人々に光をあて、彼らが自分の姿を眺めても耐えられるようにするのである。この働きは、エピクロスの哲学が、高い地位にあって苦悩している人々につねにもたらしていた影響と類似したものである。これらの「虐げられた」人々を元気づけ、洗練させ、いわば苦悩を利用しながら、ついには聖化し、正当化する機能をはたすのだ。もっとも身分の低い者たちにも、信仰の力で、事物の（見掛けだけは）高い秩序のうちに身を置き、そのことによって現実の秩序に満足することを教えるのである。キリスト教においても仏教においても、これ以上に高貴な効用はほかにないだろう。こうした［虐げられた］人々は、現実の秩序においてはごく過酷な生を強いられたのであり、――まさにこの過酷さが必要になるのだ！

六二　宗教の代価

最後にもちろん、このような宗教のもたらす負の側面を厳しく暴いて、宗教の不気味な危険性に光をあてる必要がある。――宗教が訓育と教育の手段として哲学者の手中にあるのではなく、それ自身が至上の権利をもって人々を支配しようと望む場合には、そしてさまざまな手段のうちの一つの手段であるのではなく、みずから究極の目的となることを望む場合には、宗教はつねに恐ろしく高い代価を求めることになるのである。他のさまざまな動物と同じように人間のうちにも、出来損ないの者、病める者、退化した者、虚弱な者、つねに苦悩しつづける者などが、ありあまるほどに存在する。すなわち人間の場合においてすら、出来のよい者はつねに例外であり、人間はまだ確定的に仕上げられた動物ではないという事実を考えるならば、ごく稀な例外なのである。

もっと困ったことがある。人間が典型的に示す〈特性《タイプ》〉というものが高いものであればあるほど、その人間が成功する確率は低くなるのである。人類全体の構成に含まれる不条理な法則である偶然性というものは、高い特性をもつ人々にこそ、もっとも忌まわしい形で、破壊的な効果を発揮するのである。高い特性をもつ人々の生の条件は繊細で、多彩で、計算しにくいものだからだ。

それでは、さきに挙げた二大宗教「キリスト教と仏教」は、ありあまるほどに存在する、あの出来がよくない人々にたいしては、どのような姿勢を示すのだろうか？これらの宗教は、どうにか持ち堪えて生きている人々だけを維持し、生きさせておこうとする。そして原則としてこうした人々の味方となり、苦しむ人々のための宗教となろうとする。宗教は、病気に苦しむように生きることに苦しむすべての人々を正しき人々とみなし、生についてほかの考え方をするのはすべて間違ったことであり、不可能なことであると主張するのである。宗教がこのように人々をいたわり、力づける配慮をしていることは、それがふつうの人々だけでなく、何よりも人間の最高の種族《タイプ》に、これまでほとんどつねにもっとも苦悩する人々に向けられてきたし、いまも向けられているかぎりでは、高く評価できるかもしれない。——しかし全体的な功罪を評価してみれば、これまでの宗教、すなわち至高の権力を主張する宗教は、「人間」という種族を低い段階につなぎとめてきた主要な原因の一つなのである。——宗教は没落すべきであったものをあまりに多く、維持してきたのである。宗教にはかぎりなく感謝すべきものがある。しかしどれほど感謝したとしても、たとえばキリスト教の「聖職者」なる人々がこれまでヨーロッパにしてきたことを考えてみれば、その感謝も貧しいものとならざるをえないのだ！

　キリスト教の聖職者たちは、苦しむ者たちには慰めを与え、抑圧された者と絶望した者には勇気を与え、独り立ちできない者には杖と支えを与え、精神的に破壊された者や凶暴になった者は、社会から追放して修道院や精神病院に閉じ込めた。良心の咎めなしに、すべての病める者と苦しむ者たちを原則として生かしつづけるために、すなわち行為によっても、真実においても、ヨーロッパ種族を劣悪なものとするためにほかに何をなすべきだったのだろうか？　すべての価値評価を転倒させること——これこそが必要だったのである！

強き者を挫き、大いなる希望を病ませ、美しきもののうちにある幸福を中傷し、すべての自立したもの、男らしいもの、征服する者、支配しようとする者、「人間」のうちでも最高で、もっとも出来のよい種族にふさわしいすべての本能をねじ曲げて、不確実なもの、良心を痛ませるものとしてしまい、自己破壊にいたらせること、まさに地上的なものと大地の支配へのあらゆる愛を、大地と地上的なものへの憎悪に逆転させること——これこそが教会がみずからの任務としてきたことであり、任務とせざるをえなかったものなのである。ついには教会の評価においては、「世界から隠遁すること」「官能を否定すること」そして「高き人間」という三つのものが一つの感情のうちで溶けあうようになったのである。

もしもエピクロスの神のように嘲笑しながら、囚われないまなざしでヨーロッパのキリスト教の喜劇をみわたすことができたならば、驚くほどに痛ましく、粗野でありながらも巧みなこの喜劇をみわたすことができたなら、仰天すると同時に笑いだし、ついには笑いがとまらなくなるだろうと思う。一八世紀の長きにわたって、人間を崇高な畸型にしようとする一つの意志が、ヨーロッパを支配してきたかのようではないか？　しかし誰かが、エピクロス的な欲望とは反対の欲望をもって、神のごときハンマーを手にして、みずから求めて頽廃し、萎縮した人間に、ヨーロッパのキリスト教徒に（たとえばパスカルのような人物に）歩みよったならば、憤怒と同情と驚愕の思いに駆られて、つぎのように叫ばずにはいられないだろう。「おお、何と愚かな者たちか。哀れむべき厚かましき愚か者たちよ、お前たちはいったい何ということをしでかしたのか！　お前たちの手でいったいどんな仕事をしてしまったのか！　お前たちは何ともはや、わたしのもっとも美しい石を切り損ない、台無しにしてしまったではないか！　お前たちは何ということをしたのか！」。――わたしが言いたかったのは、キリスト教はこれまでもっとも宿命的なまでの自己慢心だったということだ。人間を芸術家として構築することのできるだけの高尚さや強靭さをもたない人間、千々に異なる種類の出来損ないや破滅を支配する明瞭な法則を、卓越した自己超克の力で働かせるままにしておくだけの強さも先見の明もない人間、人間たちを深淵のように隔てるさまざまな位階と等級の違いを見据えるほどの高尚さもない人間、――このような人間が、彼らの「神の前での平等」を唱えながら、これまでヨーロッパの運命を支配してきたのである。そしてついに矮小で、ほとんど笑うべき種族が、家畜の群れのように善良で、病弱で、凡庸な種族ができあがったのである。それが現代のヨーロッパ人なのだ……。

第四篇　箴言《しんげん》と間奏曲

六三　教師とは

根っからの教師というものは、すべてのことを自分の教え子との関係においてしか、真面目に考えることができない。——自分についてもそうなのだ。

六四　認識そのもののための認識

「認識そのもののための認識」。これは道徳がしかける最後の落とし穴だ。このために人々はふたたび道徳に完全に巻き込まれるのだ。

六五　認識の魅力

認識にいたる途上において克服すべき羞恥心があれほど多くなかったら、認識というものの魅力はごくわずかなものだろう。

六五a　罪

罪を犯してはならない、ならないと言うときほど、自分の神に不誠実であることはない。

六六　神の羞恥心

人間には、みずからをけなさせ、盗ませ、欺かせ、利用させようとする傾向がある。これはもしかすると、人間のもとにある神の羞恥心かもしれない。

六七　唯一神への愛

ある一人のひとだけを愛するというのは、野蛮な行為だ。他のすべての人々への愛を否定する愛だからだ。ただ一人の神への愛も同じようなものだ。

六八　記憶と誇り

「わたしはそれをやった」とわたしの記憶が語る。「そんなことをわたしがしたはずがない」とわたしの誇りが語り、譲ろうとしない。ついに──記憶が譲歩する。

六九　殺す手

いたわるふりをして──人を殺す手を見たことのない人は、人生をきちんと見てこなかった人だ。

七〇　性格

性格というものがある人は、みずからの典型的な体験を何度でも繰り返すものだ。

七一　カント

天文学者としての賢者。――汝がまだ星を「わが上なる」ものと感じているかぎり、認識者としてのまなざしをまだもてていないのだ。

七二　持続

高き人間を作るのは、高き感覚の強度ではなく、持続である。

七三　理想

自分の理想を実現してしまった者は、そのことによってその理想を乗り越えるのだ。

七三a　孔雀の誇り

多くの孔雀は、すべての人の眼から［自慢の］尾羽根を隠す――そしてそれが自分の誇りの現れだと主張するのだ。

七四　天才

天才のある人間は、鼻持ちならないものだ。感謝の気持ちと潔癖という少なくとも二つの特性をもちあわせていない場合には。

七五　性的な特徴

人間の性的な特徴の程度と種類は、その人の精神の隅々にまで浸透しているものだ。

七六　自虐

平和な状態に置かれると、好戦的な人間は自分に襲いかかるものだ。

七七　原則

人は「みずから定めた」原則の力で、自分の習慣を虐げたり、正当化したり、尊重したり、罵倒したり、隠したりするものである。――だから同じ原則をもつ二人の人間の欲するものがまったく異なることもあるだろう。

七八　自己軽蔑者

自分を軽蔑している人でも、自己軽蔑者としての自分を尊重しているものだ。

七九　心の澱

自分が愛されていることを知りながら、［誰も］愛そうとしない人は、心の滓《かす》をあらわにする。——もっとも深く沈んでいる澱《おり》が浮き上がってくるのだ。

八〇　自己知

ある事柄が解明されてしまうと、わたしたちは関心を失うものだ。——「汝自身を知れ！」と勧めたあの神は、何を言おうとしていたのだろう。おそらく「自分にかかわるのをやめよ！　客観的になれ！」ということだったのかもしれない。——それではソクラテスは？　そして「学問的な人間」は？——

八一　真理の辛さ

大海の「塩水の」中で渇きによって死ぬのは恐ろしいことだ。諸君はほんとうに自分たちの真理をそれほどまでに塩辛くして、もはや——渇きを癒すことがないようにしなければならないのか。

八二　同情

「すべての人に同情する」ということは、——わが隣人よ！　それは君自身を過酷に扱い、虐待することではないだろうか。

八三　本能

本能。家が燃えているときには、昼食も忘れてしまうものだ。——たしかに。しかし［家が燃えてしまったら］灰の上でまた食べ始めるのだ。

八四　女の憎悪

女が憎むということを覚えるのは、人を魅惑することを——忘れ始めるときだ。

八五　男と女

男と女では、同じ情動を感じても、感じる速さ《テンポ》の違いがある。だから男と女はたがいに誤解することをやめないのだ。

八六　女なるもの

女たちはその個人的な虚栄心の背後に、個人的でない軽蔑心を隠しもっているものだ。──「女なるもの」にたいする軽蔑心を。

八七　精神の自由

縛られた心、自由な精神。──自分の心を堅く縛って囚えておけば、精神の自由は大きくなる。これはすでに一度、語ったことがある。人がそれをもう忘れているとすれば、人はわたしを信用していないのだ……

八八　当惑

とても賢い人物でも、当惑した様子をみせると、信用されなくなるものだ。

八九 恐るべき体験

恐るべき体験というものは、そのような体験をした人間こそが恐るべき者なのではないかと、考えさせるものだ。

九〇 陰鬱な人物

重苦しく陰鬱な人物というものは、その憎悪と愛によって他人を重苦しくするが、まさにその憎悪と愛によって軽やかになり、ときには自分の［素顔を］表面に浮かびあがらせるのだ。

九一 冷たさの熱

あまり冷たく、まるで氷のようだから、彼に触ると指を火傷するほどだ。彼を摑む手はどれも、びっくりするのだ！――それだからこそ多くの人は、彼が燃えているのだと思うのだ。

九二　評判の良さ

良い評判をえようと、――自分を犠牲にしなかった者がいるだろうか？――

九三　愛想の良さ

愛想の良さには、人間への憎悪はまったく含まれていない。しかしだからこそ、人間への軽蔑であふれているのだ。

九四　男の成熟

男の成熟、それは子供の頃に遊びのうちで示した真剣さを取り戻したということだ。

九五　不道徳の恥

自分の不道徳を恥じるということ、それは自分の道徳を恥じるにいたる階段の一段を歩み始めたということだ。

九六　生との別れ

生に別れを告げるときは、――名残惜しそうにではなく、祝福しながら別れを告げるべきだ。オデュッセウスがナウシカと別れたときのように。

九七　偉人

何だって？　あれが偉人だって？　自分の理想を演じている俳優にしか見えないが。

九八　良心の調教

良心を調教しようとすると、良心はわたしたちに噛みつきながら、接吻するのである。

九九　幻滅

幻滅した者は語る。——「反響を聞きたかったのに、賞賛の声しか聞こえなかった——」

一〇〇　安らぎ

わたしたちは自分を、実際よりも単純なものと信じこんでいる。そうすることで自分の仲間たちから離れ、安らぐのである。

一〇一　認識者

今日では認識者は、みずからを獣になった神と考えがちである。

一〇二　愛の実り

愛する者は、相手が自分を愛してくれると知ったときに、相手にたいして興ざめした気分になるのではないだろうか。「なんだ、君を愛するというのはそれほどつまらないことなのか？　それほど愚かなことなのか？　それとも——、それとも——」

一〇三　幸福の危険

幸福であることの危険。——「さて今ではすべてがうまくいった。これからはわたしはどんな運命でも愛するだろう。——しかし誰か、わたしの運命になりたい人はいないか?」

一〇四　人間愛の無力

現代のキリスト教徒たちがわたしたちを――焚刑《ふんけい》にしないでいるのは、人間愛からではない。彼らの人間愛が力のないものだからだ。

一〇五　教会への理解

自由な精神にとっては、「認識に敬虔な者」にとっては、――不敬虔な欺瞞《インピア・フラウス》よりも敬虔な欺瞞《ピア・フラウス》のほうが、気にそまない（すなわちその人の「敬虔さ」にそぐわない）のである。だから「自由な精神」に属する者であって、しかも教会については理解しようとしないのは、その人にとっては不自由なのである。

一〇六　音楽の力

音楽の力を借りて、情熱はみずからを享受する。

一〇七　強い性格

最善の反証にも耳をふさごうと決意することは、強い性格を示すものである。ときにはそれは愚鈍への意志ともなりうるのだが。

一〇八　道徳的な現象

道徳的な現象などというものは存在しない。あるのは現象の道徳的な解釈だけだ……。

一〇九　犯罪者の成熟

犯罪者は自分の犯罪にふさわしいほどには成長していないことが多い。そして自分の犯罪を矮小化し、誹謗するのである。

一一〇　弁護人の手腕

犯罪者を弁護する者が、その犯罪の美しき悍《おぞ》ましさを利用して、犯罪者の行為を弁護するほどの手腕をもっていることは稀である。

一一一　うぬぼれ

わたしたちのうぬぼれは、わたしたちの誇りが傷つけられたときにこそ、もっとも傷つけられるのだ。

一一二　信仰者

自分の使命は信仰することではなく、観想することにあると感じている者にとっては、信仰をもつ者はあまりに騒がしく、厚かましい。だから彼らを近づけないようにする。

一一三　当惑の力

「君は彼に気に入られたいのか。それでは彼の前で当惑してみせるがよい――」

一一四　女性と性愛

女性はそもそも、事物を客観的にみる視点というものをもてない。女性が性愛にあまりに大きな期待をかけるからであり、その期待の大きさに羞恥心を抱くからである。

一一五　女性の愛憎

愛あるいは憎しみを共演者としない女は、凡庸な俳優だ。

一一六　人生の偉大な時期

わたしたちが自分の悪をみずからの最善のものと呼ぶ勇気をもてたとき、それが人生のもっとも偉大な時期である。

一一七　情動の意志

ある情動を克服しようとする意志も、一つまたは複数の他の情動の意志の現れにすぎない。

一一八　無邪気な称賛

無邪気なまでの賛嘆というものがある。このような賛嘆を抱くのは、自分もいつか称賛されるかもしれないということなど、考えたこともない人である。

一一九　不潔さへの嫌悪

不潔なものにあまりに大きな嫌悪感を覚えると、わたしたちは自分を清めることも、――「嫌悪感を」「弁明する」こともできなくなることがある。

一二〇　肉欲と愛

肉欲のためにあまりに尚早に愛が育ってしまうことが多い。こうした愛は根が弱いまま、すぐに引き抜かれてしまうのである。

一二一　ギリシア語と神

神が物書きになろうとしたとき、ギリシア語を学んだということは味のあることだ。——しかもあまりよく出来なかったということも[35]。

一二二　称賛

称賛されて喜んでみせるのは、気持ちの上で礼儀正しくふるまったにすぎないことが多い。——それは精神のうぬぼれの裏返しなのだ。

一二三　婚姻

自由な同棲関係というものも堕落してしまった。——婚姻によってである。

一二四　比喩

焚刑の薪の山の上でなお喜々としている者は、苦痛を克服して凱歌をあげているのではない。苦痛を予期していたのに、まだ感じていないことを喜んでいるのだ。一つの比喩として。

一二五　見損ない

わたしたちがある人を見損なったと感じざるをえないとき、わたしたちは自分が感じた不愉快な気持ちを、無情にもその人物のせいにするのである。

一二六　民族

民族とは、六人か七人の偉大な人物に到達するための自然の回りくどい手口である。――たしかにそうだが、しかしその偉大な人物を迂回するための手口でもある。

一二七　女性と学問

まっとうな女性なら、学問というものには羞恥を感じるものだ。学問によって他人が自分の肌の下を覗くような気がするものだ。――さらに悪いことに、衣服と化粧の下を覗きこもうとしているような気分がするのだ。

一二八　真理と感覚

君が教えようとする真理が抽象的なものであればあるほど、真理に近づくように感覚を誘惑しなければならない。

一二九　**悪魔**

悪魔はきわめて深い遠近法をもって神に向かう。だから悪魔は神からあれほど遠く離れているのだ。──もっとも古くからの認識の友である悪魔は。

一三〇　**隠れ家**

ある人がどのような人物であるかは、その人の才能が衰え始めたときに、あらわになるものである。──そしてその人に何ができるかを示せなくなったときにである。才能は一つの化粧である。化粧はまた一つの隠れ家なのだ。

一三一　**女性と猫**

男女はたがいに思い違いをしている。それは男女ともに、根本においては自分だけを敬い、愛しているからだ（もっと耳に入りやすい言葉で言えば、それぞれの理想だけを愛しているからだ――）。だから男性は女性が穏やかな存在であることを望むが、――それはまさに女性が本質的に穏やかでない存在だからだ、猫のように、女性は穏やかにみえる外見を練習しているのだが。

一三二　美徳の罰

人は自分の美徳のゆえに罰せられることがもっとも多いものだ。

一三三　理想

「理想をもちながらも」みずからの理想にいたる道をみいだすことができないでいる者は、理想をもたない人間よりも軽薄で、厚かましい生き方をするものだ。

一三四　感覚の産物

感覚から生まれるものは、まず第一に信じるに足るもの、そして疚しくない良心、さらにあらゆる真理の外見である。

一三五　ファリサイ派

ファリサイ派とは、善良な人間が退化して生まれるものではない。むしろ善良であるためには、かなりの程度までファリサイ派であることが条件となるのである。(36)

一三六　対話

自分の思想を生みだすためには産婆を必要とする者がいる一方で、他人が思想を生みだすための助けをすることのできる者もいる。こうして良き対話が生まれる。

一三七　学者と芸術家

学者や芸術家とつきあうときに、人はまったく逆の評価をしてしまいがちである。すぐれた学者を凡庸な人物だと思い込むことが多いし、凡庸な芸術家を——きわめてすぐれた人物だと思い込んでしまうものだ。

一三八　交際

わたしたちは目覚めているときも、夢の中のようにふるまうものだ。すなわちわたしたちは、つきあっている人物をこんな人だと思い込み、でっちあげる。——そしてすぐにそのことを忘れてしまうのだ。

一三九　女性の野蛮さ

復讐と恋愛にかけては、女は男よりも野蛮だ。

一四〇　忠告

謎としての忠告。――「絆が断たれないようにしたいなら、――まずそれに嚙みつかねばならぬ」

一四一　下半身

人間がむやみに自分を神だと思いこまないのは、下半身があるからだ。

一四二　恋愛

わたしがこれまで耳にしたもっとも慎み深い言葉。「真実の恋愛にあっては、魂が肉体を包むのだ」

一四三　道徳の起源

わたしたちの虚栄心は、自分がもっとも立派に行ったことは、じつは自分にとってもっとも困難なものだったとみなしたがる。それが多くの道徳の起源でもある。

一四四　不妊の動物

ある女性に学問を好む傾向があるとすれば、その人には性的な欠陥があることが多い。不妊の女性は、男性的な趣味をもちやすいものだ。すなわち男性とは、あえて言わせていただければ、「不妊の動物」なのだ。

一四五　脇役と化粧

男と女を全体として比較してみるならば、次のように言えるだろう。脇役を演じる勘のない女性は、化粧の才能にも欠けているだろう。

一四六　怪物との闘い

怪物と闘う者は、闘いながら自分が怪物になってしまわないようにするがよい。長いあいだ深淵を覗きこんでいると、深淵もまた君を覗きこむのだ。

一四七　女と鞭

古いフィレンツェの小説が、──そして人生が教えてくれること。善い女も悪い女

も鞭を欲するものだ。サケッティ、第八六話。(37)

一四八　隣人の意見

隣人を誘導して、ある好ましい意見を語らせる。そのあとで隣人のその意見をしっかりと信じ込む。女性ほど、こうした技に卓越した者がいるだろうか？——

一四九　善の隔世遺伝

ある時代において悪と信じられたものは、かつて善と信じられたものの時代遅れの名残である。——古き理想が隔世遺伝したものなのだ。

一五〇　神の物語

悲劇が語るのは、すべて英雄をめぐる物語であり、サテュロス劇が語るのは、すべて半神をめぐる物語である。それではすべて神をめぐる物語を語るのは、——何だろうか？　おそらく「世界」なのではあるまいか？——

一五一　才能

才能をもつだけでは十分ではない。諸君から才能をもっていることを認めてもらわなければならないのだ。——そうだろう？　友人諸君？

一五二　智恵の樹

「智恵の樹が生えているところは、どこでも楽園だ」。もっとも古き蛇も、もっとも新しき蛇も、そう語る。

一五三　愛と道徳

愛によってなされたことは、つねに善悪の彼岸にある。

一五四　精神の健康さ

異議を申し立てること、脱線すること、快活な不信を示すこと、嘲弄癖があることなどは、［精神が］健康であることの兆候である。無条件的なことを主張するのは、［精神が病んでいることを示す兆候であり］病理学に属するものである。

一五五　悲劇と官能

悲劇的なものへの感覚の鋭さは、官能が強くなると高まり、官能が弱くなると衰えるものだ。

一五六　時代の狂気

個人の狂気はかなり稀なものである。――しかし集団、党派、民族、時代となると、狂っているのがつねなのだ。

一五七　自殺の効用

自殺を考えることは、きわめて優れた慰めの手段である。多くの悪しき夜を、これでやりすごすことができるのである。

一五八　暴君

わたしたちのうちのもっとも強い欲動、わたしたちのうちのこの暴君には、理性だけでなく、良心までも屈するのである。

一五九　善悪への報い

善にも悪にも報いなければならない。しかしなぜ、わたしたちに善や悪をなした人に報いるのだろうか？

一六〇　認識と伝達

わたしたちは自分の認識を他人に伝える。そしてその瞬間から、それを十分に愛さなくなるものだ。

一六一　詩人と体験

詩人たちは自分の体験を恥知らずに扱う。それを使い尽くすのだ。

一六二 隣人の隣人

「われわれにもっとも近い者は隣人ではない。隣人の隣人である」。民衆はみんなこう考える。

一六三 愛の力

愛は、愛する者の隠された高貴な特性に光をあてる。――その者の稀なるところ、例外的なところをあらわにするのだ。そのようにして、愛する者がいつももっているものについて、思い違いをさせるのである。

一六四 律法

イエスは同胞のユダヤ人たちに語った。「律法は奴隷たちのためのものだった。──［律法にしたがうのでなく］神を愛するのだ。神の息子であるわたしが父を愛するように！　神の息子であるわれわれにとって、道徳など、どんな関係があるというのだ！」──

一六五　司牧者

あらゆる党派に向けて。──羊飼いもまた、一匹の先導する羊を必要とする。──そうでなければ、羊飼いもときおり羊になる必要がある。

一六六　嘘

たしかに人は口で嘘をつく。しかしそのときの語り口で、真実を語ってしまうのだ。

一六七　内密な関係

厳格な人間にとっては、内密な関係というのは恥ずべきものである。——同時に貴重なものでもある。

一六八　エロスの神の堕落

キリスト教はエロスの神に毒を飲ませた。——エロスの神はそれで死にはしなかったが、堕落して悪徳になった。

一六九　自己を隠蔽するには

自分について多くを語るのは、自分を隠す手段でもある。

一七〇　称賛の押しつけがましさ

称賛することには、非難すること以上に押しつけがましさがある。

一七一　同情

認識者にとっては、同情にはほとんど笑いを誘うようなものがある。［隻眼《せきがん》の巨人の］キュクロプスが、たおやかな手で撫《な》でられたかのように。

一七二　人間愛

人は人間愛から、理由なしにある人を選んで抱擁する（すべての人を抱擁することはできないからだ）。しかし理由なしに選んだその人に、そのことを告げてはならないのだ……。

一七三　憎悪

軽蔑している人を憎むことはない。憎むのは、自分と同等の評価をしている人、あるいは自分よりも高く評価している人なのだ。

一七四　功利主義

功利主義者の諸君、諸君が功利的なものをすべて愛するのは、それが自分の好みを運ぶ運搬装置だからなのだ。――だが諸君も、この装置の車輪の騒音にはがまんがならないのではないか？

一七五　欲望への愛

結局のところ人が愛するのは自分の欲望であって、欲望された対象ではないのである。

一七六　虚栄心

他人の虚栄心が、わたしたちの趣味に合わないと感じられるのは、それがわたしたちの虚栄心とぶつかるときだけだ。

一七七　誠実さの逆説

「誠実さ」についてだが、おそらく誰も十分に誠実であったことはない。

一七八　人権侵害

賢明な人は愚かなことをしないものだと人々は信じている。これは何という人権侵害であろうか！

一七九　行為の結果

わたしたちの行為の結果は、わたしたちの頭髪をしっかりと握って放さない。わたしたちがそのために「善くなった」かどうかは、お構いなしなのだ。

一八〇　嘘の無邪気さ

嘘の中にもある無邪気さがある。それは何かをしっかりと信じていることを示す兆候なのだ。

一八一　呪われた人

呪われている人を、そのことで祝福するのは、非人間的なことである。

一八二　馴々しさ

自分よりも優れている人が馴々しい態度を示すことは癪《しゃく》にさわるものだ。その人に馴々しくすることが許されないからである。――

一八三　騙し

「君がわたしを騙《だま》したことではなく、わたしが君をもう信じていないことが、わたしの心を揺さぶる」――

一八四　思い上がった善意

思い上がった善意というものは、悪意のようにみえるものだ。

一八五　憎しみ

「わたしは彼が気にいらない」。──「どうして？──」「わたしがまだ彼に及ばないから」。──このように答えた人がかつていただろうか？

第五篇　道徳の博物学のために

一八六　道徳の科学の虚妄

今日のヨーロッパでは、人々の道徳的な感情は繊細で、老成しており、多彩で、敏感であり、洗練されている。それなのにこの感情に伴うはずの「道徳の科学」はまだ若く、未熟で、粗野で、荒削りなままである。——この対照的なありかたは興味深いが、これはモラリストの人格そのものにはっきりと体現されている。「道徳の科学」という言葉そのものがすでに、それが表現しようとするものと比較するとあまりに自惚《うぬぼ》れていて、良き趣味に反するものである。良き趣味とは、もっと控え目な言葉を選ぶことをつねづね好むものなのだ。厳密な意味で、遠い将来にわたって必要とされているものは何なのか、そして当面の問題としていまはそれでよいとされているものは何なのかをわたしたちは確認すべきなのである。だからまず必要なのは、資料を収集すること、微細な価値感情と価値の差異という巨大な領域を概念によって把握し、分類することである。この価値感情とは、いま生きているもの、成長していくもの、創造するもの、滅びてゆくものなのだ。──そしておそらく必要となるのは、この生きている結晶［としての価値感情］が頻繁にどのような姿に回帰してゆくかを、見えるようにする試みだろう。──これは道徳の類型学を準備するものである。

もちろんこれまで求められたのは、そのような控え目なものではなかった。道徳を科学として把握し始めた哲学者たちは誰も、笑いだしたくなるような堅苦しい真面目な姿勢で、みずからにきわめて高級なこと、無遠慮なこと、厳かなことを求めたのである。哲学者たちは道徳の基礎づけを行おうとしたのだった。そしてすべての哲学者はこれまで、道徳を基礎づけることができたと信じていた。しかし道徳そのものは、〈所与のもの〉とみなしていたのである。哲学者たちは愚かな自惚れを抱いていたために、そして埃と腐敗のうちに放置されていた［道徳の］記述という課題は、一見したところ見栄えのしないものだったために、そこから遠く離れていたのである。しかしこの課題を遂行するには、もっとはるかに繊細な手と感覚が必要であるように思われるのだ！

道徳哲学者たちが、道徳ほんらいの問題を見逃してしまったのは何よりも、道徳的な事実については、恣意的な抜粋や手元にあった要約によって、ごく大雑把に把握していたにすぎなかったからであり、いわば自分たちの環境、地位、教会、時代精神、自分たちの風土と地方などのもつ道徳性しか知らなかったからである。──さらにこうした道徳哲学者たちは民族について、時代について、過去については十分な知識がなかったし、こうした問題について知りたいとも思っていなかったからである。──これらの問題は、多数の道徳を比較することによってしか、浮かび上がってこないものなのだ。

だから奇妙に響くかもしれないが、これまでのすべての「道徳の科学」には道徳の問題そのものが欠如していたのである。ここには何か問題となるものがあるのではないかという疑念そのものが欠けていたのである。哲学者たちが「道徳の基礎づけ」と呼んでいたもの、そしてみずからに要求していたものは、正しい光をあててみるならば、現行の道徳にたいして敬虔な信仰を学者ぶった態度で示す形式にすぎなかったし、その形式を表現する新しい手段にすぎなかったのである。それは特定の道徳性の内部で確認された一つの事実にすぎず、結局のところは、こうした道徳を問題として把握することができることを否定しようとするものにすぎない。――いずれにしてもそれは、この信仰そのものを検討し、分析し、懐疑の対象とし、解剖しようとする試みとは正反対のものだったのである。

たとえばショーペンハウアーが、ほとんど尊敬に値するほどの無邪気さで自分の課題を設定するのに耳を傾けてほしい。最後の巨匠たちが、まるで子供か老婆のように、「学問」が「学問」であるために必要な特質について語ることに耳を傾けて、その結論を引きだしてほしいのだ。――ショーペンハウアーは『倫理の根本問題』の一三六ページで、次のように語っているのである[38]。「すべての倫理学者がその内容についてほんとうに同意している原則、すなわち根本命題は次のように表現できる。〈誰も害することなく、できるかぎりすべての人を助けよ〉。――これこそがまさにすべての倫理学者が基礎づけようとしている命題、……数千年も前から、賢者の石のように人々が探してきたほんとうの倫理の土台なのだ」。――この命題を基礎づけるのはたしかにとても困難なことだろう。――ショーペンハウアーすらこれに成功しなかったことは、周知のことなのだ――。しかし力への意志を本質とするこの世界においては、この命題がどれほどまでに趣味の悪い偽物であり、センチメンタルなものであるかを実感したことのある者ならば、──ショーペンハウアーはほんらいはペシミストでありながらも、──じつは毎日食後にフルートを吹いていた人物であることを思いだすかもしれない。疑うなら、彼の伝記をお読みいただきたい。ついでながら尋ねたいのだが、ペシミストであり、神を否定し、世界を否定する者でありながら、しかも道徳の前で歩みをとめて、──道徳を肯定し、そしてフルートを吹き、〈誰も害することなく〉という道徳を肯定するというのだ。何だって？　こんな人物がそもそも──ペシミストなのだろうか？

一八七　情動の身振り言語としての道徳

「われわれのうちには定言命法がある」というような主張にはどのような価値があるかは別としても、つねに次のように問うことはできるだろう。この主張は、それを主張する人物について何を語っているのだろうか？　道徳のうちには、その道徳を創始した人物を他人から弁護することを意図した道徳もある。それを創始する者の心を安らかにし、自己満足をもたらすための道徳もある。みずからを十字架にかけ、辱《はずかし》めることを目的とする別の道徳もある。復讐することを目的とする道徳も、自己を隠すことを目的とする道徳も、自己を浄化して、高く遠きところに昇ることを目的とする道徳もある。創始者が他のものを忘却するために役立つ道徳もあれば、自己あるいは自己のうちにあるものを忘却するために役立つ道徳もある。多くの道徳家《モラリスト》は、人類に力と創造的な気紛れを行使することを願い、また他の多くの道徳家は（カントもまさにその一人だ）、みずからの道徳によって次のことを理解させたいと願う。「わたしに尊敬に値するところがあるとすれば、それはわたしは服従することができるということだ。——そして諸君にあってもわたしと同じようになるべきなのだ！」。——要するにさまざまな道徳というものもまた、情動の身振り言語にすぎないのである。

一八八　道徳の圧制の効果

道徳とはすべて自由放任《レセ・アレ》の反対であり、「自然」にたいする圧制であり、「理性」にたいする圧制である。しかしこう言ったからといって、道徳に異議を申し立てているわけではない。異議を申し立てようとするならば、ある特定の道徳に基づいて、暴虐と非理性というものはすべて許しがたいものであるということを明確に示す必要があるだろう。

あらゆる道徳にとって本質的で貴重なことは、それが長きにわたる強制だということである。ストア哲学について、「ジャンセニスムの」ポール・ロワイヤルについて、ピューリタニズムについてよく理解するためには、これらの理論が強さと自由をえるために、その言葉が加えてきた強制に思いを致すべきなのである。——あの韻律における強制、押韻とリズムにおける圧制を。

すべての民族において詩人や雄弁家は、どれほど辛い思いをしてきたことだろう。——耳に容赦のない厳しい良心を宿している現代の一部の散文作家も例外ではない。——愚かしい功利主義者たちはこれをみて、「まったくの愚行だからだ」と咎めて、自分たちを賢い人間だと思い込む。無政府主義者たちはこれをみて、「恣意的な法則に服従しているからだ」と咎めて、自分たちが「自由」であり、自由精神の持ち主であるという妄想を抱く。

しかしこの地上において自由、繊細さ、大胆さ、舞踏、名人だけの示す確かさと呼ばれているもの、そしてかつて呼ばれてきたものは、それが思想そのもののうちにあるか、統治のうちにあるか、弁論術や説得術のうちにあるかを問わず、芸術や倫理のうちにあるかを問わず、すべて「こうした恣意的な法則の圧制」のもとでしか発達できなかったということは、驚くべき事実なのである。真面目なところ、かの自由放任《レセ・アレ》ではなく、これこそがまさに「自然」であり、「自然的なもの」であった可能性はかなり高いのだ！

どんな芸術家でも、自分の「もっとも自然な」状態とか、「インスピレーション」をえた瞬間における自由な秩序、配置、処理、形成というものが、〈自由放任〉の感情と、どれほどかけ離れたものであるかを熟知しているものだ。──そのときに彼は、自分がいかに繊細かつ厳密に幾千もの法則にしたがうものであるかを知っているのだ。これらの法則は、まさにその厳密さと明確さのために、概念による定式化などは嘲笑するものなのだ（もっとも明確な概念も、それと比較すると漂うようなもの、多様なもの、多義的なものを含んでいるものだ──）。

繰り返すが、「天上においても地上においても」本質的に重要なことは、長いあいだ一つの方向にしたがうということだと思われる。そうすれば長いあいだには、地上で生きる価値があると思わせるものが生まれてくるのであり、またこれまで生まれてきたのだ。たとえば美徳、芸術、音楽、舞踏、理性、霊性など、すなわち浄化するもの、洗練されたもの、突飛ではあるが神的なものなどである。精神の長いあいだの不自由、そして思想は伝達できないという不信の念によって生まれる思想の強制的な押しつけ、そして思想家が、教会や宮廷の基準にしたがいながら、あるいはアリストテレス的な前提に基づいて思考することをみずからに強いながら実行した訓練、さらにはすべての出来事をキリスト教の図式のもとで解釈し、あらゆる偶然のうちにもキリスト教の神を発見し、正当化しようとする長いあいだの精神的な意志。——これらのすべての暴力的なもの、恣意的なもの、悍《おぞ》ましいもの、理性に反するものが、結局はヨーロッパ精神に強さを与え、尽きることのない好奇心と繊細な活動力を育てるための手段だったことが明らかになったのである。ただしそうすることで、かけがえのない多くのものの力と精神が抑圧され、窒息させられ、無駄になったのもたしかなことなのだが（というのも、他のあらゆる場合と同じようにここでも、「自然」が乱脈で無関心な寛大さを示しているからだ。これは腹立たしいことではあるが、同時に高貴なことでもある）。

数千年のあいだ、ヨーロッパの思想家は何かを証明するためだけに、思考してきたのである――現在ではこれとは反対に、「何かを証明しようとする」思想家はすべていかがわしくみえる、――そして彼らにとっては、自分たちの厳密な思索の結果として生まれるはずのものは、すでに確定されていたものであった。これはかつてのアジアの占星術や、個人的な身近な出来事を「神の栄誉のため」とか「魂の救いのため」と考える無邪気なキリスト教的で道徳的な解釈と同じことなのだ。――こうした圧制、こうした恣意、こうした苛烈で壮大な愚鈍さこそが、精神を調教したのである。奴隷的な状態というものは、大雑把に言っても精密に言っても、精神の訓育と訓練には不可欠な手段のようである。

あらゆる道徳をこの視点から眺めてみるがよい。あの自由放任《レセ・アレ》を憎むように教えるもの、過度の自由を憎むように教えるもの、地平を制限し、身近な課題への欲求を植えつけるもの、それは道徳そのもののうちにある「自然」なのである。――この自然は、視野を狭めることこそが、ある意味では愚鈍になることこそが、生存の条件であり、成長の条件であることを教えるのである。

「君はある人物に、長いあいだ服従しなければならない。さもないと、君は滅んでしまうだろうし、自分自身にたいする最後の尊敬の念まで失ってしまうだろう」。——わたしにはこれが自然の道徳的な命令であるかのように思われる。もちろんこれは老カントが求めた「定言命法」ではないし（だからこそ「さもないと」という条件がついているのだ——）、特定の個人に向けた命令でもない（自然にとって個人にどんな意味があるというのだろう！）。これはおそらく民族に、人種、時代に、身分に向けたもの、何よりも「人間」という動物の全体、すなわち人類なるものに向けたものなのだろう。

一八九　断食の効用

働くことを好む人種にとっては、無為に耐えることはきわめて辛いことだ。イギリス人は日曜日を聖なる日として退屈に過ごすことで、無意識のうちに仕事日である週日を恋しいものとしているが、それはイギリス的な本能の傑作である。——これはいわば巧妙に発見され、巧妙に組み込まれた断食の一種であり、古代世界にも多くの例がみられるものである（もちろん南方の民族にあっては、当然のことなのだがつねに労働にかかわるものではないとしても——）。さまざまな種類の断食があるに違いない。強力な欲動と習慣が支配するところではどこでも、立法者は〈閏日〉を挿入し、この日にはこうした欲動を鎖につなぎ、ふたたび飢餓を覚えさせるように配慮したものだった。もっと高い立場からみると、ある道徳的な狂信にとりつかれて登場するすべての世代や時代は、このように設定された強制と断食の時期のようにみえるのである。この時期にあっては、ある欲動を圧迫し、抑えつけることで、みずからを純化し、鋭いものにすることを学ぶのである。いくつかの哲学の流派も、このように解釈することができる（たとえばヘレニズム文化の雰囲気のうちに、そしてアフロディーテの匂いにむせかえり、淫乱になった空気の中で登場したストア派の哲学がその一例だ）。――ヨーロッパのキリスト教の時代、一般にキリスト教の価値判断の圧迫のもとで、どうして性的な欲動が愛にまで（恋愛にまで）昇華したのかという逆説を説明する手掛かりも、またここにあるのだ。

一九〇　プラトンとソクラテス

プラトンの道徳理論には、ほんらいはプラトンのものではなく、プラトンの哲学のうちにあって、いわばプラトンに逆らうものがある。それはソクラテスの哲学であり、プラトンはこれを信奉するにはあまりに高貴だったのである。「誰も自分に害を加えることを望まない。だからすべての悪は、意志に反して行われる。悪人は自分に害を加えるが、悪人とても悪が悪であることを知っていたならば、そんなことはしないだろう。だから悪人は間違えて悪人になるのである。悪人からその思い違いをとりのぞいてやれば、悪人は必然的に――善人になるだろう」。――この「ソクラテスの」推論の方法には、賤民の匂いがする。賤民は悪しき行為においてはその不快な結果だけを考えるのであり、そもそも「悪しきことをするのは愚かなことだ」と判断し、一方では「善」と「有用で快適なもの」を無造作に同じものと考える。

道徳のあらゆる功利主義にも、最初からこれと同じ起源を想定することができる。こうしたことについては自分の嗅覚を信じることだ、間違うことはめったにないものだ。――プラトンは、教師であったソクラテスの理論のうちに微細で高尚なものをつけ加えて解釈し直そうと、そこに自分の理論をいれて解釈し直そうと、あらゆる努力をしたのである。――もっとも大胆な解釈家だったプラトンは、街路で耳にする通俗的なテーマや民謡を変奏するかのように、ソクラテスのすべての哲学を拾いあげて、無限なものに、不可能なものに変奏したのである。それを自分の仮面と多様性で覆い尽くしてしまったのである。冗談めかしてホメロス風に語るならば、プラトンのソクラテスとは「前はプラトン、後ろもプラトン、中身はキマイラ」(39)とでもいうべきものではないだろうか。

一九一　本能と理性の対立

「信」と「知」という昔ながらの神学の問題は——もっと明確に表現すると、本能と理性の対立の問題だが——、これは事物の価値評価においては、理性よりも本能のほうに権威があるのではないかという問いである。理性の示す合理性は、根拠に基づいて、「なぜ?」に基づいて、すなわち目的に適っているかどうか、有用であるかどうかという基準によって事物の価値を評価し、処理しようとするのである。これはキリスト教よりもはるか以前に、まずソクラテスという人物において登場し、人々の精神を分裂させた古い道徳的な問題でもある。

ソクラテス自身は——傑出した弁論家という——天稟《てんぴん》の趣味のために、まずは理性の側に与《くみ》した。しかし実のところソクラテスがその長い生涯をかけてやったことと言えば、同時代の高貴なアテナイ人たちの不器用な無能さを嘲笑することにすぎなかったのではないだろうか？　アテナイ人たちはすべての高貴な人々の例にもれず本能の人間だったから、自分たちの行為の根拠を説明できなかったのである。しかしソクラテスは結局のところは、他人のいないところではこっそりと自分自身のことも嘲笑していたのだった。彼の繊細な良心は、自己を審問しながら、アテナイ人と同じように、自分の行為の根拠を説明できないという無能さを認めていたのである。ソクラテスは自分に言い聞かせた。だからといって、本能から離れる理由があるだろうか！　本能にもまた理性にも、権利を認めねばならないのだ。——人間は本能にはしたがわなければならない。しかし同時に理性を説得して、本能の後押しをさせなければならない、と。

これこそが、あの偉大で秘密に満ちた皮肉屋であるソクラテスの正真正銘のごまかしだったのだ。彼は自己の良心をそそのかして、ある種の自己欺瞞でみずからを満足させたのだ。しかし根本においては、道徳的な判断のうちにひそむ非合理的なものを洞察していたのである。——ところがプラトンはこうした事柄については無邪気で、賤民の狡猾さをそなえていなかったので、全力を投じて——これまで一人の哲学者として投じる必要のあったすべての力を使って！――理性も本能もおのずから一つの目標に向かうものであること、善に向かい、「神」に向かうものであることを証明しようとしたのである。そしてプラトン以来というもの、すべての神学者と哲学者は同じ道を歩んできた。――すなわち、道徳の問題についてはこれまで本能が凱歌をあげてきたということである。キリスト教はこれを「信」と呼ぶが、わたしは「家畜の群れ」と呼ぶのだ。ただしデカルトは例外だろう。合理主義の父である（すなわちフランス革命の祖父である）デカルトは、理性だけに権威を認めた。しかし理性は一つの道具にすぎない。デカルトは表面的だったのである。

一九二　認識の「創造力」

どれか一つの学問の歴史を追跡してみれば、その発展のうちに、きわめて古く一般的な「知と認識」というプロセスを理解する手掛かりをみいだすことができるものだ。どんな学問でも最初に姿を現すのは、結論を急ぎすぎた仮説とか、作り話とか、「信」への善良で愚かな意志とか、疑問や忍耐の欠如などである。――人間の感覚が繊細で、忠実で、用心深い認識の器官となるのはもっと後になってからであり、しかも完全にそうなることはないのである。

人間の眼にとっては、折にふれてすでに何度も目にしてきたイメージを作りだすほうが、ある異様で新しい印象を保持するより、はるかに心地好いものなのだ。異様で新しい印象を保持するにはより大きな力が必要であり、より大きな「道徳性」が必要なのだ。また耳にとってはなにか新しいものを聞くのは辛いこと、やっかいなことである。聞き慣れない音楽を聞くのは苦痛なのだ。知らない国の言葉を耳にすると、わたしたちは知らず知らずのうちに、耳にしたその音声から、自分に馴染みのしっくりとする響きの言葉に作り変えようとするものだ。たとえばドイツ人が初めてアルクバリスタ［石弓］というラテン語を耳にしたときは、巧みにこれをアルムブルスト［石弓］というドイツ語に作り変えたのだった。

わたしたちの感覚にとっても、新しいものは敵対的で、不安なものに感じられる。感性の「ごく単純な」プロセスにおいても、すでに情動が支配しているのだ。怠惰という受動的な情動だけでなく、恐怖、愛、憎悪などの情動がそこで支配しているのだ。――現在では本を読む者は、そのページに書かれているすべての語を一つずつ読みとっているわけではない(ましてやすべてのシラブルを見分けているわけではない)。——むしろ二〇ほどの語をまとめて眺めて、そこから偶然にまかせて五つぐらいの語を選びだし、この五つの語に含まれていると思われる意味を「推測する」のである。——同じようにわたしたちはある木を眺めても、その葉、枝、色、形などを正確かつ完全に目にいれるわけではない。むしろそこに一本の木のおおまかな姿を思い浮かべるほうが、はるかにたやすいのだ。

きわめて異例な体験のさなかでも、わたしたちは同じようにふるまう。体験の大部分をでっちあげるのである。ある出来事を観察するというのは、その出来事を「創造する」者としてでしかない。これらのことはあることを教えている。ずっと昔から、わたしたちは根本的に嘘をつくことになれているということだ。もっと高尚で偽善的な言い方をすれば、すなわちもっと耳に入りやすい言い方をすれば、人は自分で思っているよりも芸術家なのだ。——活発な会話を交わしているときに相手が、そのとき語られている思想の内容にふさわしい表情、あるいはわたしが相手に思いうかばせたと信じている思想の内容にふさわしい表情をしているのに気づくことがよくある。相手の表情はごく明確で微細なところまで見えているのだが、その明瞭さは、わたしの視覚の力が及ばないほどなのだ。——しかしこの話し相手の顔の筋肉の動きや目の表情の微細さなどは、わたしが想像で作りだしたものに違いない。おそらく相手はまったく違う表情をしていただろうし、あるいはまったくどんな表情もしていなかったのだろう。

一九三　夢の習慣

「昼にあったことが、夜に起こる」というが、その反対のこともある。わたしたちが夢の中で体験することは、それが何度も繰り返されると、わたしたちの魂の全体の構成のうちの一つの要素となり、「現実に」生きられた経験のようになってしまうものである。わたしたちはこうした夢の経験によって豊かになることも、貧しくなることもある。欲望が強まることもあれば、弱まることもある。やがては白昼にあって、わたしたちの目覚めた精神がもっとも澄み切っている瞬間にも、いくらかはわたしたちの夢の習慣に操られるようになるのだ。

ある人が夢の中で何度も空を飛んだとしよう。そして夢を見始めると同時に、飛翔する力と技能を自分の特権のように、自分だけに認められた幸福であるかのように意識し始めたとしよう。この人は、ごくわずかな衝撃が与えられただけで、自分があらゆる種類の曲線と角度を描いて飛べると信じ込んでいるのである。そして天使のような軽やかさをもって、緊張も力《りき》みもなしに「上に」飛翔することができるし、引き摺り下ろされたり、引き下げられたりせずに――(すなわち重力なしに!)――、「下に」向かって飛ぶこともできると信じている。――このような夢の経験と習慣をそなえた人物がいたとしたら、ついに目覚めている昼間のうちにも、「幸福」という言葉が違った色彩に染まるようになり、違った意味をもつようになるだろう! そしてこの人物はほかの人と違った幸福を――追い求めるようになるのではないだろうか? 詩人たちが語る「高翔」も、この「飛行」にくらべるとあまりに地上的で、筋肉の力を借り、力んだ「重すぎる」ものとなるに違いない。

一九四　所有欲

人間に違いが生まれるのは、その所有する財産の多寡だけからではない。また、どのような財を獲得する価値があると考えるかという差異によるのではないし、ある財に獲得すべき価値があることを認めたときに、その財の価値をどの程度まで重視するか、他の財と比較して、獲得すべき順序をどのように判断しているかという差異にあるのでもない。――むしろ人の違いが現れるのは、どうすればある財を真の意味で所有し、占有したことになるのかという考え方の差異においてである。

たとえばある女性について考えてみよう。控え目な男であれば、その女の肉体を自由にして、性的な快楽を味わうことができれば、それはその女を所有し、占有していることを示す十分に満足できるしるしである。しかしもっと疑い深く、激しい占有欲の持ち主である男なら、これは所有というには「疑問符」つきのもの、ほんの見掛けだけのものにすぎないと考え、もっと立ち入って試してみたいと考えるだろう。そしてその女が彼に身を任せるだけでなく、彼女が所有しているもの、所有したいと望んでいるものまで、自分のために手放すかどうかを知ろうとするだろう――。そうなったときこそ、彼は女を「所有した」ことになるのである。

ここで第三の男が登場する。この男は、これだけでもまだ自分の不信にも、所有欲にも決着をつけることができないのだ。女が自分のためにすべてのものを手放すと言ったとしても、それは女が自分に何か幻想を抱いているからではないかと自問するのである。この男はそもそも愛されうるためには、女に自分のことをすっかり、それこそ底の底まで知らせることが必要だと考えて、自分の正体を明かすのである――。彼が愛する女を完全に所有したと感じることができるのは、女が彼についてもはや錯覚を抱かなくなったとき、彼が親切で、忍耐強く、聡明であるから愛するだけでなく、彼の魔性において、彼の隠された貪欲さにおいても、彼を愛するようになったときだと考えるのである。

ある者は、一つの国のすべての民を所有したいと望んでいて、そのためにはカリオストロのあらゆる手腕、カティリーナのあらゆる手腕を使うべきだと考えている。(40) 別の者はもっと繊細な所有欲に駆られていて、「所有するためには欺いてはならない」とみずからに言い聞かせる。――国民の心を支配しているのは、自分の仮面だと考えただけでも苛々して腹を立て、「だから、わしのことを知らしめる必要があるのだ。そのためにはわしはみずからを知る必要があるのだ」と考えるのである。

世話好きな慈善家のうちには、自分が援助する人間をあらかじめお膳立てしておく必要があると考えて、愚劣な奸計を働かせる人がいつでもいるものだ。たとえば援助される人物がほんとうに助けられる「価値があるのか」、まさに自分の援助を必要としているのか、その人物が自分のすべての援助にたいして心から感謝し、忠実につきしたがい、服従するようになるかどうかを調べようとするのだ。——このような妄想のもとで彼らは、困窮した人々をあたかも自分の所有物であるかのように、意のままに扱うのである。彼らがそもそも世話好きな慈善家となったのは、所有物への愛着のためなのだ。ほかの人から援助が提供されたり、他人が先に援助したりすると、嫉妬深くなるほどである。

両親は知らず知らずに子供を自分に似た人間に育てる——そしてこれを「教育」と称する——。母親であって、自分が産んだ子供は自分の所有物だと心の奥底で信じていない人は一人もいない。もちろん父親であって、子供を自分の考え方や価値評価にしたがわせてよいと信じていない人も、一人もいない。かつて父親には、生まれた子供の生死を自分の判断で決定する権利があるのは当然だと考えられていたのはたしかである（古きドイツにおいてそうだったように）。そして今日では父親だけでなく、教師も、身分制度も、司祭も、君主もまた、新たに誕生してきた人間を目にすると、それを所有する機会がきたと、ためらうことなく判断するのである。その結果はどうなったか……。

一九五　道徳における奴隷の叛乱

ユダヤ人は、タキトゥスやすべての古代世界の人々が語ったところによると「奴隷として生まれた」民族であり、ユダヤ人みずからの言葉と信念では、「民の中の選ばれた民」であったが、――価値の転倒という奇蹟を演じたのは、このユダヤ人だったのである。そのおかげで、地上における生が数千年ものあいだ、新たな危険な魅力を放つようになったのである。――ユダヤの民の預言者たちは、「富んでいる」「神をもたない」「悪い」「暴力的な」「官能的な」という形容詞を一つの意味に溶け込ませ、「この世」という語を初めて汚辱に塗《まみ》れさせたのだった。価値のこの逆転のうちにこそ、ユダヤ民族の意義が存在している（「貧しさ」という語を「聖なるもの」と「友」の同義語としたのも、この価値の逆転の一例だ）。このユダヤ民族とともに、道徳における奴隷の叛乱が始まったのである。

一九六　道徳の心理学

太陽の近くには無数の闇黒の物体が存在していると推測することができる。——これらは人間には永久に見ることのできない物体であろう。ここだけの話だが、これは比喩である。道徳の心理学者は、星辰についてのすべての記述を、多くの者がみずからを秘匿するために使う比喩として、記号として解読するのである。

一九七　道徳的人間と熱帯的人間

猛獣とか猛獣のように思われている人間は（たとえばチェーザレ・ボルジアだ）[41]、根本的に誤解されている。猛獣は、熱帯に育つ奇怪な動物や植物のうちでも、もっとも健康なものであるのに、こうしたものの背後に「病的なもの」を探したり、「生まれつきの地獄」のようなものをみつけようとしたりするのは、「自然」というものを誤解しているのである——。そしてこれまでほとんどすべての道徳家《モラリスト》がやってきたのも、それと同じことである。道徳家には、原生林や熱帯への憎悪があるかのようである。「熱帯的人間」を人類の病気とか退化した種とみなしたり、それ自体が地獄であり、自己への拷問であると考えたりすることで、どうしても貶《おとし》めたいというのだろうか？しかしどうしてなのか？　それが「温帯」のためになるというのだろうか？　温厚な人間のために、「道徳的な人間」のために、平凡な人間のためになるというのだろうか？——これは「臆病としての道徳」の章で考察する問題である。——

一九八　哲学における情動の制御の伝統

これらのすべての道徳は、個人のためのものであり、個人の「幸福」を目指すものだと自称している。——それぞれの個人がみずからの生において直面している危険性の大きさにふさわしい態度とはどのようなものかを提案するものなのだ。力への意志をもち、支配者の役割を演じようとする個人の情熱や、さまざまな善き傾向と悪しき傾向を処置するための処方箋というわけだ。古くなった家庭の常備薬や老婆の智恵のように、かび臭い匂いの染みついた処世訓や手先の技術のようなものなのだ。

どれもこれも歪《いびつ》で、非合理的なものである――すべてが「万人」向きのものだからだし、一般化してはならないものを一般化しているからだ――。どれもこれも絶対的に語り、絶対的にうけいれられようとする。どれもこれもひとつまみの塩で味つけされている。むしろ塩味をつけすぎて、危険な匂いがするようになったとき、とくに「あの世」の匂いが香り始めるようになったときに、なんとか我慢のできるものとなり、ときには誘惑するものとなるのである。知性で吟味してみれば、どれもほとんど無価値であり、「学問」とはほど遠く、ましてや「智恵」などと言えるものではない。二度でも三度でも繰り返すが、小賢しさ、小賢しさ、小賢しさを、愚かしさ、愚かしさ、愚かしさと混ぜ合わせたものにすぎない。

――たとえばストア派は、情動の激しい愚行を抑えるために、無関心と彫像のような冷たさを勧めて、これを癒そうとした。スピノザは〈もはや笑わず、もはや嘆かず〉をモットーとして情動を分析し解剖することで、情動をなくすことが望ましいと素朴に主張した。アリストテレス風の道徳論では、情動を無害な中庸にいたるまで緩和することで、満足させることができると考えた。あるいは情動を意図的に希釈し精神化することで、享受できるとする道徳もある。これは芸術の象徴的な表現、すなわち音楽、神への愛、神のための人間への愛などの形をとることもある。――宗教では……さまざまな前提のもとでだが、情熱がふたたび市民権を回復することもあるからだ。最後に、ハーフィズやゲーテが教えた方法は、情動に迎合するような厚かましい献身ぶりを示すことだ(42)。これは手綱を大胆にも手放すやりかたであり、「もうほとんど危険がなくなった」ような年老いて賢そうにみえる変人たちや酔客たちに例外的に認められるような、精神と肉体における〈習俗からの放免《リケンティア・モルム》〉である。これも「臆病としての道徳」の章のテーマである。

一九九　命令者の道徳的な偽善

人間が存在するかぎり、家畜の群れとしての人間も存在した(氏族の連合として、共同体として、部族として、民族として、国家として、教会としてだ)。命令する者は少数だったが、これに服従するのはつねに多数だった。――だから人間のうちでこれまでもっとも長い期間にわたって、もっともよく採用され、育てられてきた方法は、服従だったのであり、次のように想定することができるだろう。すなわち現在では平均するとすべての人間が、ある種の形式的な良心のようなものとして、「汝は無条件に、あることをなさねばならない」という命令、短く表現すると「汝なすべし」という〔定言〕命令にしたがいたいという欲求を、生まれながらにもっていると考えられるのである。

この欲求は満たされることを求めるものであり、その形式をある内容で満たそうとする。しかもこの欲求はその強度と、性急さと、切迫度に応じて、がつがつした食欲のように、何にでも構わずに手を伸ばそうとする。そして——両親であれ、教育者であれ、法律であれ、身分による先入観であれ、世論であれ——、誰であろうと構わずに命令する者が、自分の耳に吹き込んだ命令にしたがおうとする。人類の発達は奇妙な形で制約され、遅れたのであり、長い時間を必要とし、しばしば後戻りし、堂々巡りをすることがあるが、これは命令する技能を犠牲にしながら、服従しようという家畜の群れの本能がもっともよく遺伝されるためである。

この本能がその極限にまで進むと、命令する者も独立不羈《ふき》な者も、まったく存在しなくなることも考えられる。あるいは人類が内心の良心の疚しさに悩まされるあまり、命令を下すことができるためには、まず自己欺瞞を必要とするとも考えられるのである。この自己欺瞞とは、「みずから命令していながら、他者からの命令に」服従しているかのように考えることである。現在のヨーロッパを実際に支配しているのは、このような状態である。わたしはこれを命令者の道徳的な偽善と呼ぶ。命令者が自分の良心の疚しさから身を守るためには、自分はたんに古くからの命令や高次の命令（たとえば祖先の命令、国家の、正義の、法律の、神の命令である）を遂行しているだけであるかのごとくに装うか、あるいは家畜の群れの思考方法にしたがって、家畜の群れの原則を借用して、自分を「わが民族の第一の公僕」とか「公共の福祉のための道具」とみなすしかないのである。

他方では現在のヨーロッパの家畜的な人間たちは、「家畜的な人間であることが」人間に許された唯一のありかたであるかのようにふるまい、みずから従順で、おとなしく、家畜として役立つものになろうとする自分たちの特性こそが、ほんとうの意味で人間らしい美徳であると称揚するのである。こうした美徳とは、公共心、親切心、配慮、勤勉、節度、謙譲、寛容、同情などである。しかし指導者や先導する羊が不可欠であると思われる場合には、いまでは命令する者の代わりに、家畜のうちでも比較的賢明な人々を集めることに、あらゆる努力を重ねるのである。これがたとえば代議制を採用した政治体制の起源なのである。

いずれにしてもこの家畜的なヨーロッパにとっては、無条件に命令を下す者の出現が、どれほどまでに好ましいものであることか、そして耐えがたくなりつつある窮地からどれほどに解放してくれるものであることか。ナポレオンの出現がきわめて大きな影響を及ぼしたことが、その最後で最大の証言となるのである。――ナポレオンの影響の歴史は、一九世紀の全体が、そのもっとも価値のある人間と瞬間において、最高の幸福に到達した歴史であると言っても過言ではないのである。

二〇〇 弱者と誘惑者

人類が解体していく現代、さまざまな民族が混淆していく現代にあっては、こうした時代のつねとして、人間はさまざまな由来をもつ遺産を体内に宿しているものだ。すなわち対立する欲動と価値の尺度を、しばしば対立するだけでなく、たがいに闘い、ほとんど和解することを知らない欲動と価値の尺度を体内に宿しているものだ。――このような末期的な文化の人間たち、屈折した光のような人間たちは、概して弱い人間だろう。この人間がもっとも強く渇望するのは、闘いを終息させることである（自分が闘いそのものであるのだ）。この人間にとって幸福とは、鎮静剤のような薬剤であり（たとえばエピクロス的あるいはキリスト教的な鎮静剤だ）、思考方法にふさわしい休息、安静、満足、最終的な統一などである。聖なる演説家のアウグスティヌスの言葉を借りれば、「安息日の安息日」なのである（アウグスティヌス自身がこうした人物だった）。——しかし人間の本性に宿るこの対立と闘いが、むしろ生の刺激となり、欲望として働くならば、——そして人間の癒されることのない強力な欲動に加えて、自己との闘いにおいて発揮された名人芸のような巧みさと洗練が、すなわち自己の制御と自己の欺瞞の技術が、遺伝によって伝えられ育てられるならば、魅惑的な捉えがたい人間が、予測を超えた人間が誕生することだろう。これは勝利者として誘惑者として運命づけられた謎の人物である。そのきわめて美しい実例がアルキビアデスとカエサルである（——この二人に、わたしの趣味としては最初のヨーロッパ人と呼ぶことのできるホーエンシュタウフェン家のフリードリヒ二世を加えたいと思う）。芸術家のうちでは、おそらくレオナルド・ダ・ヴィンチだろう。このような人物は、あの弱き人間たち、平静への渇望を抱いた人間たちが前景に登場した時代に現れるのである。これらの二つの種類の人間は同じ原因から生まれるのであり、たがいに結びついているのである。

二〇一　家畜の群れの道徳命法

道徳的な価値判断を支配する有用性が、家畜の群れの有用性にすぎないかぎり、目的が群れの維持だけに向けられているかぎり、そして不道徳なものが、ただ共同体の存続を危険に晒すものとされているかぎり、「隣人愛の道徳」などというものは存在しえない。たしかにそこではすでに、顧慮、同情、公正さ、温和さ、相互援助などが、わずかながらも絶えず〈訓練〉されているかもしれない。このような社会の状態でもいずれは「徳」という敬称で呼ばれることになり、ついには「道徳性」という概念と一致するようになる欲動が、すでに働いているかもしれない。しかしこの時代には、こうした欲動はまだ道徳的な価値評価の領域には含まれないのである。――まだ道徳外のものなのだ。

たとえば同情による行為は、ローマの最善の時代には善とも悪とも呼ばれなかったし、道徳的な行為とも不道徳な行為とも呼ばれなかった。こうした行為が称賛されることがあったとしても、それが共同体の全体の利益、〈国家全体の事柄《レス・プブリカ》〉に役立つ行為と結びつけられた瞬間には、たとえ最高の称賛が与えられても、不満げな軽蔑の念が混じっていたのである。結局のところ、「隣人への愛」は、隣人への恐怖と比較すると、つねに付随的なもの、いくらか因習的で、恣意的で、見掛け倒しのものである。社会の組織が全体として確立され、外部の危険から保護されるようになった後に、道徳的な価値評価において新しい遠近法を提供するのは、この隣人への恐怖なのである。

　人間には、いくつかの強い危険な欲動がある。たとえば冒険心、勇猛心、復讐欲、狡猾さ、略奪欲、支配欲などだ。こうした欲動はこれまでは公益に役立つという意味で尊重されただけではなく──もちろんここで挙げたのとは違う名前で呼ばれていたが──、大いに育成され、促進される必要があった（社会全体が危険に直面した場合には、社会全体の敵に対抗するために、こうした欲動が必要とされたからである）。しかし今やこうした欲動は二倍にも危険なものと感じられるようになってきた──今では捌《は》け口がなくなってきたからだ──、そしてこれらの欲動は次第に不道徳なものという烙印を押され、誹謗の的とされるようになってきたのである。

　今では、これとは反対の欲動と傾向が道徳的なものとして尊敬されるようになった。

家畜の群れの本能が一歩ずつ、その帰結を引きだすようになる。そして今では道徳的に評価されるのは、ある意見のうちに、ある状態や情動のうちに、ある意志のうちに、そしてある素質のうちに、公共にとって危険な要素が、平等を脅かす要素がどれほど多く、あるいは少なく含まれているかという遠近法によってである。ここでも恐怖が道徳の母胎となるのである。もしも最高で最強の欲動が、情熱に燃えて、家畜の群れの良心の水準と低さをはるかに凌駕する水準まで個人を遠く、高く駆り立てるようになると、共同体の自負心は崩壊することになり、共同体の大黒柱である自己信頼の念が砕けてしまう。だからこそ、こうした欲動には悪しきものという烙印を押され、誹謗の的となるのである。

孤高で独立不羈の精神、ただ一人であろうとする意志、偉大なる理性までもが、危険なものと感じられるようになる。個人を家畜の群れよりも高いところに駆り立てるすべてのもの、隣人に恐怖を与えるすべてのものが、いまでは悪と呼ばれるようになった。穏やかで、控え目で、順応的で、平等志向な心情が、欲望の中庸が、道徳的なものと呼ばれ、尊敬されるようになる。ついにはきわめて平安な状態にあって、人々の感情を厳しく堅固なものに鍛えあげていく機会も必要も失われていくのである。

こうしたすべての厳粛なものは、それが正義に適うものであっても、人々の良心をかき乱すものとなるのである。厳しいまでの高潔さとか、自己に責任を負おうとする精神は、ほとんど人を侮辱するものと感じられ、不信の念をもって眺められる。そして「小羊」が、むしろ「羊」そのものが尊敬されるようになるのである。

社会の歴史には病的なまでに無気力になり、繊細になる時期がある。こうした時期には社会はみずからに危害を加える犯罪者の肩をもつようになる。しかも本気で、真面目に味方するようになるのである。そして社会は［犯罪者を］罰するということが、不当なことでもあるかのように感じ始めるのである。――そして「刑罰」という考え方が、「罰しなければならない」という考え方が、社会にとっては嘆かわしいもの、恐れを生じさせるものと感じられるのである。「犯罪者を危険でないものにするだけで十分ではないのか。その上でさらに罰する必要があるのか。罰することとは、恐ろしいことではないか」。――この疑問とともに、家畜の群れの道徳が、恐怖に襲われた道徳が、その最後の帰結を引きだすのだ。だから恐怖の原因である危険そのものをなくしてしまえば、この道徳も廃棄されてしまうだろう。道徳はもはや不要になり、この道徳はみずからを不要なものとみなすようになるだろう。――現代のヨーロッパ人の良心を調べてみれば、数千もの道徳的な襞《ひだ》や隠れ家のうちに、同じ道徳命法《インペラティフ》を取りだすことだろう。これは家畜の群れの臆病な道徳命法、「われわれが望むのは、いつの日か、恐れるべきものがなくなることだ」である。未来のいつの日にか。そしてそこに向かう意志と道とが、現在のヨーロッパではどこでも「進歩」と呼ばれているのだ。

二〇二 家畜の群れの道徳

すでに百回も語ってきたことだが、なお繰り返して言わねばならない。現代の人々は、こうした真理には——わたしたちの真理には——耳を貸そうとしないからだ。ある人があからさまに、比喩ではなしに人間を動物と呼ぶならば、それはきわめて侮辱的に響くことは、わたしたちもよく弁えている。そしてわたしたちが「近代的な理念」とやらをもっている人々のことを「家畜の群れ」とか「家畜の本能」といった言葉で呼びつづけるならば、それはわたしたちの罪として責められることになるだろう。しかしそれでどうだというのか！ わたしたちにはそうするしかないのだ。これこそがわたしたちの新たな洞察だからである。

わたしたちが発見したのは、ヨーロッパが、そしてヨーロッパの影響のもとにある国々が、すべての道徳的に重要な判断において意見が一致しているということである。ヨーロッパの人々は、ソクラテスが知りえないと考えていたこと、あの有名な蛇がかつて「アダムとエバに」教えると約束したことを、はっきりと知っているのだ。——人々はいまや、何が善であり、何が悪であるかを「知っている」のである。

わたしたちの語ることがどれほど人々の耳に辛く不快に響くとしても、次のことだけは何度でも繰り返して主張せずにはいられないのである。ここで善と悪とは何であるかを知っていると考えているもの、称賛し非難しながらみずからを称《たた》えているもの、みずから善と称しているもの、それは家畜の群れとしての人間の本能である。この本能は突然に姿を現し、優勢になり、他のさまざまな本能を凌駕したのであり、いまますます凌駕しつつあるものである。そして人々が生理学的にも近いものとなり、類似したものとなるにつれて(この本能はその兆候なのだ)、ますます優勢になりつつある。今日のヨーロッパの道徳は、家畜の群れの道徳なのだ。——わたしたちが理解するかぎりでは、この道徳は人間の道徳のうちの一種にすぎず、これとならんで、その前にも後にも多数の道徳が、そして何よりももっと高い道徳がありうるはずであり、むしろ存在すべきである。しかしこの家畜の群れの道徳は、こうした「ありうるはず」と「べきである」にたいして、全力をもって抵抗する。そして頑固に、強情に言い張る。「わたしが道徳そのものである。わたしのほかに道徳なるものは存在しない！」と。──それだけではなく、ある宗教の力を借りて（この宗教は、もっとも崇高な家畜の群れの欲望の意のままになり、迎合するのである）、ついにはわたしたちの政治的および社会的な制度においても、この道徳の露骨な表現がみられるまでになったのである。すなわち民主的な運動は、キリスト教の運動をうけついだものなのだ。

しかし忍耐心のない者、すでに指摘した本能を患い、それが中毒にまでなった者にとっては、この民主的な運動のテンポがあまりにも遅く、眠気を誘うほどに緩慢なものであることは、ヨーロッパ文化のいわば〈裏道〉を通って彷徨している無政府主義の〈犬〉たちが、歯を剥きだして猛り狂うように叫んでいることからも明らかである。これらの輩《やから》は、一見したところ平和で勤勉な民主主義者たちや革命のイデオローグたちとは対照的なようにみえるし、愚かな哲学屋とも、社会主義者と自称して「自由な社会」を求めている同胞愛の夢想家とも、対照的にみえる。しかし実際にはこれらの人々はみな〈同じ穴のむじな〉であり、自立した家畜の群れ以外のあらゆる社会形態に、根本的に本能的な敵意を抱いているのである（ついには「主人」と「奴隷」という概念まで拒否するようになる。――〈神もなし、主もなし〉というのが、社会主義の主張なのだ――）。

これらの輩は心を一つにして、あらゆる特別な要求に、あらゆる特権と優先権に頑強に抵抗する（ということは、すべての権利に抵抗するということだ。すべてが平等であれば、誰ももはや「権利」など必要としなくなるはずだからだ――）。これらの輩は心を一つにして、処罰を与える正義に不信の念を抱く（まるで処罰を与えることは、弱者にたいして暴力を振るうことであり、これまでのすべての社会がもたらした必然的な帰結に不正を働くことであるかのように――）。さらにこれらの輩は心を一つにして、同情の宗教を信奉する。そして感情をもち、生き、苦しむすべてのものに共感するのである（下は獣にまで、上は「神」にまで同情する。「神への同情」という途方もない逸脱は、民主主義の時代のものだ――）。そして彼らは声を揃えて同情を叫び、焦るように同情する。苦しむことそのものに死ぬほどの憎悪を抱き、苦しむ者を傍観していること、苦しむ者を苦しむままにしておくことができないという、ほとんど女性的な無力に陥る。これらの輩はすべて意図せずに陰鬱になり、繊細になっている。そして彼らの呪縛のもとでヨーロッパは新たな仏教の脅威の下にあるかのようである。これらの輩は心を一つにして、相互の同情という道徳を信奉し、それが道徳そのものであるかのようにみなし、高きもの、人間がかつて到達した最高の高さであるかのようにみなす。これが未来に残された唯一の希望であり、現在というときを癒す薬であり、過去のあらゆる罪から解放する偉大な道徳であるとみなすのである。——これらの輩は心を一つにして、救済者としての共同体を信奉する。そして家畜の群れを、「自分自身」を信奉するのだ……。

二〇三　新たな哲学者の登場

しかしわたしたちは、もっと別のものを信奉している。——わたしたちにとって民主主義の運動は、政治的な機構の堕落形態であるだけでなく、人間の堕落そのもの、人間の矮小化した形態そのものであると思われる。これは人間が凡庸になり、価値の低下した姿なのである。それではそんなわたしたちはどこにまだ希望をつながねばならないだろうか。それは——新たな哲学者にであり、ほかに選択の余地はない。わたしたちが希望を委ねることができる人物、それは十分に強く、純朴な精神をもち、対立する価値評価に打撃を与え、「永遠の価値」なるものを転換し、逆転することのできる人物である。数千年前から問題とされてきた人間の〈意志〉に、無理にでも新しい軌道を進ませるように強制する〈結び目〉を、現在において作ることのできる先駆者に、未来の人間に希望を委ねるのである。この人物は、人間に自分の未来をおのれの意志とすることを教える者であり、それができるかどうかは、人間の意志にかかっていることを教える者であり、人間の育成と訓育という偉大な冒険、この人類全体の実験のための準備を進め、それによってあの無意味と偶然の恐るべき支配に（それがこれまで「歴史」と呼ばれてきたのである）、終止符をうつ者である——「最大多数」という無意味な概念は、その最後の形式にすぎない——。そのためにはいつか、新しい種類の哲学者と命令者が必ず求められるだろう。こうした人物像と比較してみると、かつて地上に存在した隠遁の精神、恐るべき精神、仁愛の精神はどれも、影の薄い矮小なものにみえるだろう。

わたしたちの目に浮かぶのは、このような指導者の姿である。——自由なる精神よ、君たちのためにもっと大きな声で語ることが許されるだろうか？　こうした指導者が出現するための条件を半ば作りだし、半ば利用しなければならないだろうということについて。この課題に立ち向かうという強制を感じるだけの高さと強さにいたるまで、人間の魂を成長させることのできるような道程と試練をみいだすことについて。さまざまな価値を転換し、この価値転換の新しい圧力とハンマーのもとで良心が鍛えられ、心が金属のように堅くなり、良心がその責任を担うことができるようにすることについて。そして他方ではこうした指導者が必要であるにもかかわらず、指導者が姿を現さなかったり、失敗したり、堕落したりする恐るべき危険があることについて、語ることが許されるだろうか。——君たち自由な精神よ、ご存じだろうか？　これがわたしたちの真の懸念であり、心の重さであることを。これらが、わたしたちの生の天空を通りすぎる重く遠い思念であり、雷雲なのである。異例なほどに傑出した人間が、自分の進むべき道を外れ、堕落していくさまを眺め、見抜き、そしてわが身のこととして感じることほどに、身を裂くような苦悩はないだろう。しかし「人間」そのものが堕落するという全体的な危険を見抜くだけの稀な目をもった者であれば、わたしたちのように、人間の未来を翻弄する戯れを演じてきた恐るべき偶然を認識した者であれば――この戯れには、いかなる者も「神の指」ですら、手を貸すことはなかったのだ！――、そして「近代的な理念」という愚かしい無邪気さと軽信の宿命を、ひいてはキリスト教とヨーロッパの道徳のうちに隠されている運命を洞察した者であれば（こうした者は比類のない懸念に悩まされるのである）、――こうした者たちなら、ただ一瞬のまなざしでもって、さまざまな力と任務をふさわしい形で集めて高揚させることによって、人間のうちから育てあげるべきものが何であるかを洞察するのである。そして自分のすべての良心の知識をもって、人間の最大の可能性がまだいかに汲み尽くされていないか、人間という類型がこれまでいかに頻繁に、秘密にみちた決断と新しい道へと歩み損ねてきたかを、知っているのである。――こうした者たちなら、みずからの苦痛に満ちた記憶から、最高の位階の者として生成しつつある人間が、これまでどれほど瑣末なことのために砕け、挫け、沈み、つまらぬ人間となってきたかを、さらによく認識しているのである。

人間の全体的な堕落。現在では社会主義を唱える愚か者や頓馬な者たちが、やがては「未来の人間」と――自分たちの理想と！――みなした人間にまで、堕落するかもしれないのである。――このように人間が完全な家畜にまで（あるいは彼らが主張するように、「自由社会」の人間にまで）堕落し矮小化することは、人間が平等な権利と要求をそなえた矮小な動物になることは、起こりうることである。それに疑問の余地はないのだ。この可能性を一度でも最後まで考え抜いた者であれば、ほかのどの人間も知らぬような吐き気を覚えるだろう。――おそらく同時に、新しい使命もだ！……

第六篇　われら学者たち

二〇四　科学と哲学

道徳について考察すること、それはこれまでと同じような罠に陥る可能性があることでもある。――バルザックの言葉を借りれば、臆面もなく〈自分の傷口をみせつける〉ことになりかねないのだ。それでもわたしはあえて、科学と哲学の格付けが入れ替えられようとしていることに反対したいと思う。現在、心からの良心をもって、まったく意識しないままに、進められようとしている［科学を哲学よりも上位の学問とみなす］この格付けの入れ替えは不当であり、有害なものなのである。誰もが、みずからの経験からして――わたしには経験というものは、つねに悪しき経験であるように思われるのだが――、格付けという重要な問題については、意見を述べる権利があると言いたいのである。この重要な問題については、盲人が色について論じるとか、女性や芸術家が科学に反対する議論を述べるのとは違うものなのだ（こうした人々の本能と羞恥心は溜め息をつく、「ああ、この悪しき科学なるもの、いつでも人の背後を探るもの！」――）。

科学的な人間は独立を宣言し、哲学から解放されたと主張するが、これは民主主義というもの（あるいはいかさまなもの）のもたらした微妙な影響の産物だ。学者たちがみずからを礼讃し、もちあげる風習はいまではどこでも花盛りで、まさにわが世の春を祝っているのである。――だからといって、この自惚れが好ましい香りを放っているなどとは言えないのだ。「あらゆる主人を追いだせ！」――これもまた賤民の本能の現れにすぎない。科学は長いあいだ神学に「婢《はしため》」として仕えてきたのだが、やっとそれから解放されたあとでは、すっかり思い上がって無分別になってしまい、哲学に〈法則〉とやらを示し、今度は科学が哲学の「主人」になろうとする、そしてなんと！　科学者が哲学者の役割を演じようとするのである。

わたしの記憶は――わたしはこれでも科学的な人間なのだ、失礼ながら！――、若き科学者や老いたる医者たちが、哲学と哲学者について語った高慢で無邪気な言葉「の記憶」で、はちきれんばかりである（あらゆる学者のうちで、もっとも教養が高く、自惚れも強い文献学者と、学校の教師たち、職業柄そのどちらでもあるこれらの輩については、言わずもがなである——)。ときには、すべての総合的な課題や能力そのものを本能的に嫌う専門家や怠慢な人物がいた一方で、哲学という魂の営みのうちに閑暇《オティウム》と高尚な贅沢さの匂いを嗅ぎつけて、自分が貶《おとし》められ、傷つけられるように感じる勤勉な働き手もいたものだった。ときには、哲学のうちには一連の論破された体系と、誰の「役にも立たない」無益な浪費しかないと考えている近視眼的な功利主義的な人間がいたのだった。ときには、偽装した神秘主義への恐怖と、認識の限界を定めることへの恐怖が浮かびあがるかと思えば、ときには個々の哲学者を軽蔑するあまり、それが知らず知らずに一般化されて、哲学そのものへの軽蔑として表現されるのだった。最後に若き学者たちのうちにもっとも頻繁にみられたのが、高慢にも哲学を貶めながら、ある哲学者の最悪の影響がまざまざと残っている人々だった。彼らは哲学者を全面的に信頼すると表明しながらも、他の哲学者たちへの軽蔑的な評価という呪縛から逃れることができないのだった。——こうしてすべての哲学にたいする全体的な違和感が生まれたのである。(たとえば最近のドイツにおいてショーペンハウアーが与えた影響はこうしたものだったようである。——彼は理解せずにヘーゲルを嫌っていたために、ドイツの最近のすべての世代を、ドイツの文化から切り離すことになってしまった。ドイツの文化は、すべての点を秤量《ひょうりょう》してみれば、歴史的な感覚が卓越しており、予言者的な繊細さをそなえていたのである。ところがショーペンハウアーは歴史感覚については天才的なまでに貧弱であり、鈍く、非ドイツ的だったのである。)

だから全体的に判断すると、哲学への尊敬の念を打ち砕き、賤民的な本能の扉を開いたのは、最近の哲学者たちの人間的な、あまりに人間的なところ、すなわち彼らの魂の悲惨さだったのである。わたしたちの現代の世界が、ヘラクレイトス、プラトン、エンペドクレスなど、王者のごとき豪奢な精神の隠遁者たちの世界といかに隔絶したものであるかは、誰もが認めることだろう。また最近流行しているため、もちあげられたり、けなされたりしている哲学の代表者たちを眺めてみれば——たとえばドイツではベルリンの獅子たちと呼ばれたアナーキストのオイゲン・デューリングと、何でもごちゃまぜにするエドゥアルト・フォン・ハルトマンだ(43)——、有能な科学者であれば、自分の素性や才能は、彼らよりもはるかに優れているとごく正当に感じることができるだろう。とくに「現実哲学者」とか「実証主義者」とか自称するごちゃまぜの哲学者たちを眺めてみれば、栄誉に憧れる若き学者の胸のうちに、危険な不信感が生まれるのも不思議ではない。こうした哲学者たちは、じつは学者にすぎず、専門家にすぎない。これは手に取るように明らかな事実である。――こうした哲学者たちは敗北者であり、科学の支配のもとに連れ戻された人物なのである。たしかに彼らはかつては「科学」以上のものを望んだのだが、この「以上のもの」であることの権利も、その責任を負う権利も、もっていなかったのである。――だからこそ今になって言葉と行為をもって、真面目な顔をして、恨みがましく復讐の念に燃えながら、哲学の支配者としての使命と支配権に不信の念を表明しているのだ。

　結局のところ、ほかにどうすることができたというのだろうか。科学は最近では隆盛をきわめて、良心の疚しさなど、まったくないという顔をしている。一方では近代のすべての哲学が凋落してたどりついたこの現代哲学という〈残り滓〉は、嘲笑や同情を誘うことはないとしても、不信と不満を呼び起こすものとなっている。哲学は「認識論」にまで切り詰められ、実際のところはおずおずとした判断の中止《エポケー》の理論であるか、禁欲の理論であるしかなくなったのである。こうした限界を踏み越えることがなく、自信をもってその一歩を踏みだす権利を自らに拒む哲学――こうした哲学は死に瀕した哲学であり、終末を迎えた哲学であり、断末魔の苦しみのうちにある哲学であり、同情を誘うものにすぎない。このような哲学が、——支配することなど、どうしてできようか。

二〇五　真の哲学者

現在では哲学者の成熟の過程における危険性がじっさいにあまりに多彩なものとなっているだけに、哲学の果実がいつか熟れることがありうるのかどうかすら、疑問となるほどである。さまざまな学問の及ぶ範囲も、その〈塔〉の建設も巨大なものになっているだけに、哲学者が研鑽の途上で疲れてしまうこと、ある場所に腰を下ろして「専門家になって」しまうことも、大いにありそうなことである。こうして哲学者は、目指す頂上にまで到達できず、頂上から展望し、見渡し、見下ろすことができなくなってしまうのである。

あるいは頂上に到達したとしてもあまりに遅かったために、最上の機会をとりにがし、もてるかぎりの時間と力がすでに尽きてしまっていることもある。あるいは哲学者としてはすでに傷つき、粗雑になり、堕落していて、ものを見る力も全体的な価値判断も、もはや意味のないものとなっていることもある。知的な良心の繊細さそのものが、哲学者の歩みを逡巡させ、遅らせることもあるのだろう。哲学者は、好事家《ディレッタント》になることを、百足《むかで》のように何にでも好奇心の触手を伸ばす人間に堕落することを恐れるものだ。自分への敬意を失った者は、もはや認識者として命令することはできないし、もはや指導することはできないことを熟知しているのだ。自分への敬意を失った者は、大袈裟な役者になるか、哲学の分野でのカリオストロになるか、精神の鼠取り、すなわち誘惑者になるしかないだろうから。これは結局のところは趣味の問題になる。それが良心の問題でないとすればである。

哲学の営みを困難なものとしているのはそれだけではない。哲学者は科学についてではなく、自分の生とその生の価値について、みずから肯定するか否定するかの判断を下すことを強いられるのである。——哲学者は嫌々ながらも、この問いについての判断を下す権利を所有している、いやむしろ、義務を負っていると信じるようになるものだ。しかもみずからの広大な経験から、——おそらくもっとも攪乱的で、破壊的な経験から——、しばしば躊躇しながら、疑念を抱きながら、沈黙しながら、この権利とこの信念に向かって、みずから進まねばならないのである。

実際のところ大衆は長いあいだ哲学者たちについて考え違いをしていたし、見誤っていたのである。哲学者を科学的な人間や、理想的な博学の人と思い込み、宗教的に高揚し、感覚的なものを否定する、「浮き世離れした」夢想家のような人物、あるいは大酒のみの神のような人物と考えていたのである。誰かがある人を「賢く」生きているとか、「哲学者のように」生きていると褒めるときは、それは「浮き世離れして、利口に」生きているというほどの意味でしかない。賢さとは、賤民にはある種の逃避のようにみえるのであり、勝てそうもない賭から身を引くための手段であり、技であるかのようにみえるのである。しかし真の哲学者とは――わたしたちにはそうみえないか、友よ――、「哲学者らしくなく」「賢くなく」生きる者であり、何よりも利口でなく生きる者ではないか？ そして生の百の試練と誘惑に直面する責任と義務を負う者なのだ。――彼はいつもみずからを危険にさらし、まさに勝てそうもない賭そのものに賭けているのだ……。

二〇六　学者たるもの

天才とは、生産するか出産する存在であるが（どちらの語も、その最高の意味において理解されたい）、――この天才と比較すると、学者なるもの、平均的な学問人なるものは、年老いた処女のようなものである。学者たちは年老いた処女と同じように、［生産することと出産することという］人生の二つの貴重な務めを知らないからだ。人々はその埋め合わせとして、学者にも年老いた処女にも敬意を払うのはたしかだ――この敬意という語にはとくに注意が必要だ――。そして嫌々ながら強制されて払うこの敬意には、それと同じ量の不快感が伴っているのだ。

少し詳しく調べてみよう。学問的な人間とはどのような種類の人間だろうか？　学問的な人間とはまず、卑しい種類の人間である。高潔ではないことを美徳とする人間、すなわち支配することがなく、権威に欠け、自足することを知らぬ種類の人間である。学問的な人間とは、勤勉さをそなえ、隊列を組んで忍耐強く並び、自分にできることと望むことのバランスを巧みにとり、その尺度というのを知っている人間である。彼は自分と同類の者について、そしてその同類の者たちが必要とするものについて、本能的な勘をもっている。［学者が必要とするのは］たとえば、わずかな独立と緑の草原であり、これなしでは仕事から休らぐことができないのだ。あるいはたとえば、名誉と尊敬を求める心である（これは何よりも、人に認められることだ。人が彼の仕事を認めることができることを前提としてのことだが——）。またたとえば、名声を博して人々の注目を集めること、自分の価値と有用性が絶えず承認されていることであり、これによって学者は、自分の心の中の不信の念を、あらゆる隷属的な人間と家畜の群れの心の底でわだかまっているものを、何度でも克服する必要があるのだ。

学者は当然ながら、ある種の卑しい病気や悪癖をもっている。つまらぬ嫉妬心に絶えず駆られていて、自分の手のとどかないようなところにいる人々の弱点に、山猫のようなまなざしを注いでいるのである。学者は親しみやすい人物であるが、それは気ままにやっているからだけのことで、ほとばしるような人間だからではない。そして大河のようにほとばしる人間の前では、ますます冷たく、閉じこもって立ち尽くすのである。——そのとき学者の目は、嫌悪感をおびた、のっぺりとした湖のようであり、喜びのさざなみも同情のさざなみも、湖をざわめかせることがない。学者になしうるもっとも悪辣で危険なこと、それはこの種の人間の凡庸さという本能から生まれるのである。これは、イエズス会的な凡庸さから生まれるものであり、異例な才能をもつ人間を絶滅させる仕事に本能的に励んでいて、すべての張り詰められた弓の弦を壊そうとする——あるいはむしろ！——、弦を緩めようとするのである。弦を緩めるのも、配慮をもって、慰めるような手つきで、自然にするのだ——。親しみ深い思いやりとともに弦を緩める、これがイエズス会に特有の手口だ。イエズス会はつねに同情の宗教と自称してきたが、これがそのやり方なのだ——。

二〇七　中身のない人間

客観的な精神というものに出会ったときに、人がどれほど感謝をもって迎えようとも——すべての主観的なもの、その忌まわしいナルシシズムに死ぬほどうんざりしたことのない人はいないだろう！——、しかしまずその〈感謝の気持ち〉にも用心することを学ぶ必要があるのだ。そして精神を個人的でないもの、みずからのものではないものにするのが目的そのものであり、救済であり、浄化であるかのように祝う最近の行き過ぎた傾向は、避けるべきなのだ。こうした行き過ぎは、ペシミストたちのうちでよく見られるものであり、彼らが「無関心な認識」に最高の敬意を払うのは、それなりに理由のあることなのである。

客観的な人間というもの、もはや悪態をついたり、呪ったりしない人間、ペシミストのような人間、理想的な学者のような人間は、たしかに存在するかぎりでもっとも貴重な〈道具〉の一つである。理想的な学者とは、数千回もの完全な失敗や部分的な失敗の後に、科学的な本能がやっと開花し、満開となった人物なのである。しかしこれは別の強い人間に使われるべき「道具としての」人間にすぎない。指摘しておこう。彼は一つの道具なのだ。彼は鏡であり、「自己目的」ではない。実際に客観的な人間とは、一つの鏡である。この鏡は、認識されようとするものであり、服従することに慣れているものである。そして認識が、すなわち「映しだすもの」が与えてくれる喜びのほかに、喜びを知らないのである。——学者は何かが訪れるまで待っている。そして霊的な存在のごくわずかな足ぶみや忍び足を、自分の皮膚と表面が感じ損なうことがないように、みずからを繊細に拡げているのだ。

学者に「人格」のようなものがまだ残っていたとすれば、それは何か偶然的なもの、しばしば恣意的なもの、さらに多くの場合、邪魔するものと感じられるのである。学者はみずからを、未知の形象や出来事が通る〈通路〉に、それが〈反映〉する場所にしてしまっているのだ。学者は「みずから」に戻ろうと考えるが、それも努力してのことであり、間違いを犯すことも稀ではない。学者はすぐに自分を取り違える。自分が緊急に必要とすることでも、間違えてしまう。とはいえこれにかんして学者は雑であり、いい加減である。学者を悩ませるのはおそらく自分の健康のことであり、女のことや友人のことなど、自分だけにかかわる瑣末事であり、仲間や社交が欠けていることなどである。——そして自分の悩みについて強いて省察しようと試みるが、無駄なことだ！

　すでに彼の思考はさまよいだしていて、もっと一般的なもののほうへと向かっている。そして自分はどうすればよいのか、明日になっても昨日と同じように分からないのである。彼は自分にたいする真摯さを失ってしまったのであり、時間も失ってしまったのだ。学者は朗《ほが》らかだが、それは苦労がないからではなく、自分の苦労に対処する手立てがないからである。学者はどんな事物や体験も喜んで迎えるのがつねだし、自分を訪れるすべてのものを歓迎する朗らかさと、こだわりのない歓待の姿勢をそなえている。はばかることのない善意を示すし、イエスとノーを語るのに危険なほどの無頓着ぶりを示す。ただし、このような美徳に償いをしなければならないことも多いのだ！――人間としては学者たちはごくたやすく、このような美徳の〈残り屑《カプート・モルトゥウム》〉となってしまうのだ。

　彼が人から愛や憎しみを求められたとしよう――わたしが考えているのは、神や女や獣が理解しているような愛や憎しみのことだ――すると学者はできるだけのことをするだろうし、与えうるものを与えるだろう。しかしそれが大したものではないとしても驚くべきではない。――そしてそのときに学者が、自分が偽者で、脆く、疑わしく、腐敗していることを示したとしても、驚くべきではないのである。学者の愛はわざとらしいものであり、学者の憎しみは作りものであり、力技であり、ささやかな虚栄であり、誇張である。学者は客観的でありうるところだけで、本物なのである。学者はその朗らかな〈全体的な見方〉を維持できるときだけ「自然」であり、「自然らしい」のである。つねにみずからを磨きあげ、鏡のようにものを映しだす学者の魂はもはや肯定することも、否定することも知らない。命令することも、破壊することもない。

「わたしはほとんど何も軽蔑しない」——と彼らはライプニッツとともに語る。しかしこの〈ほとんど〉を聞き漏らしてはならないし、軽視してもならない。学者は模範となる人間ではない。彼らは誰よりも先に進むことも、誰よりも後に遅れることもない。彼らは善に与《くみ》するか、悪に与するかを決める根拠をもつには、そもそもあまりに遠い場所に立っている。人々は学者を長いあいだ、哲学者、すなわち帝王のように文化を育成する者であり、独裁者であると間違えてきた。それは学者に高すぎる名誉を与えることであり、学者の本質を見損なうことである。——学者は〈道具〉にすぎない。一人の奴隷である。奴隷としては最高の種類のものであるのはたしかだとしても、みずからには何も、〈ほとんど何も〉、もっていないのである。

客観的な人間とは一つの〈道具〉である。貴重で、壊れやすく、曇りやすい測量装置であり、鏡の工芸品なのだから、大切に扱い、敬ってしかるべきである。しかしそれは〈目的〉ではないし、出口でも入り口でもない。ほかの人々が自分の根拠を探すことのできるような〈欠けたものをおぎなう〉ことのできる人間でもないし、帰結でもない——さらに端緒でも、創造でも、第一原因でもない。支配者であることを望むような頑強な者でも、力強い者でも、自立した者でもない。むしろ華奢な、ガラスに息を吹きこんで膨らませたような存在であり、繊細で、壺を形づくる柔らかな型枠のような存在である。「形づくられる」ためには、まずその内容と実質を外から与えられる必要があるのである。──こうした人はふつうは、内容も実質もない人間であり、「自己のない」人間である。だからついでに言えば、女にとってもまったく詰まらぬ者なのだ。

二〇八　偉大な政治の世紀

今日、懐疑家ではないと自称する哲学者がいたとするならば、──このことは、客観的な精神についてのこれまでの説明からも理解していただけると思うが──、誰もが不快な感じを抱くだろう。人々は、いくらか遠巻きにその哲学者を眺めながら、多くのことを尋ねたがるに違いないし、尋ねるだろう……。怖々《おずおず》と聞き耳を立てているような人々のうちでは（最近ではこの手の人物が多いのだ）、その哲学者は危険人物と呼ばれるようになるに違いない。こうした人々は、懐疑を否定するような哲学者の言葉を耳にすると、遠くで何か恐ろしい物音が聞こえたかのように、どこかで新しい爆薬が実験されたかのように感じるのだ。いわば精神のダイナマイトが、おそらく新たに発見されたロシアの虚無剤《ニヒリン》が、たんにノーと言うだけではなく、ノーを望むばかりではなく、──考えるだに恐ろしいことだが！──ノーを行うだけの〈善き意志をもつ〉ペシミズムが爆発したのではないかと思うのだ。

この種の「善き意志」にたいしては、──生を現実の行為で否定しようとする意志にたいしては、──今日では懐疑よりもよく効く睡眠剤や鎮静剤が存在しないことは、あまねく認められているところである。懐疑とは、柔らかで優美な子守歌を歌ってくれる阿片のようなものなのだ。人々のうちの「精神」と、その地下でのざわめきにたいする処方箋として、現代の医師たちはハムレットを服用させるほどなのだ。懐疑家は、平穏の愛好者であり、ある種の治安警察でもある。懐疑家は、「誰の耳も、もうこの嫌な物音でみちているのではないか。この地下のノーは忌まわしい。いい加減に静かにしろ、このペシミストのモグラたちめ！」と語るのである。柔和な生き物である懐疑家は、何にでもすぐに驚くのだ。その良心はどんなノーを耳にしても、それどころかイエスという言葉が断固として語られたときですら、震え上がり、何かに嚙みつかれたかのように感じるようにしつけられているのである。

イエス！　そしてノー！［という断言そのもの］——彼にとっては、これこそ道徳に反するものなのだ。反対に懐疑家が好むのは、高貴な禁欲によって、自分の徳性の高さを祝う祝日とすることである。そしてモンテーニュとともに、「わたしが何を知っているのだろう」と問う。あるいはソクラテスとともに、「わたしは、自分が知らないということを知っている」と言う。あるいは「これについては自信がない。わたしに［知の］扉が開かれていない」と言う。「扉が開かれていたとしても、すぐに入るべき理由はない！」と言う。「早まった仮説など、どんな役に立つのか？　仮説など立てないほうが、むしろ趣味がよいというものだろう。曲がったものを、どうしても真っ直ぐに直す必要があるというのか？　穴という穴を、布切れで埋めなければ気がすまないのか？　それには適切なときというものがあるのではないか？　時間の余裕がないとでもいうのか？　おお、悪魔の輩よ、待つということができないのか？　不確実なものにもその魅力があるのだ。スフィンクスは魔女《キルケ》だったし、キルケは哲学者だったのだ」。——懐疑家はこう語ってみずからを慰める。懐疑家にいくらかの慰めが必要なのはたしかである。

というのは懐疑とは、通俗の言葉では精神衰弱とか虚弱と呼ばれる複雑な生理学的な状態を、精神のあり方として表現したものだからだ。長くたがいに分離されていた二つの種族や身分が、突然のように決定的な形で交錯するときには、こうした状況がつねに発生するものである。「こうして生まれた」新しい世代が、いわばごく多様な尺度と価値を血のうちに遺伝として伝えられると、すべてのものが不安となり、攪乱となり、疑問となり、試行となる。最善の力も、阻害する働きを示し、さまざまな美徳もたがいに成長しあって強まることを許さない。肉体と精神のバランスが欠け、重心がなく、垂直の安定性に欠ける。しかしこうした尺度や価値の混じり合った人においてもっとも深く病み、退化しているのは、意志である。彼らには決意において独立することを知らず、意欲することの勇敢な快感を知らない。──夢の中ですら、「意志の自由」というものを疑っているのである。

わたしたちの現代ヨーロッパは、過激なまでの身分の混淆が、そのことによって種族の混淆が唐突に試みられた舞台であり、すべての高みと深みにおいて、懐疑的なのである。そしてあるときはせっかちに、そしてもの欲しげに枝から枝に飛び移るあの移り気な懐疑にとり憑《つ》かれるかと思うと、あるときは、疑問符で溢れかえった雲のように陰鬱になる。──そして自分の意志に、死ぬほどにうんざりしているのだ！　意志の麻痺した者。この歪《いびつ》な者が片隅に座っていない場所など、どこにあるだろう！しかも化粧までしているのだ！何と誘うような化粧だろう！この病気にふさわしい華麗な衣装が、偽りの装いがあるのだ。たとえば最近「客観性」とか「科学性」とか「芸術のための芸術」とか、「意志から自由な純粋な認識」などといってショーウィンドウに飾られているものは、その多くが化粧を施した懐疑であり、意志の麻痺した者なのである。——わたしはヨーロッパの病についてのこの診断には責任をとるつもりだ。——〈意志の病〉は、ヨーロッパのどこにも蔓延しているが、場所によって程度の違いはある。文化がすでに昔から居を定めているところでは、この病はもっとも多彩で、強い力をもっている。「野蛮人」がまだ——あるいはふたたび——西洋の教養という合わない衣装を身にまとって、自分の権利を主張しようとしているところでは、この病は姿を消すのである。

手に取るように推測できることだが、最近のフランスでは意志がもっとも重篤な病にかかっている。フランスは、みずからの精神の致命的な転機までも、魅力的で誘うようなものにする巨匠の技をそなえているのであり、現在では懐疑がもつあらゆる魔力を示す学校として、展示場として、ヨーロッパ全域に文化的な優越を誇示しているのは当然なのである。ドイツでは、意志する力、ある意志を長く保とうと意志する力がまだいくらか強い。そしてドイツの中部と比較すると、北ドイツではるかに強い。イギリス、スペイン、コルシカでは、この力はさらに強い。イギリスではこの力は鈍重さと結びついているし、スペインとコルシカでは頭蓋骨の堅さと結びついているのである。──イタリアについては言うまでもないだろう。この国はまだ若く、自分が何を意欲しているかも知りはしないし、そもそも意欲することができることを、これから証明しなければならないのである。──しかしこの力がもっとも強く、驚嘆すべき強さを示しているのはロシアである。ここはヨーロッパがいわばアジアへと逆流する巨大な中間領域なのだ。

ロシアでは意欲する力が長いあいだ蓄えられ、蓄積されてきたのであり、ここでは意志が──それが否定する意志なのか、肯定する意志なのかはたしかではないが──、物理学者たちの最近の好みの言葉を借りれば、脅威をもたらすような形で〈放出されるる〉のを待っているのである。ヨーロッパがその最大の危険から逃れるためには、インドでの戦争やアジアでの混乱が必要であるが、それだけではなく、このロシアという王国が内部から瓦解し、木っ端みじんに破砕されることが必要だろう。そして何よりも議会制度という愚かな制度が導入され、さらにすべての国民が朝食を食べながら新聞を読むことを義務づけられる必要があるだろう。

わたしはこれを希望する者として語っているのではない。わたしにはその反対のことが起きるほうが心に適うのである。──わたしが指摘したいのは、ロシアの脅威がますます強くなっているということ、ヨーロッパはロシアと同じ強さの脅威となることを決意しなければならなくなるだろうということ、すなわち一つの意志を手にいれようと決意し、そしてヨーロッパを支配する一つの階級《カースト》の力で、数千年もの未来の目標を定めることのできる、永続的で恐ろしい独自の意志を手にいれようと決意する必要があるだろうということである。──これによってこそ、ヨーロッパの小国分立という長たらしい喜劇を、やっとのことで終わらせることができるだろうし、あるときは王朝を望み、あるときは民主主義を望むという移り気にも、終止符をうつことができるだろう。矮小な政治が好まれる時代は過ぎたのである。次の世紀は、地球の支配をめぐる闘いの世紀だろう。──偉大な政治への強制がもたらされる世紀であるだろう。

二〇九 ドイツ的な懐疑

わたしたちヨーロッパ人はどうやら、新しい戦争の時代に足を踏みいれているらしい。これまでの懐疑とは異なるもっと強い懐疑が発達するためには、この時代がどこまで有利に働くのだろうか。この問いに答えるためにまず、ドイツ史の愛好者であればすぐに理解できるような比喩を借りてみよう。体格の良い近衛歩兵に信じられないほどの熱狂を示したあのプロイセンの王［フリードリヒ一世］のことを思いだしていただきたい。王は、軍事と懐疑の天才であるフリードリヒ大王を――結局のところ、いまでは勝ち誇っているドイツの新しいタイプの人間を――生ませた人物であり、いかがわしさの漂う風変わりな王だったが、ある一つの点では、天才の洞察力と幸運を摑む腕をもっていた。当時のドイツに何が欠けているかを知っていたし、その欠落が、教養や社交の形式の欠落よりも百倍も不安をもたらす切迫したものであることを知っていたのである。――若きフリードリヒにたいして王が感じた不満は、深い本能的な不満だった。周りにほんものの男らしい男たちが欠けていたのである。そして自分の息子があまり男らしくないのではないかと疑って、ひどく不機嫌だったのである。これについては王の勘違いだった。しかし王の立場にあって、勘違いしないでいられる人などいなかっただろう。王は息子が無神論に、エスプリに、フランスの才気に満ちた享楽的ないい加減さに陥っていくのを目《ま》のあたりにしていたのである。――その背後には、巨大な吸血女が、懐疑という蜘蛛が潜んでいるのを知っていた。息子の心はもはや善にも悪にも耐えられなくなるのではないか、意志が破砕され、もはや命令することがなく、命令できるものでもないという悲惨な状態に陥るのではないかと、疑っていたのだ。

やがて息子の心のうちでは、新しい種類の懐疑が、あの危険で強い懐疑が育ってきた。――この父親の憎悪によって、孤独な意志のもつ氷のようなメランコリーによって、この懐疑がどれほどまで強められたのか、誰に知ることができようか。――これは大胆な男らしさのもつ懐疑であり、戦争と征服の天才とごく近しいものであり、偉大なフリードリヒ大王の姿をとって、ドイツに初めて登場してきたものである。この懐疑は、相手を軽蔑するが、その軽蔑したものを奪って自分のものにする。相手を弱らせてから、自分のものとする。何も信じないが、それによって何も失うこともない。

精神に危険なまでの自由を与えるが、心は厳しいままである。これがドイツ的な形式の懐疑であり、この懐疑を進めて、高度に精神的なものにまで高めたのが〈フリードリヒ主義〉なのである。これによってヨーロッパはかなりの期間にわたって、ドイツ精神と、その批判的で歴史的な不信の念のもとに支配されたのだった。

偉大なドイツの文献学者と歴史批評家たちは（正しく評価すれば、彼らは誰もが破壊と解体の芸術家でもあった）、克服しがたいほどにしたたかで、男らしい強い性格をそなえていたのであり、そのおかげで、音楽と哲学においてはロマン主義的な傾向が強かったものの、次第にドイツ精神の新しい概念が確立され、そこで男らしい懐疑の傾向が決定的に登場してきたのである。それはたとえば見詰めるまなざしの大胆さとして、解剖する手の勇敢さと強さとして、危険な探検旅行を目指す強靭な意志として、いわば荒涼とした危険な天空のもとで精神の北極探検を敢行しようとする意志として現れたのである。

人間性を尊ぶ温厚で浅薄な人が、この精神を前にして十字を切るとしたら、それには十分な根拠があるのである。ミシュレは戦慄を覚えながら、この精神を〈運命的で、皮肉で、メフィストフェレス的な精神〉と名づけたのだった。このドイツの精神のうちの「男らしさ」が、どれほどの恐怖を呼び覚ましたか、ヨーロッパ全土を、その「独断的な眠り」から覚醒させたかを実感するには、それ以前にあった概念、この精神によって克服される前の概念を想起してみる必要がある。——そして男勝りのある女性が、途方もない思い上がりから、ドイツ人を柔和で、心が善良で、意志薄弱で、詩人でもある頓馬な人間だと、ヨーロッパ中に紹介したのは、まだそれほど昔のことではないことも思いだすべきだろう。(44)最後に、ナポレオンがゲーテと面会したときの驚きを十分に理解してほしいものだ。数世紀にわたって「ドイツの精神」がどのようなものと考えられていたかは、その驚きから明らかである。「これこそまさに男だ！」とナポレオンは語ったのである。(45)——それが語っているのは、「これはまさに男ではないか。わたしは一人のドイツ人に会うとばかり思っていたのだが！」ということだったのだ。

二一〇　来たるべき哲学者の資質

だから未来の哲学者像の特徴を思い描くことができるとすれば、いま述べたような意味での懐疑家《スケプティカー》でなければならないと思われる。しかし懐疑家であることは、未来の哲学者の一部を示すだけであり、──そのものではないのである。彼らは懐疑家でもあるのと同じだけ、批判家《クリティカー》と呼ばれることができよう。そしてたしかに実験家でもあるだろう。わたしは未来の哲学者をこのようにあえて実験家と呼ぶことで、実験の意味と、実験の楽しみをはっきりと強調したことになる。それは、未来の哲学者は肉体と精神の批判家であることにおいて、実験を新しい意味で、おそらくもっと広義の、おそらくもっと危険な意味で利用することを好むからではないだろうか。

彼らは認識への情熱をもって、民主主義的な世紀の涙もろく、甘やかされた趣味では是認できないところまで、大胆で苦痛に満ちた実験を推し進めねばならないのではないだろうか？──疑問の余地のないところだが、これらの来たるべき哲学者たちは少なくとも、批判家と懐疑家を分かつあの真摯で、危険でなくはない特性をそなえていなければならないのである。すなわち、価値の尺度が確実であり、統一された方法を意識的に利用し、抜け目のない勇気をそなえ、独立不羈であり、みずからに責任をもつことのできる人々なのだ。彼らは、ノーと言うことに、解剖することに喜びを覚え、心臓が血を噴いても、そのメスを巧みに、しなやかに振るうことのできる、ある種の冷静な残酷さというものをそなえていることを認めるだろう。

　彼らはヒューマニストたちが［論敵として］願う以上に冷酷であるだろうし（そして冷酷であるのはおそらく自分だけにではないだろう）、「真理」とかかわるが、その理由は真理が彼らの「気に入る」からでも、自分を「高める」からでも、「高揚させる」からでもないだろう。――彼らは、真理が感情にこのような楽しさをもたらすなどとは、まったく信じていないだろう。この厳粛な精神は、次のような言葉を耳にしたら、笑ってしまうだろう。「あの思想はわたしを高める。これがどうして真理でないことがあろうか」とか、「あの作品はわたしを魅了する。どうしてあれが美しくないわけがあろうか」とか、「あの芸術家は、わたしを偉大にする。どうして彼が偉大でないわけがあろうか」などなど。――彼らはただ微笑むだけではなく、このような心酔した態度、理想主義的な態度、女性的な態度、両性具有的な態度には、本物の吐き気を催すだろう。そして彼らの心の奥底までたどってみても、そこには「キリスト教的な感情」を「古代的な趣味」と和解させようとする意図はみつけられないだろうし、ましてこうした感情を「現代の議会政治」と和解させようとする意図などは到底みつけられないだろう（このような宥和の意図は、きわめて不確実なものだ。だから宥和を好むわたしたちの世紀においては、哲学者においてもみられるはずのものなのだ）。未来の哲学者たちは、批判的な訓練を積み、精神にかかわる事柄に純粋さと厳密さをもたらす作業を習慣にしているだけでなく、それをある種の飾りとして誇示するだろう。――ただしそれだからといって彼らは批判家と呼ばれることは望まないだろう。最近は、「哲学とは批判そのものであり、批判的な学である。――それ以外のものではない！」と宣言することが流行しているが、未来の哲学者たちはそれは哲学への少なからぬ侮辱だと感じるだろう。哲学をこのような学として評価することは、フランスやドイツのすべての実証主義者たちには好ましいこととして称賛されるだろう（――そしてこの評価はカントの心情と趣味におもねることであるかもしれない。カントの主著のタイトルを思いだしていただきたい――）。しかしわたしたちの新しい哲学者はこう語るだろう。批判家は哲学者の道具であり、道具であるかぎり哲学者ではないのである。ケーニヒスベルクの偉大な〈中国人〉［であるカント］すら、偉大な批判家にすぎなかったのだ、と。

二一一　真の哲学者

わたしがあくまでも主張したいことは、哲学者を、たんに哲学に従事する労働者や、一般に学問に従事する人間と混同するのは、そろそろやめるべきだということである。——ここにおいてこそ厳密な区別が求められている。「それぞれにふさわしいもの」を与えるべきなのだ。学問に従事する人間たちにあまりに多くのものを与え、哲学者にあまりに少ないものを与えるのはやめるべきだ。たしかに真の哲学者が育つためには、哲学者に奉仕すべき人間たち、すなわち哲学の学問的な労働者たちが立ちどまっているすべての段階に、——立ち止まらざるをえないすべての段階に、一度は立ってみることが必要だったろう。哲学者はみずから、おそらく批判家であり、懐疑家であり、歴史家であらねばならないだろうし、さらに詩人であり、蒐集家であり、旅行者であり、謎解きであり、モラリストであり、先覚者であり、「自由な精神」であり、ほとんどすべてのものであらねばならないだろう。そうでなければ、人間的な価値と価値感の全域をめぐり歩き、多角的な眼と精神をもって、高きところからすべての遠きところを、深きところからすべての高みを、隅からすべての広がりを見渡すことができるようにはならないだろう。

しかしこれは哲学者の使命の前提にしかすぎない。哲学者の使命そのものはもっと別のことを望むのである。――その使命は、哲学者が価値を創造することを求めるのだ。カントやヘーゲルの高邁な手本にしたがう哲学畑のいわば〈労働者〉たちは、ある価値評価の巨大な〈事実〉を確定し、それを定式化することに努めてきた――この〈事実〉とは、支配的なものとなったためにしばらくは「真理」の名で呼ばれるようになった価値の定立という事実であり、価値創造の事実なのである。そして論理的なものの領域においても、政治的なもの（道徳的なもの）の領域においても、芸術的なものの領域においても、同じことが行われているのである。

こうした研究者のはたすべき義務は、これまで起きたすべてのこと、これまで評価されたすべてのものを見渡しやすく提示すること、熟考しやすく、把握しやすく、扱いやすくすることである。すべての〈長いもの〉、いや「時間」そのものを短縮して、過去のすべてを制覇することである。これは法外な仕事であり、驚くべき仕事である。これに奉仕するだけで、どんな繊細な誇りも、どんな強靭な意志も満足させることができるだろう。

しかし真の哲学者たるものは、命令する者であり、法を与える者である。真の哲学者は「かくあるべし！」と語る。人間の「どこへ？」と「何のために？」を定める者であり、そのためにはあらゆる哲学的な労働者たちがなしとげた仕事、すべての過去の制覇者たちがなしとげた仕事を意のままに利用するのである。――真の哲学者は、創造的な手によって未来を摑むのである。そして過去において存在し、いま存在するすべてのものは、そのための手段となり、道具となり、ハンマーとなるのである。真の哲学者の「認識」は、創造することであり、その創造は一つの立法であり、その真理への意志は、――力への意志である。――今日、このような哲学者が存在するだろうか？ かつてこのような哲学者が存在したことがあるだろうか？ このような哲学者が存在しなければならないのではないだろうか？……

二一二　人間の偉大さ

わたしにますます切実に思われることがある。哲学者とは、明日と明後日に必要な人間なのだから、いつでも〈今日〉の時代とは衝突してきたし、衝突せざるをえないのではないだろうか。〈今日〉の理想は、哲学者にとってはつねに敵だったのである。哲学者と呼ばれるこの人間の非凡な育成者たちはこれまで誰もが、みずからを智恵の友と感じることはごく稀だった。むしろ不愉快な愚か者であり、危険な疑問符であると感じてきたのである。——彼らはみずからの使命を、その過酷な使命を、みずから望んだものではないが、それとて拒むこともできない使命を、そしてその使命の偉大さを、みずからがその時代の疚しき良心の持ち主になるということにみいだしてきたのである。

彼らはまさに時代の美徳そのものの胸にメスを入れ、生きながら解剖することによって、彼らに固有の秘密を暴きだすことになったのである。それは人間の新たな大きさを認識すること、人間を偉大なものとする新たな未踏の道を探すことだった。彼らはいつも、その時代の道徳を体現した最高の模範とされた人々のうちに、どれほどの偽善が、安逸が、自己の放任と頽落《たいらく》が、どれほどの嘘が潜んでいるかを暴きだした。どれほどの美徳がすでに時代遅れのものとなっているかを暴いた。そのたびに彼らはこう言ったものだ。「われわれは、君たちが今日、もっとも居心地悪く感じているところへこそ、赴かねばならない」と。

哲学者であれば(今日、哲学者なるものが存在するとしてのことだが)、すべてのものを片隅に、「専門」に縛りつけようとする「近代的な理念」の世界に直面して、人間の偉大さという概念を、この「偉大さ」という概念そのものを定めることを強いられるだろう。その概念の範囲の広さと、多様性と、その多面的なものにおける全体性のうちに、その概念を定めることを強いられるだろう。そして人間の価値や序列を規定するときにも、その人がどれだけ多くのもの、多様なものを担い、引きうけることができるか、自分の責任をどれほど遠くまで広げることができたかに応じて決めることだろう。

現在では意志を弱め、稀薄にすることが時代の趣味に適ったことであり、時代の美徳の一つなのである。意志薄弱ほどに、時代に適うものはないのである。しかし哲学の理想においては、まさに意志の強さが、意志の強固さが、どれほど長い時間にも耐えようと決意する能力こそが、「偉大さ」という概念にふさわしいものである。現代とは反対の時代、たとえば意志のエネルギーが鬱積し、利己心が激しい水流のように、嵐のような洪水のように荒れ狂っていた一六世紀のような時代にあっては、これとは反対の教えが、すなわちおずおずと欲望を抑え、謙虚で、無私な人間性の理想が、時代に適ったものだったのである。

ソクラテスの時代には、本能の疲れた人間たちが溢れていたし、保守的なアテナイの市民たちは怠惰に日々を過ごしていたため——口では「幸福のために」と言いながら、実際には楽しむために生きていたのだった——、そして彼らの生き方をみるかぎり、もはや口にする権利のない昔ながらの美辞麗句が語られていたことを考えて、精神の偉大さを守るためにも、おそらくイロニーが必要だったのだろう。イロニーとは、老いた医者や賤民たちの悪意に満ちたソクラテス的な泰然自若さを示すものであり、情け容赦もなしに自分の肉を切り裂き、「貴族たち」の肉と心を切り裂き、「とぼけるな！　ここでは——われわれは平等だ！」と語っていることがありありとわかるまなざしを向けることである。

現在のヨーロッパではその反対に、家畜の群れだけが栄誉を独占し、栄誉を分かち合っている。ここでは「権利の平等」は、あまりにたやすく不正な平等へと移行してしまいがちなのだ。だからわたしは、あらゆる稀有なもの、異質なもの、特権を認められたもの、高き人間、高き魂、高き義務、高き責任、創造的な力の充実と支配などを力を合わせて闘いとるために、こう語りたいのである。――現在では「偉大さ」という概念にふさわしいのは高貴であること、独立した存在であろうとすること、他《た》なる存在でありうること、独立不羈であって自分の力で生きなければならないことなのである。そして哲学者がこう提言するときには、みずからの理想の一片を漏らしたことになる。「もっとも孤独であることができる者、もっとも隠れた者、もっとも遠ざかって生きる者、善悪の彼岸で生きる者、自分の美徳の主人である者、意志で溢れる者こそが、偉大な者である。また多様であると同時に全体的であり、広大であると同時に充実したものでありうる者もまた、偉大な者と呼べるだろう」と。ところでもう一度問おう。今日――偉大であることは可能なのだろうか？

二一三　哲学者の位階

だから哲学者とは何かということを学んで知るのは困難なことなのだ。それは学んで知るべきことではないからである。経験から「知っている」べきなのである。――それでなければまったく知らないことに誇りをもつべきなのである。しかし最近では誰もが、いかなる経験ももちえない事柄について語るのが流行しているのであり、それは哲学者と哲学の状況について、もっともよく、しかも最悪な形であてはまるのである。――哲学の状況などは、ごく少数の人々だけ知っているもの、ごく少数の人々だけが知っていればよいものであり、世間一般の意見などはあてにならないものなのだ。だからたとえばプレストのテンポで疾走する大胆で奔放な精神と、足を踏み外すことのない弁証法的な厳密さと必然性とが、「一人の人物のうちで」哲学的に共存しうることなど、多くの思想家や学者たちには、自分の経験からしても未知のことであり、誰かがそう言ったとしても、信じられないだろう。

多くの思想家や学者たちは、すべての必然性を苦しみと考える。必然性とは苦痛をもたらすもの、強制されるものとみなすのである。そして彼らにとって思考とは、遅いもの、たゆたうもの、ほとんど労苦に満ちたもの、しばしば「高貴な人が汗を流すだけの価値のあるもの」とみなされるのである。――そして思考が軽いもの、神的なもの、舞踏や悪ふざけにごく近いものであることなど、考えてみようともしない！――彼らにとって「考えること」は、そのまま「真面目にとる」ことであり、「重大なものとみなす」ことである。――彼らはたがいに「考える」という営みをこのようなものとしてだけ「経験してきた」のだ――。

芸術家はこれについては鋭い嗅覚をそなえているのかもしれない。芸術家が、そして芸術家だけが知り抜いているのは、もはや何ごとも「自分の」「意志によるもの」ではなくなり、すべてが必然的なものとなったときこそ、みずからの自由の感情が、繊細さが、全能の感情が、創造的な力によって定め、利用し、形成する感情が、もっとも高まるということなのである。――要するに、そのとき芸術家においては、必然性と「意志の自由」がまったく同一のものとなっているのである。

究極のところ、魂の状態にはある〈位階〉というものがあり、その序列は「それぞれの魂に固有の」問題の位階にふさわしい形で定められるのである。そして最高の問題は、みずからの精神の高さと力によってそれを解決することがあらかじめ定められている者だけが取り組むことのできるものであり、そうした精神の高さと力のないものがあえて近づくと、容赦なく弾き返されるのである。最近よくみられるように、なんでも素直にうけいれる〈よろずや〉的な頭脳や、素直にうけいれることを知らない実直な機械論者や経験論者が、賤民的な名誉心でその問題に近づき、「宮殿の中の宮殿」に入り込もうとしたところで、どうなるというのだろうか！　粗野な足がこのような絨毯を踏むことは決して許されることではないのである。それは物事の根本原則が定めていることである。こうした侵入者が扉に頭をぶつけて砕こうとも、扉は閉ざされたままである！

この高き世界に入るには、そのように生まれついていなければならない。はっきり言えば、そのように訓育されていなければならない。人が〈哲学する〉権利をもつのは、——そのもっとも広義の意味において——その素性のおかげだけである。これについてもその人の先祖が、「血統」が決定するのである。哲学者が誕生するまでには、それまでに多数の世代の人々があらかじめ仕事をしてきたのでなければならないのである。哲学者のもつすべての美徳は、そのすべてが個別に獲得され、育てられ、遺伝によって伝えられ、みずからの肉としたものでなければならない。［こうした美徳としては］大胆で軽やかで繊細な思考の歩みと進みゆきばかりでなく、何よりも大きな責任をみずから背負う用意があること、支配する者のまなざしと伏し目の高貴さをそなえていること、自分は大衆や、その義務および美徳とは遠く離れた者であるという自覚をもっていること、神であれ悪魔であれ、誤解され、誹謗されているものには、喜んで保護と弁護を与えようとする気概をそなえていること——さらには偉大な正義を望み、遂行すること、いかに命令すべきかを弁えていること、意志の広大さ、めったに驚くことも、めったに上を見上げることも、めったに愛することもないゆったりとした眼をそなえていること……。

第七篇　わたしたちの徳

二一四　概念の辮髪《べんぱつ》

わたしたちの徳とは？――おそらくわたしたちにも徳があるのだろう。その徳はわたしたちの父祖のもっていた愚直でごつごつとした徳でないのはもちろんのことだが（わたしたちはこの徳のために父祖たちを尊敬しながら、いささか敬遠しているのだ）。明後日のヨーロッパ人であるわたしたち、二〇世紀の初子《ういご》であるわたしたち、――かくも危険な好奇心と、多様性と偽装の術と、熟しきって甘いとすら言える残酷さをもった精神と感覚をそなえているわたしたちにして、――もしも徳をもたねばならないのであれば、わたしたちがもつその徳とは、心のもっとも奥深くにある内密な傾向と一致したもの、きわめて激しい欲求と一致したものでなければならないだろう。それでは、このわたしたちの内なる迷宮で、こうした徳を探してみようではないか！――人も知るように、ここはまさに多くの人々が道に迷った場所、多くの人々が行き暮れた場所なのである。

それにみずからの徳を探すことほど、美しき行為はあるだろうか？　それは、みずからの徳を信じることとほぼ同じことを意味するのではないだろうか？　しかしこの「自分の徳を信じること」、――それはかつて「疚しきところのない良心」と呼ばれていたものと根本的に同じものではないのだろうか。わたしたちの父祖が頭の後ろに、そしてしばしば知性の後ろに垂らしていた、厳かで長く尾をひいた概念の辮髪《べんぱつ》と同じものではないだろうか？　こうしてみると、わたしたちは自分のことを時代遅れでもないし、父祖のように尊敬に値する者でもないと考えているのだが、あるところではやはり父祖たちにふさわしい孫であり、疚しくない良心をもった最後のヨーロッパ人なのかもしれない。わたしたちもまた父祖の辮髪をたらしているのだ。――ああ！　それがまもなく、ごく近いうちに――そうではなくなることを、諸君が知っていてくれたならば！……

二一五　多彩な道徳

星辰の領域にはときに二つの太陽が存在し、それが一つの惑星の軌道を決定することがある。そしてときには、さまざまな色をした太陽が、あるときには赤い光で、あるときは緑の光で、唯一の惑星を照らすことも、また同時にこの惑星を照らして、さまざまな色彩を溢れさせることもある。わたしたち現代の人間も同じようなものなのだ。わたしたちの「星空」の複雑なメカニズムのおかげで、──多彩な道徳によって規定されているのである。わたしたちの行為は次々と異なる色に輝き、それが一義的なものであるのは、ごく稀なのである。──そしてわたしたちが多彩な行為をすることだって多いのだ。

二一六　敵を愛する

みずからの敵を愛せよというのか？　これはよく学びとられた教えだと思う。現在では大なり小なり、幾千ものしかたで行われていることなのだ。それどころかさらに高きこと、崇高なことまで起こっている。──わたしたちは愛するときに、しかももっとも深く愛するときに、軽蔑することを学んだのである。──しかしこれらはすべて無意識のうちに、大きな騒ぎも華々しさもなしに、荘重な言葉遣いや徳の格言を口にすることを禁じる善意の羞恥心と秘匿のうちに行われるのである。気取った身振りで道徳的な行為をすること、──それは今日ではふたたび趣味に反するものとなったのである。これは一つの進歩だった。父祖の時代には、気取った身振りで宗教的な行為をすることが、やっとのことで趣味に反することとみなされるようになったのであり、これが一つの進歩だったのと同じようにである。もちろん宗教に敵意を抱き、ヴォルテール流の辛辣な言葉を語ることも同じく（そしてかつての自由精神家のもったいぶった身振りで語ることも）、一つの進歩ではあった。ところでわたしたちの良心のうちには音楽があり、わたしたちの精神のうちには舞踏がある。これには清教徒たちの繰り言も、あらゆる道徳の説教も、偽善ぶりも、調子が合わないのである。

二一七　道徳的な識別力

自分が道徳的な感覚をもっていると、道徳的な差異を識別する能力があると、他人が信じてくれることを重大なことだと考えたがる輩がいるものだが、こうした輩には用心するがよい。こうした輩は、わたしたちの前で（あるいはわたしたちにたいしても）、［道徳的な判断で］しくじったときには、それを根にもって、わたしたちを許そうとしないものだ。——こうした輩は、まだわたしたちの「友人」だとしても、本能的にわたしたちを誹謗し、傷つける者となることは避けられないのである。——忘れっぽい人間に幸あれ。彼らは自分たちの愚行も「すっかり忘れてしまう」からである。

二一八　善良な人間の解剖

フランスの心理学者たちは——しかし今日フランス以外のどこに心理学者がいるというのだろうか——、手を替え品を替えてブルジョワの愚行《ベティーズ・ブルジョワーズ》を辛辣に描きだすという楽しみをまだ味わい尽くしていないが、それはあたかも……いや、このあたりでやめておこう。そこから明白になってくることもあるのだ。たとえばフロベールが、ルーアンの立派な市民として目撃し、耳にし、味わったものは、それ以外のものではなかったのだ。——彼なりの自虐であり、繊細な残忍さだったのである。

ここでわたしは気分転換に——退屈になってしまうだろうから——、別の話を紹介して楽しんでいただくことにしよう。それはすべての善良で、腹がでていて、実直な凡庸の精神が、より高き精神とその使命に向かって示す無意識的で狡猾な姿勢のことである。これは例の繊細であてつけがましいイエズス会的な狡猾さであり、この中産階級がそのもっとも優れた瞬間にみせる知性や趣味と比較すると、——それどころかこの階級の知性の犠牲者と比較しても、千倍も繊細なのである。——これは「本能」というものが、これまで発見されてきたどのような種類の知性と比較しても、はるかに知性的なものであることを示す別の証拠である。要するに、君たち心理学者よ、「例外」と闘う「規則」としての哲学を調べてみたまえ。そこには、神々や、神々の意地悪な心も楽しむことのできる舞台が演じられていることが分かるだろう！　あるいはもっとはっきり言えば、「善良な人間」を、「善き意志をもった人間」を、……君、たちみずからを、生きながらに解剖すべきなのだ！

二一九　精神の高さ

道徳的な判断を下すこと、判決を下すこと、それは精神的な狭さをもつ人間が、そうでない人々に加える復讐、お気に入りの復讐である。それは自然が精神的な広さを与えてくれなかったことにたいするある種の損害賠償であり、精神的な深みを手にいれて繊細になるための好機でもある。——悪意は人の精神を高めるからだ。精神の狭い者たちにとっては、精神的な資質や特権に恵まれた人々を、自分たちと同等な者として扱う尺度があるということは、心の底から嬉しいことなのである。——彼らは「神の前での万人の平等」のために闘っているのであり、ほとんどそのためにこそ、神を信じることが必要になるほどである。彼らのうちにこそ、無神論の最強の敵がいるのだ。もしも彼らに、「精神性の高さというものは、たんに道徳的である人間の実直さや品位とは比べものにならないものだ」と主張しようものなら、激怒するだろう。——だからわたしはそんなことは口にしないようにしよう。

むしろわたしは自分の命題として「高い精神性そのものは、道徳的な特質の最後の悪しき副産物にすぎない」と語って、彼らのご機嫌をとることにしよう。精神性の高さとは、「たんに道徳的にすぎない」人間のものとされるすべての状態を総合したものであり、それぞれの状態は、長いあいだの育成と訓練によって、おそらくいくつもの世代の連鎖のうちで、獲得されたものなのである。この高い精神性は正義と、かの慈悲深い厳格さが精神のうちに体現されたものであり、これは──人間のうちだけでなく、あらゆる事物そのもののうちで、世界における位階の秩序を堅持するという任務が自分に負わされていることを知っているのだ、と語ることにしよう。

二二〇　利害関係をもたない者

今では大衆が「利害関係《インテレッセ》をもたない者」を称賛するようになっているので、いくらかの危険はつきものだとしても、大衆というものは実際には何に関心《インテレッセ》をもっているのか、普通の人間が心の底からもっとも大切にしているものは何なのかを、認識する必要があるだろう。この普通の人間には、教養のある人々も、さらに学者も含まれるし、まったくの間違いでなければ、ほとんどすべての哲学者も含まれるのである。さてここで明らかになるのは、繊細で洗練された趣味をもつ人々、すべての高い本性をもつ人々が関心をもち、魅力を感じる事柄の多くは、平均的な人々にはまったく「関心のもてない」ものだという事実である。──それでいて平均的な人々は、[高い本性をもつ人々がそうしたものに] 没頭していることに気づき、彼らを「利害関係をもたない者」と呼び、どうしてこれほど「利害関係なしに」ふるまうことができるのかと不思議がるのである。

このような大衆の驚きの念に、誘惑的で、神秘的かつ彼岸的な表現を与えることのできた哲学者たちもいるのだ(──おそらく彼らは高い本性というものを、経験から知らなかったのではないだろうか?)。──ところが赤裸でまっとうな真実を語るとすれば、こうした「利害関係のない」行為なるものは、ある前提のもとではきわめて深い関心と利害関係のあるものなのだ。──「それでは〈愛〉はどうなるのか?」──何だと、愛から行われる行為は、「利己的ではない」行為だというのか? しかし君たちは、何という愚か者だろう──! 「みずからを犠牲にした者は称賛されるのではないか?」──しかしほんとうの意味で自分を犠牲にした者であれば、自分がその代わりに、あるものを望み、それを手にいれることができたことを知っているのだ——おそらく、自分のもっている何かを犠牲にすることで、自分に必要な何かを獲得したのである。その者は、あちらでもっと多くのものを手にいれるために、こちらで何かを放棄したのである。あるいは〈より以上の者〉となりたいがために、または自分が「より以上の者」であると感じたいがためである。しかしこうした問いと答えの領域は、人よりも贅沢に慣れた精神の人ならとどまりたくない場所である。この領域では、どうしても答えざるをえなくなると、真理はどうしても欠伸《あくび》を抑えることができないのである。つまり真理は女なのだ。真理に暴力を加えてはならないのである。

二二一　利己主義を否定する道徳

道学者的な衒学者《ペダント》や重箱の隅をつつきたがる人物がこう言ったことがある。「わたしは私欲のない人間を尊敬し、褒めたたえるが、それは彼には私欲がないからではなく、自分の不利益になってまでも、他人の役に立ちうるという権利をもっているようにみえるからだ」と。なるほど。しかしここで問題なのは、この彼とは誰であり、他人とは誰かということである。たとえば命令するように定められ、作られている人にとっては、自己否定や謙虚な遠慮などというものは徳ではなく、徳のむだ遣いというものだろう。少なくともわたしにはそう思える。利己主義を否定するすべての道徳は、無条件的に妥当するものとして、すべての人に適用されるべきものと考えているが、それは趣味の悪さという罪を犯しているだけではなく、必要な行為をしないですませようと誘惑する罪を犯すものである。むしろ博愛という仮面をかぶって、人々を誘惑するものなのだ。——そしてこの道徳は、より高き者、稀有なる者、特権を与えられた者たちを誘惑することで、こうした者たちを傷つけるものなのだ。

　さまざまな道徳に、まず位階の序列にしたがうように強制しなければならない。そして良心にその道徳の思い上がりを自覚させねばならない。——「ある人に正しいものは、他の人にとっても正しい」と主張することは、不道徳的なことであることが、さまざまな道徳のあいだで明確に認識されるようになることが必要なのだ。——だからわが道学者的なペダントであり、善き人《ボンノム》である者が、このようにさまざまな道徳訓を道徳そのものとして推奨したときに、人々の笑い者になったのであるが、それは当然の報いだったのだろうか。しかし嘲笑する人々を自分の側につけようとするならば、あまりに正しくあることは避けるべきだ。ごくわずかな不正を容認することは、趣味の良さというものだからだ。

二二二　同情の宗教

現代において同情が説かれるときには——しかし正しい耳をもって聞いていれば、今では、同情の宗教でない宗教は説かれないことがわかるだろう——、耳を澄ますがよい、心理学者たちよ。そうすればこうした同情の説教者に（そしてすべての説教者に）つきもののあらゆる虚栄とあらゆる喧騒のうちにも、耳障りで、呻《うめ》くような真の自己への軽蔑の声が聞こえることだろう。これは一世紀の長い時間をかけてヨーロッパで成長してきたあの陰鬱と醜悪化の現れである（その最初の兆候を示した文書は、ガリアーニのエピネ夫人あての瞑想的な書簡である）。それ「同情の宗教」がその「ヨーロッパの醜悪化の」原因そのものではないとしてのことだが！「現代の理念」の人間、この誇らしげな顔の猿は、みずからに抑えがたい不満を感じている。それは確実なことだ。この猿は悩んでいる。だからこそ、その虚栄心からして、「苦しみをともにする」ことを望むのだ……。

二二三 神の道化師

ヨーロッパ人というこの雑種の人種は——全体としてかなり醜悪な賤民だ——、何よりもまず一つの衣装を必要としている。そして衣装を保管しておく部屋として、歴史を必要とするのである。もちろん彼らは、どの衣装も自分の身の丈にぴったりと合わないことを自覚し、——次から次へと衣装を替えていくのだ。一九世紀とは、さまざまなスタイルの仮装に飛びつき、そしてすぐに取り替えていった時代だということはすぐに分かる。そしてわたしたちには「何も合わない」と絶望した瞬間のことを考えてみていただきたい——。無駄なことだ。ロマン派的に、古典的に、キリスト教的に、フィレンツェ的に、バロック的に、「ナショナリスト的に」着飾ってみても、様式においても技巧においても、「合わない！」のである。

しかし精神は、とくに「歴史的な精神」は、こうした絶望の瞬間にも、みずからに役立つものをみつけるのである。遠い過去から、外国から、いつも何か新しいものをとりだして、これを何度でも試着し、着替え、脱ぎ捨て、しまいこみ、とりわけ研究するのである。――「衣装」という点では、この研究に着手したのはわたしたちの時代である。というのは、道徳、信条、芸術趣味、宗教［という衣装］のことだ。この時代においては、かつてのいかなる時代にもないほどの豪奢な謝肉祭の準備が始められたのだ。これは精神の謝肉祭での哄笑と悪ふざけの準備、極めつきの愚行とアリストファネス的な世界の嘲笑の場のため、すなわちいかなる経験も超越する高みのための準備なのである。

おそらくわたしたちはここに、わたしたちの発明の場をみいだすのだろう。それはわたしたちですら、世界史の戯作者《パロディスト》として、神の道化師として、まだ独創的でありうる領域である。――おそらく現在あるものには、未来をもっているものが何もないとしても、わたしたちの笑いだけにはまだ未来があるのだ！

二二四　歴史的な感覚の逆説

歴史的な感覚というものがあるとしよう（あるいはある民族が、ある社会が、ある人問が、それに拠って生きていた価値評価の位階の秩序をすばやく言い当てる能力と表現してもよい。この能力は、さまざまな価値評価のあいだの関係をみいだし、価値の権威が、実際に働く力の権威とどのような関係にあるかをみいだす「予言者的な本能」である）。この歴史的な感覚というものは、わたしたちヨーロッパ人が他の人々には欠けている特質として自負しているものである。民主主義のためにヨーロッパのさまざまな身分と人種が混淆した結果として、魅惑的で狂ったような半野蛮状態に陥ったために生まれたものなのだ。――この感覚が第六感として認められるようになったのは、一九世紀に入ってからである。

　過去のあらゆる形式と生き方が、かつては並列関係として、または上下関係として厳しく配置されていた過去のさまざまな文化が、この混淆のためにヨーロッパの「現代の魂」のうちに流入したのである。こうして今ではわたしたちの本能はいたるところで過去に向かって逆流し始め、わたしたち自身がある種のカオスとなっているのである――。ついには「精神」が、すでに指摘したように、そのことに自分の利益をみいだすようになるのである。わたしたちは肉体においても欲望においても〈半野蛮状態〉にあるために、高貴な時代には存在しなかったような秘密の入り口が、いたるところに開かれている。とくに未完成な文化の迷路への入り口が、過去において地上に存在していたあらゆる〈半野蛮状態〉への入り口が開かれたのである。そして人間の文化のかなりの部分が、まさに〈半野蛮状態〉にあったことを考えると、この「歴史的な感覚」というものは、ほとんどすべてのものを感じとる感覚と本能、あらゆるものへの趣味と〈舌〉を意味していることになる。これによって歴史的な感覚はすぐさま高貴でない感覚であることを露呈するのである。

わたしたちはたとえば、ホメロスをふたたび享受するようになった。ホメロスを味わうことができるということは、わたしたちに与えられたもっとも幸運な恩恵と言えるだろう。高貴な文化の人間たちには、そう簡単にはホメロスを理解することはできなかったし、その方法も知らなかったのである(たとえば一七世紀のフランス人だ。たとえばホメロスの精神の空虚さを非難したサン=テヴルモン[46]と、その末流のヴォルテールのような人物だ)。――こうした人々には、ホメロスを味わうことなどは、ほとんど許されていなかったのである。彼らの味覚はきっぱりとイエスあるいはノーと言うし、[嫌いなものには]すぐに吐き気を催すのである。異質なものにはすべてためらいがちな尻込みをするし、強い好奇心を掻きたてられたとしても、趣味の悪いものには引っ込み思案になりがちである。そしてすべての高貴で自足的な文化にはある種の歪《いびつ》な意志とでもいうものがあって、みずからが新しい欲望を抱いていること、みずからの文化に不満を抱いていること、見慣れないものを称賛することをなかなか認めようとしないものだ。これらのすべての理由のために、世界のうちの最善のものにたいして、それが自分の所有物でないか、自分の獲物とすることができない場合には、好意を示さないようになっているのである。――こうした人間にとっては、まさに歴史的な感覚ほど、その卑屈な賤民的な好奇心ほど、理解しがたいものはないのである。

シェイクスピアについても同じことが言える。アイスキュロスの友人だった古代アテナイ人が、シェイクスピアのような驚嘆すべきスペイン的・ムーア的・ザクセン的な趣味の総合を眺めたなら、きっと笑い死にするか、憤慨したことだろう。しかしわたしたちとなると、まさにこの粗野な多彩さを、きわめて繊細なものと粗雑なものと技巧的なものが混じりあった作品を、密かな親愛の気持ちと親しみをもってうけいれるのである。わたしたちはシェイクスピアの作品を、まるでわたしたちのために用意されていた芸術の粋であるかのように享受する。そして彼の芸術と趣味が呼吸しているのは、イギリスの賤民が発する不快な空気であるのに、それが身近に押し寄せてきてもほとんど気にかけることもない。それはわたしたちがナポリの下町キアイアの繁華街を歩くのと同じようなものである。キアイアの大気のうちには貧民窟の下水の悪臭がたちこめているのに、わたしたちは感覚のすべてにおいて魅惑されて、そこをいそいそと歩むのである。

わたしたち「歴史的な感覚」の人間たちが、そうした者にふさわしい徳をそなえていることは否定できない。——わたしたちは寡欲だし、自己中心的ではないし、謙虚であり、勇敢であり、克己心が強く、献身的であり、感謝深く、きわめて忍耐強く、好意的である。——しかしこれらのすべての徳をそなえたわたしたちは、おそらくそれほど「趣味が良い」わけではないかもしれない。結局のところ、次のことは白状しなければならないだろう。わたしたち「歴史的な感覚」の人間にとってもっとも把握しがたく、感じがたく、味わいがたく、愛しがたいものがある。それはすべての文化と芸術における完璧なもの、円熟にいたったもの、作品と人間におけるもっとも高貴なもの、滑らかな海面のように凪《な》いで自足した瞬間、すべての完成したものが示す黄金の冷たさである。こうしたものにはわたしたちは根本的な偏見を抱いているのであり、ほとんど敵意すら感じているのだ。

おそらくわたしたちの歴史的な感覚という偉大な徳は、良き趣味とは、少なくとも最善の趣味とはどうしても対立せざるをえないものかもしれない。わたしたちにできることと言えば、ここかしこでわずかに輝く人間の生のささやかで、ごく短い最高の至福と浄化の瞬間を、きわめてつたなく、ごくためらいがちに、そして強いられたかのように思い描いてみることにすぎない。それは、偉大な力がみずから望んで、尺度のないもの、際限のないものの前に立ち止まるあの瞬間と奇蹟であり、――繊細な欲望に溢れかえりながらも、急に制止されて石になりながら、まだ震えている大地の上にしっかりと立ち、自らを堅持しながら、それを享受する瞬間と奇蹟である。わたしたちは尺度には慣れることができないことを白状しておこう。わたしたちの欲望は、無限のものへの欲望であり、尺度で測られることのないものへの欲望である。息づかいも荒く、前に進みたがる奔馬にまたがった騎士のごとくに、わたしたちは無限なものに向かって進もうとして、馬の手綱を投げ捨てる。わたしたち現代の人間、わたしたち〈半野蛮状態〉の人間は――もっとも大きな危険に際してこそ、――自分たちの至福を初めて味わうのである。

二二五　同情に抗して

快楽主義《ヘドニズム》であろうが、ペシミズムであろうが、功利主義であろうが、幸福主義であろうが、これらはすべて、快楽と苦痛によって事物の価値を測ろうとする思考方法である。すなわち、事物の価値をその随伴的な状態や副次的なものによって測ろうとし、前景だけを重視する素朴な思考方法なのである。そして構成的な力と芸術家の良心をみずからに感じている者にとっては、こうした思考方法は嘲笑するか同情して見下すしかない代物である。君たちには同情する！　この同情はしかし君たちの考えているようなものではない。社会的な「困窮」に迫られた者への同情ではないし、「社会」への同情でも、その病人と遭難者への同情でもない。わたしたちの周囲で大地にねそべっている生まれつきの悪人や敗残者への同情でもない。さらに支配することを――彼らはそれを「自由」と呼ぶのだが――求める奴隷階級の人々、この不満だらけで、抑圧され、叛乱の機会をうかがう人々への同情でもない。わたしたちの同情は、もっと高次で、もっと遠くを見通すような同情である。人間がいかに小さくなってしまったことか、君たちが人間をいかに矮小なものにしてしまったことか！　君たちの同情なるものを見ていると、表現しようのない不安に駆られる瞬間があり、そのときわたしたちは君たちの同情には警戒するのだ。——それは君たちの真面目さが、どんな軽薄さよりも危険なものと思える瞬間である。

　君たちはできるならば——これほど愚劣な「できるなら」もないものだが——苦悩というものをなくしたいと望んでいる。それではわたしたちが望むのは何か？——わたしたちが望むのは、むしろこれまでになかったほどに苦悩を強く、辛いものにすることだ！　君たちが考えるような無事息災というものは、——それは目的などではない、それはわたしたちには終わりのように思えるのだ！　人間がたちまち笑うべき存在、軽蔑すべき存在となり変わる状態である。——人間が自分の没落を願うようになる状態である！　苦悩がもたらす鍛錬、大いなる苦悩がもたらす鍛錬、——こうした鍛錬だけが人間を高めるものであったことを、君たちは知らないのか？　不幸のうちで魂が張り詰めることで、魂は強きものに育てられるのである。偉大なものが滅びてゆくことを目撃して、魂は戦慄する。魂は不幸を担い、不幸に耐え、これを解釈し、利用し尽くすことで創造的になり、勇敢になる。そして魂に贈られた深みと秘密と仮面と精神と狡智と偉大さのすべて——これらはすべて苦悩を通じて、大いなる苦悩による鍛練を通じて贈られたものではなかったか？

　人間のうちでは、創造されたものと創造する者が一体になっている。人間のうちには、素材、破片、余剰、粘土、糞便、無意味なもの、カオスが存在している。しかし人間のうちにはさらに、創造するもの、構築するもの、堅きハンマー、神的な観照者が創造の後に憩う安息日がある——君たちにはこの対立が理解できるか？　そして君たちの同情なるものは「人間のうちで創造されたもの」だけに向けられたものだということが、構築され、破壊され、鍛造され、引き裂かれ、焼かれ、灼熱にさらされ、精錬されるべく定められたものだけに向けられていることが、かならずや苦悩しなければならず、苦悩すべく定められたものだけに向けられていることが、理解できるか？　ところでわたしたちの同情が、それとは反対向きのわたしたちの同情が、誰に向けられたものなのか理解できるだろうか？　それがすべての柔弱なものと虚弱なもののうちでも最悪のものである君たちの同情に抵抗するものなのだ。——この同情は、同情に抵抗する同情なのである！——もう一度念を押しておくと、快楽と苦痛と同情にかかわるすべての問題よりもさらに高次の問題が存在する。快楽と苦痛と同情の問題だけにかかわろうとする哲学は、素朴な哲学なのである。

二二六　義務という鎖

われら不道徳なる者！——わたしたちが生きるこの世界とは、そこでわたしたちが恐れを抱き、愛情を抱くこの世界、それは微妙な命令と微妙な服従の織りなす、ほとんど見ることも聞くこともできない世界である。あらゆる点において気難しく、捉え難く、刺々《とげとげ》しく、それでいて優しい世界、「それについては」「ほとんど」としか言いようのない世界。この世界は愚かな傍観者やこっそりと覗こうとする好奇心の強い人々からは、巧みに守られているのだ！

しかしわたしたちは義務という厳しい網にからめとられ、身体にはりつく義務という下着をまとわされ、そこから抜けだすことができない。——そしてわたしたちもまた「義務の人間」なのである。ときにはわたしたちもまた「鎖」に縛られながら、「刃」に囲まれながら、踊ることもある。さらにわたしたちがこうした状態できしみを立てることもしばしばあるし、みずからの運命の秘かな過酷さのすべてを耐えがたく感じることがあるのもたしかだ。しかしわたしたちはみずから望むことを、なし遂げたいと考える。それでいて愚か者や表面しか見ようとしない者たちは、わたしたちを見て「義務というものを知らない人間だ」と語るだろう。――愚か者や表面しか見ようとしない者たちは、つねにわたしたちの敵なのだ！

二二七　誠実さの罠

誠実さ。――これがわたしたち自由なる精神の逃れることのできない徳だとすれば、――それならばわたしたちはすべての悪意と愛情をもって、これに働きかけよう。そして残された唯一のわたしたちの徳であるこの誠実さを「完全なものにする」よう、弛《たゆ》まずに努めることにしよう。たとえこの徳の輝きが、この古びつつある文化と、その陰鬱で重苦しい生真面目さの上に、金めっきの蒼《あお》ざめた嘲笑するような夕日の残照を送るだけだとしても！

そしてわたしたちの誠実さが、いつの日か疲労困憊して溜め息をつくようになることを、手足を伸ばして、わたしたちが少し厳しすぎるのではないかと考えるようになることを、そして心地好い悪習のごとくに、もっとうまく軽快にそして優雅にやろうではないかと考えるようになることを、望むとしよう。しかしわたしたちは最後のストア派の哲学者らしく、厳しくあろうではないか！　そしてこの誠実さという徳を手助けするために、自分のうちにある魔性のものだけを送りだすとしようではないか――粗野なもの、偶然的なものにたいする吐き気と、〈禁じられたものへの好み〉と、冒険好みの勇気と、機知に富むわがままな好奇心と、世界の征服をめざす精密で偽装した精神的な力への意志とを（この意志は貪欲にも、未来のあらゆる領域を征服しようと彷徨し、うろつき回るのである）。――わたしたちはすべての「悪魔」をひきつれて、「神」の援助へと赴こう！

そのためにわたしたちは誤解され、取り違えられるかもしれない。しかしそれがどうだと言うのか！「君たちの〈誠実さ〉なるものは――それは魔性のものだが、それだけではないか！」と言われるかもしれない。――それがどうだと言うのか！　それが正しいとしてもである！　これまでのすべての神々というものは、悪魔がこのような形で改名され、聖なるものとなっただけではないか。それにわたしたちは自分について何を知っているというのだろうか。わたしたちを導く霊はどのような名前で呼ばれるものなのか（しかしそれは名前の問題だろうか）？　そしてわたしたちはどれほど多くの霊を宿しているのだろうか。われら自由なる精神よ、わたしたちの誠実さ——これがわたしたちの虚栄にならないように注意しよう。華美な装飾とならないように、わたしたちの限界と、愚かしさにならないように注意しよう。どんな美徳も、愚かしさになる傾向があるし、どんな愚かしさも美徳になる傾向がある。ロシアでは「神聖なまでの愚かしさ」と言うが——わたしたちは誠実さからしてついには聖者に、退屈な者になることのないように注意しよう。人生というものは、——そこで退屈するには、形容しようのないほどに短いものではないだろうか。だが人生が永遠に続くことを信じないかぎり、そんなことは……。

二二八　功利主義のモラル

これまでのすべての道徳哲学は退屈なものであり、睡眠薬にも等しいものだったというわたしの発見を大目にみていただきたい。——わたしの目には、「徳」をもっとも鋭く傷つけたのは、徳を擁護する人々の退屈さであるように思われる。もちろんそう言ったからといって、徳が一般的な有用性をそなえていることまでを否定しようとするわけではない。大切なのは、道徳について考察する人が、できるかぎり少ないほうがよいということである。——だから、いつの日か、誰も道徳について関心をもたなくなるほうが、はるかによいのである！

だからといってご心配めされるな！ 今日でも、これまでと同じ状況にあるからだ。今のヨーロッパには、道徳について考察することは危険であり、いかがわしいものであり、誘惑的なものであり、——そこには宿命的なものが潜んでいる可能性があることを理解している（あるいは理解させた）人は、誰もいないのだ！ たとえば倦まず弛まず［効用について］語る宿命にあるイギリスの功利主義者たちが、いかに不器用に、そして殊勝なことにベンサムの足跡を追いかけつづけているかをみていただきたい（ホメロスの使ったような比喩で語れば、もっとわかりやすいだろうが）。それはベンサム自身が、敬うべきエルヴェシウスの足跡を追いかけたのと同じことだ（ただしエルヴェシウスは危険な人物ではなかった！）(47)。

イギリスの功利主義は新しい思想ではない。古い思想を巧みに作り替えたものでも、それに襞《ひだ》を加えたものでもない。過去の思想の真実を語る歴史ですらないのである。

それをいくばくかの悪意という酵母で再発酵でもさせてみないとしたら、それは愚にもつかない文献にすぎない。というのも、これらのモラリストのうちには（彼らの文章を読む必要があった場合には、ともかく警戒を働かせながら読まねばならない——）、イギリスのあの昔ながらの悪徳が忍び込んでいる。それは英語でキャント「偽善的な言葉遣い」[48]と呼ばれるものであり、道徳的な偽善が、新しい学問的な装いのもとに潜んでいるのだ。そこにはたしかに、良心の呵責から身を守るための手段もまた準備されている。かつての清教徒《ピューリタン》であれば、道徳を学問的に取り扱おうとしたときは、こうした良心の呵責に苦しめられたものだからだ（ところでモラリストという輩は、ピューリタンとは反対の人間ではないのか！　すなわち道徳を疑うべきものとして、疑問符をつけるに値するものとして、要するに〈問題〉として考えた人々ではないのか？　道徳を論じるということは、——不道徳なことではないのか？）。

結局のところ彼らはすべて、イギリス的な道徳を正しいものだと考えようとする。そうすることが、人類にとって、あるいは「公的な利益」にとって、あるいは「最大多数の幸福にとって」、いや！　イギリスの幸福にとって、もっとも役立つからである。彼らはイギリスの幸福を追い求めること、わたしの意見では、快楽と流行を求めることが（そして最高の地位として、議会に席を占めることが）、同時に美徳へといたる道であることを、全力を尽くして証明しようとする。それだけではなく、これまで世界に美徳というものが存在していたかぎりで、美徳というものはそうした努力のうちにあったものであることを証明しようとするのである。

功利主義者たち、この良心を疼《うず》かせている重苦しい家畜の群れは（利己主義の問題を社会全体の幸福の問題として理解しようとする人々だ――）、「社会全体の幸福」というものが理想でも、目標でも、把握することのできる概念でもないこと、人に吐き気を催させる薬剤にすぎないことを知ろうともしないし、嗅ぎつけようともしないのである。――ある人にとって正しいことが、他人には正しくないことがありうること、万人に適用される道徳を要求することは、より高き人にたいする侵害であること、要するに、人間のあいだには位階の秩序というものが存在するのであり、したがって道徳にも位階の秩序というものが存在することを、知ろうともしないし、嗅ぎつけようともしないのだ。これらイギリスの功利主義者たちは、腰の低く、根本的に凡庸な人間であり、すでに指摘したように、彼らが退屈であるかぎりでは、彼らの効用をそれほど高くは評価できないのだ。彼らをもっと元気づける必要があるだろう。次の詩がいくらか試みているような方法で。

幸いなるかな、実直な荷車引きの諸君
いつも「長ければ長いほど良い」と言い
やがて項《うなじ》も膝《ひざ》も固くなり
元気もなくなり、おどけもなくなり
どこまでいっても凡庸で
才能もエスプリもなく！

二二九　残酷さの享受

人間性を誇る近代の時代においても、きわめて強い恐れが、「荒々しく残酷な野獣」への恐れという強い迷信が残っている。人間性の時代であるこの時代にあっては、こうした恐怖を克服していることを誇るべきであるはずなのに。そのためにきわめて明確な真理ですら、殺戮されたあの粗野な野獣をふたたび蘇らせる助けになるかもしれないという理由で、申し合わせたかのように、何世紀ものあいだ黙殺されたままになっているのである。

だからわたしは、そのような真理をうっかりと漏らしてみようと思うのだ。もちろんほかの人々が「こうしてわたしの口から漏れた」真理をふたたびとらえて、「敬虔な考え方というミルク」を飲ませて、元の片隅にひっそりと忘れられたように寝かしつけてしまうかもしれないのだが。——人は残酷さというものを学び直し、目を見開くべきなのだ。たとえば悲劇について、古代や現代の哲学者が育ててきたような不遜できわめつきの錯誤が、厚かましくも立派なものとして通用するようなことに忍耐するのを、わたしたちはもうやめるべきなのである。

わたしたちが「高度の文化」と呼んでいるほとんどすべてのものは、残酷さを深めて、それを精神的なものとしたことで生まれたのである——これがわたしの主張する命題である。かの「荒々しい野獣」は殺戮されたわけではない。まだ生きているし、その盛りにある。——それは神的なものになっただけなのだ。悲劇において苦痛なまでの快感をもたらすのは、その残酷さである。いわゆる悲劇的な同情において、根本的にすべての崇高なものにおいて、ついには形而上学の最高の精緻な戦慄にいたるまでの心地好さをもたらすのは、そこに混じっている残酷さであり、この残酷さからのみ、わたしたちはその甘さをうけとるのである。

闘技場につめかけたローマ人、十字架の恍惚に身をこがすキリスト教徒、火刑の薪の山や闘牛を見守るスペイン人、悲劇に向かって進みつづける今日の日本人、血なまぐさい革命に郷愁を感じているパリの下町の労働者、楽しんでいる風を装いながらも、『トリスタンとイゾルデ』を「我慢して」聞いているヴァーグナー狂の女性――これらのすべての人々が享受し、秘密に満ちた情熱で飲み込もうとしているもの、それは「残酷さ」という大魔女《キルケ》の魔酒である。

その際にはもちろん、残酷さとは他者の苦痛を眺めるときに生まれるものであると教えた、かつての愚かな心理学を放逐しなければならない。自分自身の苦痛を眺めるときにも、自分に苦痛を味わわせるときにも、たっぷりと溢れんばかりの快楽を享受することができるのだ。――宗教的な意味での自己否定や自己毀損にいたることができるのは人間だけである。それはフェニキア人や禁欲主義の人々が示したことだ。あるいはさらに一般的には、官能を否定し、肉体を否定し、自分の罪を懺悔し、ピューリタンのように懺悔の痙攣を起こしたり、良心の生体解剖をしたり、パスカル流の

〈知性の犠牲〉を実行したりせよと、自分を説得するのも人間だけだ。それは、ひそかに自分の残酷さに、そしてみずからに向けられた残酷さのあの危険な戦慄に誘惑され、追い立てられているからである。

最後に考えていただきたいことがある。認識する者は、自分の精神の傾向に逆らって、またしばしば自分の心の願望に逆らってでも認識することを自分の精神に強いるのである――すなわち、彼が肯定し、愛し、崇拝したいと思うときに、ノーと言うことを強いるのであり、そのときに認識者は、残酷さの芸術家として、残酷さを浄化する者としてふるまっているのである。すべてものごとを深く、そして根本的につきつめるということは、精神の根本的な意志に暴力をふるうことであり、虐待しようと望むことである。精神は絶えず仮象へと、表面へと向かうことを望むものなのだ。――認識しようとするすべての意志のうちには、わずかな残酷さが含まれているのだ。

二三〇　認識への意志

わたしが今「精神の根本的な意志」について語ったことは、すぐには理解してもらえないかもしれない。だからここで説明させていただきたい。――大衆が「精神」と呼ぶのは、命令を下す者のことであるが、この者はみずからの内部とその周囲を支配することを望んでいるのであり、みずからが支配者であると感じることを望んでいるのである。多様なものを統一することを望む意志をもち、統括し、拘束し、支配しようとし、実際に支配的である意志をもつ。精神の欲求と能力は、生理学者がすべての生きるもの、育つもの、増殖するもののうちに想定する欲求と能力と同じものである。他《た》なるものをわがものとする精神の力は、新しいものを古いものに同化させ、多様なものを単純なものに統一し、完全に対立するものは知らぬふりをするか、押し退けようとする激しい傾向のうちに現れる。同様に精神は、他なるもの、すなわち「外界」のすべての部分の特定の特徴や輪郭を勝手に強調し、浮き彫りにし、自分に都合のよいように偽造する。精神がそのときに意志しているのは、新しい「経験」を同化すること、新しい事物を古い序列のうちに配列すること、――すなわち成長することである。明確に表現すれば、成長の感情をもつこと、力が増大しているという感情をもつことである。

一見すると対立しているようにみえる精神のさまざまな欲動も、この意志に役立っている。すなわち、無知であることを選び、恣意的に自分の殻に閉じこもろうと急に決意したり、自分の窓を閉じてしまったり、あれこれのものを心の内部から拒否したり、何かが訪れることを拒んだり、知りうるはずの多くのものにある種の防衛的な姿勢を示したり、暗がりのうちにとどまっていたり、地平をとざしていることに満足してみたり、無知を肯定したり是認したりするのは、こうした欲動の現れである。これらのすべての欲動は、精神の同化する力の大きさにおうじて、すなわち比喩で語れば、その「消化力」の強さにおうじて必要とされるのである。──実際に「精神」がもっとも似ている器官は、胃なのだ。

ときに欺かれようとする精神の意志も、これと似たようなものである。この精神の意志はおそらく、事態は〈かくかくしかじか〉であるのではなく、人が〈かくかくしかじか〉であると考えているだけなのだと、気紛れに予感しているかのようである。こうしてこの意志は、すべての不確実で多義的なものに喜びを感じ、片隅の恣意的な狭さと内密さを、近すぎるもの、前景にあるもの、拡大されたもの、縮小されたもの、ずらされたもの、美化されたものを楽しげにみずから享受し、すべてのこのような力が恣意的に示されることのうちに、みずからを享受するのである。

最後にこれに加わるのが、進んで他の精神を欺き、他の精神の前でみずからを偽装しようとする精神のあの気楽な姿勢であるが、これは創造し、造型し、変形することのできる力の圧力であり、衝迫である。精神はそこにおいて、みずからの仮面の多様さと老獪さを楽しむのであり、そこでは自分が安全であるという感情を味わうのである。——精神は「巧みに姿を変える」プロテウス的な変身の技術によって、みずからをもっとも巧みに擁護し、巧みに隠すのである！——この仮象への意志、単純化と仮面と外套への意志、すなわち表面への意志——というのはすべての表面は外套だから——、こうした意志に抗して働くのが、認識しようとする者の至高の傾向、すなわち事物を深く、多様に、根本的にうけとめ、うけとめようと意志する傾向である。これは知的な良心と趣味のもつある種の残酷さの現れであり、すべての勇敢な思考者はこの残酷さをそなえていることを自認するのである。しかしそのためには思考者は、みずからに向けるまなざしを十分に長いあいだ鍛えあげ、鋭くしていること、厳しい訓練にも厳しい言葉にも慣れていることが求められるだろう。

　この思考者は「わたしの精神の傾向には、何か残酷なものがある」と語るだろう。——徳の高き者や親切な者たちが彼に忠告して、それをやめさせるとよいのだが！ 実のところ残酷さという言葉でなく、「羽目を外した誠実さ」のような言葉があとから語られ、囁《ささや》かれ、称えられるとすれば、――われわれのような自由な精神、きわめて自由な精神にとっては、気持ちよく響くだろう。――そして実際にわたしたちの――死後の名声も、そのようなよい響きで聞こえるのだろうか？ 当面のところは――というのはまだそれまでは時間が残されているから――わたしはそのような道徳的な装飾や飾りの言葉で身を装うつもりはまったくない。わたしたちのこれまでの仕事のすべては、こうした趣味にも、その華麗な装飾にも嫌悪を覚えさせるものだからだ。誠実さ、真理への愛、叡智への愛、認識のための自己犠牲、真実を求めるヒロイズムなどという言葉は、美しく、光り輝き、耳に快く、華麗な言葉である。――そこには何か人の誇りを膨らませるようなものがある。しかし隠遁者であり、同時にモルモットであるわたしたちは、はるかに昔から隠遁者の良心のもっとも深いところで、こうみずからに言い聞かせてきたのだ。こうした高貴な言葉による装飾もまた、人間の無意識的な虚栄から生まれた昔ながらの虚偽の飾りであり、虚偽の古着であり、虚偽の金粉であるにすぎないし、このようなへつらうような彩色と上塗りの下には、〈自然的人間《ホモ・ナトゥーラ》〉という恐るべき〈原文〉が隠れていることを認識しなければならないのだ、と。

［わたしたちに必要なのは］人間を自然のうちに戻してやることであり、これまでホモ・ナトゥーラという永遠の〈原文〉の上に書き散らされ、塗りたくられてきた多くの夢見るような空しい解釈と付随的な意味を克服することである。現在では多くの人間が、科学の訓練に厳しく鍛えあげられて、他なる自然の前に立つようになっている。いま求められるのはそうした人間を［自然だけでなく］人間の前にも立たせること、しかも怯《おび》えることのない［みずから目を潰した］オイディプスの目をもって、［セイレーンの誘惑する歌を聞いても船を近づけさせないように、自分だけは耳を塞がずに身体は柱にしばりつけさせた］オデュッセウスの塞がれた耳をもって、古い形而上学の鳥刺したちがあまりに長いこと、(49)「人間よ、お前は自然以上の存在だ！　お前は自然よりも高き存在だ！　素性の異なる存在だ！」と、人間たちの耳に吹き込んできた誘惑の調べを拒否することである――これは奇妙で狂ったような任務であるかもしれないが、それでも一つの任務である――そのことを否定したいと思う人間がいるだろうか！

わたしたちはなぜこの狂ったような任務を選びとったのだろうか。あるいは問い直してみれば、「なぜそもそも認識を問題にするのか？」――誰もがわたしたちにこう問うだろう。わたしたちもすでに百回も同じ問いを自問してきたのだが、そう問い詰められても、これよりもましな答えをみつけなかったし、今でもみつけていないのだ……。

二三一　〈教えることのできないもの〉

学ぶことでわたしたちは変わる。知識は、すべての栄養物と同じ働きをするのだ。栄養物はたんに人間を「養う」だけではない——それは生理学が教えてくれることだ。しかしわたしたちのもっとも深いところに、ごく「下のところ」に、〈教えることのできないもの〉があるのはたしかなことだ。これは精神的な宿命という花崗岩であり、あらかじめ定められた選り抜きの問いにたいして準備された、同じようにあらかじめ定められた答えと決意の花崗岩である。あらゆる枢要な問いにたいして、「わたしはそういう人間なのだ」という変えがたきものが答えを発する。たとえば男と女については、思想家は人に教えられて、自分の考えを変えることはできない。ただ学び尽くすことができるだけである。そして最後になって、それまでその問いについて自分のもとで「確定されていた」ことを、新たに発見するだけなのである。

ときにはある種の問題が解決され、それがわたしたちに強い信念をもたせることがある。その後はそれをその人の「確信」と呼ぶことができるだろう。しかしやがては、——こうした確信もじつは、自己認識の足跡にすぎないものだったこと、わたしたちという存在そのものである問題への道標にすぎないものだったことをみいだすだろう——もっと正確に表現すれば、わたしたちという存在そのものである大いなる愚鈍への、わたしたちの精神的な宿命への、ずっと「下のところ」にある教えることのできないものへの道標にすぎないものだったのだ。——さてわたしがこれまで自分に示してきたこの慇懃《いんぎん》な態度に免じて、「女そのもの」についていくつかの真理を取りだすことが許されることだろう。もっともそれがまさしく——わたしなりの真理であることは、すでにご存じだろうが——。

二三二　女とは

女は独立したがるものだ。そしてそのために、「女そのもの」について、男たちを啓蒙しようとし始めている——これこそは、ヨーロッパの一般的な醜悪化の最悪の進歩である。というのは、女性について科学的に考察し、自己を暴露するというこの愚かしい試みは、すべてのものを白日のもとにさらすものだからだ！　女には自分に羞恥を感じるべき多くの理由がある。女のうちには、ペダンティックなもの、表面的なもの、学校の教師のようなもの、こせこせとした自惚れ、けちくさい遠慮のなさと厚かましさが潜んでいる。——女が子供の相手をしている様子をしっかりと観察されるがよい！——これらのものは根本的に、男性にたいする恐怖のために抑えられ、抑制されていたものなのだ。

災いなるかな、もしも「女性における永遠に退屈なるもの」が——女にはこれがたっぷりあるのだ——、外にでてくるようになるならば。災いなるかな、もしも女が優美さ、戯れ、憂さ晴らし、気晴らし、軽々しさなどの智恵と技術を、心地好い欲望にたいする繊細な処理のしかたを、根本的にそして原則的に忘却し始めたならば。聖なるアリストファネスに誓って言うが！　今では女の声の高まりが、恐怖をまきおこすほどである。女が男に望んでいるものが結局はどんなものであるか、それはすでに医学的にみても明らかな脅威となっている。女がこれほどまでに科学的になろうとするのは、悪趣味というものではないだろうか？

これまで啓蒙とは幸いにして男の問題であり、男の天分だった――「男どうしで」「内輪で」やってこられたのだ。しかし女が「女なるもの」について書くすべての文章をみると、女がそもそも啓蒙をみずから望んでいるのかどうか、――望むことができるのかどうか、結局のところは不信の念を抱かずにはいられないのである……。女がそれによって自分のための新しい飾りを求めているのでないとすれば、――というのも、自分を飾ることは、永遠に女性的なことではないか？――その場合には女は自分にたいする恐怖を掻き立てようとしていることになる。――それによって女はおそらく支配することを求めているのだろう。

しかし女が真理を望むことはない。女にとって真理がどれほどのものだろう！ 真理ほど女にとって異質なもの、嫌なもの、敵対的なものはないのだ。――女の偉大な技は嘘をつくことである。女が何よりも求めるのは見栄えの良さと美しさである。わたしたち男性は白状しよう。わたしたちは女のまさにこの技と、この本能を敬い、愛しているのだ。わたしたち男は、生きるのがあまりに辛いものだから、この女という生き物とともに過ごすことに気晴らしを求めているのである。女たちの手とまなざしと繊細な愚かしさをみると、わたしたちの真面目さ、重さ、深さがほとんどつまらないものに思えてくるのだ。

最後に一つの問いを立ててみよう。これまでに女がみずから、女の心に深さというものがあること、女の心に正義というものがあることを認めたことがあるだろうか？　そして大ざっぱに言えば、これまで「女」をもっとも軽蔑してきたのは女であり、──男たちではなかったというのが真実ではないだろうか。──わたしたち男は、女が啓蒙によって自分の恥をさらしつづけないことを願うものである。教会が〈女たちは教会では口を開くなかれ！〉と布告したのが、女にたいする男性の心遣いであり、配慮だったのと同じように、ナポレオンがお喋りなスタール夫人に、〈女は政治では口を開くなかれ！〉と諭したのも、女のためだったのである。──だからこそ今、〈女は女のことに口を開くなかれ！〉と呼び掛ける者こそ、女性の真の友であると思うのだ。

二三三　三人の実例

もしも女が、ロラン夫人やスタール夫人や、ジョルジュ・サンド氏を実例とすることで、[50]こうした実例が「女そのもの」について有利なことを証明するものと考えるならば、それは女としての本能が腐っていることを示すものである。――それが悪趣味を示すものだということは自明のことだとしてもである。男たちのあいだでは、これらの女性は滑稽な女そのものであり――それ以上のものではない！――女性の解放と自立とを、知らず知らずに否定してしまう最上の反証にすぎないのである。

二三四　料理人としての女性

台所での女の愚かなふるまい、料理人としての女の手腕、家族や家長に〈栄養物〉を与えるときの恐るべき考えのなさ！　女は食事というものが何を意味するかをまったく理解していない、それでいて料理人であろうとするのだ！　もしも女に考える頭があれば、いまや女は数千年にわたって料理人をつとめてきたのだから、もっとも偉大な生理学的な事実を発見していたに違いないし、治療の技術をわがものとしていただろうに。悪しき料理人たる女性のために、──台所における理性の完全な欠如のために、人類の発展は長らく停滞してきたし、ひどく損なわれてきたのだ。現在でも事態はまったく改善されていない。──良き娘たちに、一言申し上げておく。

二三五　母親らしい金言

一つの文化の全体が、一つの社会の全体が、にわかに結晶したかと思われる才気に満ちた表現や生気のある表現が、文章が、短い金言があるものだ。ランベール夫人が息子に語ったと伝えられる次の言葉も、その一つである。「お前、馬鹿げたことをするのは、うんと楽しめることだけになさいよ」。ついでながら、これは息子に語られた言葉としてはもっとも賢く、母親らしい言葉である。

二三六　永遠に女性的なもの

ダンテやゲーテが女について信じたこと——ダンテが「彼女は上を眺め、わたしは彼女を眺めていた」と歌い、ゲーテが「永遠に女性的なものが、わたしたちを引き上げる」と翻訳して歌ったもの(51)。わたしは、高貴な女性であれば、このような信仰に必ずや抵抗するだろうと思う。高貴な女性であれば、まさにこれこそが永遠に男性的なものであると信じるからだ。

二三七　格言集

女のための七つの格言

男がわたしの前に這《は》いよってくるとき、長き無聊《ぶりょう》が慰められる！

老いというもの。ああ！　科学は弱き徳にも力を与える。

黒い衣装を身にまとい、口を噤《つぐ》んでさえいれば、どんな女も――賢そうにみえる。

わたしが幸せなときに誰に感謝するかとお尋ねですか？　もちろん神さまにです！

――そしてうちの仕立屋に。

若さとは、花で飾られる空洞の家。老いとは、家から這い出してくる竜。

高貴な名前と美しい脚をもつ男、わたしにそんな〈男〉がいれば！

短い言葉に深い意味――雌ロバに足を滑らせる格好の氷！

二三七　迷い鳥

男性はこれまで女性を、どこか高いところから迷って舞い降りてきた鳥のように扱ってきた。男よりも繊細なもの、傷つきやすいもの、野性的なもの、妙なるもの、甘美なもの、情愛に満ちたものとして。――しかし飛び去ってしまうことのないように、閉じ込めておかねばならないものとして。

二三八　アジア的な理性

「男と女」というのは根本的な問題であるのに、このことが理解されていないのである。これはきわめて深い対立関係であり、永遠に敵対する緊張関係の必然性があるのに、そのことを否定して、平等の権利、平等の教育、平等の要求と義務が確立できると夢想するのである。これこそが、平板な思考しかできない人の典型である。この危険な場所において浅薄さを露呈する思考者は――本能における浅薄さ！――、いかがわしい者、むしろその正体を漏らし、見抜かれた者とみなすことができる。この思考者は、生のすべての根本的な問題について、そして将来の生の根本的な問題についても「近視眼的」であり、いかなる深みにも降りることのできない者なのだろう。

これにたいして、その精神においても欲望においても深みをそなえ、厳格であり、堅固であることのできる善意をそなえた男なら、そうしたものと見違えられることの多い善意の深みをそなえた男であれば、女についてはつねに東洋風にしか考えることができないものだ。──彼は女を所有物として、鍵をかけてしまいこむことのできる財産として、奉仕すべき定めにあり、奉仕することでみずからを完成すべき存在として、考えるに違いない。──彼はこれについては、アジアの怪物的な理性に、アジア的な本能の卓越さに依拠せざるをえない。かつてのギリシア人も同じことをしたのである。ギリシア人はアジアの最高の継承者であり、弟子であった。──周知のようにホメロスからペリクレスの時代にいたるまで、ギリシア人たちは文化と勢力範囲が大きくなればなるほど、女にたいして次第に厳しくなり、つまり東洋的になったのだった。それがいかに必要なことであり、いかに論理的なことであり、いかに人間的に好ましいことであったか。誰もがこのことをじっくりと考えてほしいものだ！

二三九　女性解放運動

わたしたちの時代ほどに、女という弱き性が男性の尊敬を集めたことはかつてない。——これは民主主義の時代の傾向と根本的な趣味によるものであり、老人にたいして敬意を払わないこともその一つの現れである——。［女を］このように尊敬することから、濫用が生まれるのは不思議なことだろうか？　人というものはやがて、より多くのものを欲するようになり、もっと多くのものを要求するようになり、最後にはこうした尊敬が示されることにすら、侮辱を感じるようになる。そしてやがては権利を獲得するための競争を、そもそも闘いを好むようになるものである。要するに、女は羞恥心を失ったのだ。女は趣味も失ったのだということを、すぐにつけ加えておこう。女は男を恐れることを忘れたのだ。しかし「恐れることを忘れた」女は、そのもっとも女らしい本能を失うという犠牲を払ったのだ。

男性において恐れの気持ちを吹き込むもの、はっきりと言えば、男のうちの男が、もはや望まれることがなく、大きな存在として育てられることがなくなれば、女がしゃしゃりでてくるのは当然なことだし、よく理解されることでもある。しかし理解されがたいのは、そのことによって――女が堕落するということだ。現在ではこのような事態になっているのだ。これについては思い違いをしないようにしよう！　産業を尊ぶ精神が、軍事的な精神と貴族的な精神を征服したところでは、いまや女が店を預かる〈番頭〉として、経済的に独立し、独立する権利すら手にいれようとする。形成されつつある現代社会の〈扉〉には、「番頭としての女」という標語が貼りだされているのだ。

このようにして女が新しい権利を獲得し、「主人」になろうとし、女性の「進歩」をその旗印として掲げるときには、恐るべき鮮明さをもって、その反対のことが起きつつある。女は退歩するのである。ヨーロッパではフランス革命からというもの、女の権利と要求が強くなればなるほど、女の影響力は反対に小さくなっているのである。そして「女性の解放」なるものは、それが女性によって（頭の鈍い男によってだけではなく）要求され、推進されるかぎり、もっとも女性らしい本能がますます衰退し、鈍くなっていることを示す顕著な兆候なのである。この運動にはある種の愚かしさがある。これは、育ちの良い女性であれば――それはつねに賢い女である――心からの羞恥を感じないではいられないような愚かしさ、ほとんど男が示すような愚かしさである。

こうして女性は、どのような土台に立てば、もっとも確実に勝利を手にすることができるかという勘を失ってしまう。そして自分の得意技を練習するのを怠るようになる。かつて女性は上品な物腰で巧みな恭順の姿勢を示していたものだが、今では男の前にしゃしゃりでて、ついに「書物にまで」手をだすようになる。男は女のうちに、男とは根本的に異なる理想が隠されていると信じていたし、永遠で必然的に女性なるものがあると信じていたのに、女性はそれを有徳ぶった厚かましさで壊すのである。男は、女とは繊細で奇妙なまでに野生的で、しばしば好ましい家畜のような存在と考え、これを養い、世話し、守り、大切にしなければならないと考えるが、女は強い調子で口やかましくこれをやめさせようとする。そしてこれまでの社会秩序において女性の地位にそなわっていた（そして現在でもそなわっている）奴隷的な要素や隷属民的な要素を、苛立たしげにまずい手つきで集めようとするのである（あたかも奴隷制度というものが、高き文化につねに必要な条件であること、文化が高くなるためにはつねに必要な条件であることを示す証拠であることを否定し、むしろその反証であるかのように）。——これらのすべては、女の本能の破壊を、女が女らしくなくなることを示すものではないだろうか？

もちろん学識のある雄のロバのうちには、愚かしい女性賛美者や女性を駄目にしてしまう輩がいて、女たちにこのような方法で女らしさを捨てることを勧めたり、ヨーロッパの「男」とヨーロッパの「男らしさ」が病んでいるすべての愚行を模倣するように勧めたりするのである。——これは女性を、「一般教養」の水準にまで、おそらく新聞を読み、政治談義に耽《ふけ》る水準にまで引きさげようとするものである。そこかしこに、女を自由思想家や文学者に仕立てあげようとする試みまでみかけるほどである。神をもたず、深みのある男性にとっては、敬虔さをそなえていない女というものが、まったく忌まわしい存在、あるいは笑うべき存在であることを知らないかのように——。ほとんどいたるところで、あらゆる種類の音楽のうちでもっとも病的で危険な音楽（すなわちわがドイツの新しい音楽）によって、女の神経をめちゃくちゃにしてしまい、日増しにヒステリックにして、強い子供を産むという女の最初で最後の使命に耐えられなくしてしまうのである。

要するに女をもっと「教養のある存在にする」ことが、いわゆる「弱き性」を文化によって強めることが試みられているのである。まるで歴史が人間にきわめて感銘深く教えてくれた事実を忘却しているかのようである——すなわち人間の「教養化」は、つねに弱体化とともに——すなわち意志の力を弱め、分裂させ、病気にする営みとともに——進んできたということ、——世界でもっとも強い影響力をもった女性は（最近ではナポレオンの母だ）、まさにその意志の力によって——教師の力などではなく！——男性にたいする権力と優越性を獲得したのだということを、忘れているかのようである。

女性にたいする尊敬の念、しばしば畏怖の念すら呼び起こすのは、女性の自然「の本性」である。女性の自然は男性の自然よりも「さらに自然なもの」である。女性の自然とは、本物の野獣のように狡猾な柔らかい身のこなしであり、手袋に隠された虎の爪であり、利己主義における素朴さであり、調教することのできない内的な野性である。その情欲と徳の捉えがたさであり、広さであり、放浪性である……。

この危険で美しい猫である「女性」が、このように恐怖を感じさせるもので溢れていながらも同情を感じさせるのは、この女がどんな動物と比較しても、苦しむものであり、傷つきやすいものであり、愛に飢えたものであり、しかも「愛に」幻滅させられる運命にあるようにみえるからである。恐怖と同情。男はこれまでこの二つの感情を抱いて女の前に立ってきた。そして恍惚となりながら、わが身を引き裂かれる悲劇のうちに、片足を突っ込んでいたのである。――何だって？　もうそれが終わりになるというのか？　女の魅力の消滅が起きようとしているというのか？　女がゆっくりと退屈な存在になろうとしているのか？　おお、ヨーロッパよ！　ヨーロッパよ！　汝にとってもっとも魅惑的であったもの、その前で汝を何度も危険にさらしてきたもの、あの角のある動物をわたしたちは知っている。汝の古い寓話が、ふたたび「歴史」になることがあるかもしれない。――恐ろしい愚昧《ぐまい》さが汝をふたたび支配し、連れ去ることがありうるかもしれない！　そこにはいかなる神も隠れていない。否！　そこに隠れているのは「理想」にすぎない。「現代的な理想」にすぎない！……

第八篇　民族と祖国

二四〇　ヴァーグナーとドイツの魂

わたしはまたしても初めてのように聞いた――リヒャルト・ヴァーグナーの『マイスタージンガー』の序曲を。これは華麗で、内容を詰め込みすぎて重くなった末期的な芸術作品である。この作品の誇りは、これを理解するためには、今なお生命を保っている過去の二世紀にわたる音楽を前提としなければならないということにある。――ドイツ人にとっての名誉は、この誇りを抱くことは誤算ではないということにある！　しかし何という体液と力が、何という季節と風土が、この作品には渾然と混じりあっていることだろうか！　ときには古代的なものと思われ、ときには異国のもの、渋みがあり、若すぎると思われるものがある。気ままなところも、けばけばしく、古臭いと思われるところもある。お茶目なところも、野卑で粗野なところもままある。——焰と勇気が感じられるところもあり、熟しすぎた果実にみられるしなびた黄色い皮のようなところもある。

この曲は広く滔々と流れてゆくが、ある瞬間に分かりにくいためらいを唐突に示す。原因と結果のあいだに急に割れ目が生まれ、ある胸苦しさが、圧力がわたしたちを夢見させる。――そうかと思うと、さきほどの多彩な心地好さの流れが、古くて新しい幸福の流れが、また広々と広がってゆく。ここには芸術家が自分に感じる幸福そのものが籠《こ》められているのである。彼はそれを隠そうとはしない。彼がこの作品で利用した手法は、新たに獲得され、まだ十分には試されていない芸術作品の手法であり、これをすばらしい名人芸で駆使していることを、驚くほどの幸福感をもって知っているのであり、そのことをわたしたちに漏らそうとしているように思われる。

しかしここにあるすべてのものには美しさがないし、南方的なものがない。南の地方の空にみられる明るい輝きがまったくないのだ。優美さも、舞踏も、論理への意志もない。ある種の鈍さがあり、それが強調されてすらいる。まるで芸術家［ヴァーグナー］がわたしたちに「それこそ、わたしの目指すところだ」と言いたいかのようである。大仰な衣装のようなもの、何か恣意的で野蛮なものと儀式ばったもの、物知りめいていて偉ぶった豪華さと、レース飾りがある。言葉の最良の意味でも最悪の意味でもドイツ的なものがあり、ドイツ風な多様なもの、無形式なもの、汲み尽くすことのできないものがある。ドイツ的な魂の力強さと横溢があり、洗練された退廃のうちに身を隠すことをまったく恐れていない。——おそらくそこにおいてこそ、もっとも快適に感じているのだろう。ドイツの魂、若くもあれば同時に老いてもいて、熟れきっていると同時に過剰なまでに豊かな未来をもっている、この魂の本物の真なる象徴である。この種の音楽は、ドイツ人についてわたしが考えているものをもっとも巧みに表現しているのだ。ドイツ人とは、一昨日の人であり、明後日の人である。——ドイツ人にはまだ今日という時間がないのだ。

二四一　偉大な政治

わたしたち「良きヨーロッパ人」。このわたしたちでも、心からの祖国びいきとか、古めかしい愛着や偏狭さに落ち込んだり、そこから戻ったりするのを、みずからに許すことがある。——いまわたしは［ヴァーグナーについて語りながら］その証拠を示したのだった——。国粋主義的な興奮に、愛国主義的な息苦しさに、その他のさまざまな古風な感情に溢れかえる時間があるのだ。それでもわたしたちであればこうした感情にとらわれるのはわずかなあいだのことだけで、数時間後には片づいているが、わたしたちよりも鈍重な精神であれば、もっと長い時間をかけて、ようやくこうした感情を片づけることができるのだろう。そしてそれぞれの人の消化速度と、「新陳代謝」の速度におうじて、半年で片づけることができる人も、人生の半ばにいたるまでの時間がかかる人もいるだろう。

わたしは、鈍感でためらいがちな人種を思い浮かべる。現代のように激しく変動するヨーロッパにあっても、これらの人々がこのような祖国びいきや地元びいきという先祖返りの発作を克服して、ふたたび理性に、いわば「良きヨーロッパ気質」に戻るまでには、半世紀はかかることだろう。そしてこうした可能性についてさまざまに考察しているうちに、わたしは二人の年老いた「愛国者」の会話を耳にする機会があった。おそらく二人とも耳が遠くなっていて、それだけ大きな声で語りあうのだった。

一人の老人が言う——。「あいつは哲学についてなぞ、農民や学生組合の大学生ほどにしか考えていないし、知りもしない。だからやつには責任はない。しかし現在ではそれがどうだというのだ！　今は大衆の時代なんだ。大衆はみな、大衆的なものの前に這いつくばる。政治でも同じことだ。大衆のために バベルの塔を建ててやる政治家、何でもいいから巨大な帝国とか権力とかを築いてやる政治家が、大衆から〈偉大な〉政治家と呼ばれるのだ。――われわれのように慎重で控え目な人間が、昔ながらの信仰を捨てずにいて、ある行為や事柄を偉大なものとするのは偉大な思想だけであると信じていたところで、意味のないことだ。たとえば次のような状況を考えてみてくれたまえ。一人の政治家がいて、それだけの素質もなく、準備もできていない国民を、将来は〈偉大な政治〉に携わらずにはいられないような状況に導いたとしよう。そのためにその国民は、その真価に疑問のある新しい凡庸な状態にいたるために、古くからの確実な徳を犠牲にしなければならなくなったとしよう。――一人の政治家がいて、国民をすべて〈政治化〉してしまうような措置をとったが、国民はそれまではもっと良いことをしてきたし、考えてきたとしよう。そして国民は心の底では、本来の意味で政治化しつつある国民につきものの不安や空虚さや騒がしい議論三昧に、用心深く吐き気を覚えるようになったとしよう。――そのような政治家がいて、国民のうちに眠っていた情熱や欲望を掻き立てて、臆病で傍観主義を好むそれまでの姿勢を欠陥だと非難し、国民の異国好みやひそかな無限への愛好を落ち度だと咎《とが》め、国民の内心の傾向を価値のないものと指摘し、国民の良心をねじ曲げ、精神を狭量なものとし、趣味を〈国粋的〉なものとしたとしよう。——さあ、どうだ！　これらのすべてのことをなし遂げた政治家は、自分の国民に未来永劫にわたって——その国民に未来があるとしてのことだが——、その償いをしなければならないようにしたその政治家は、偉大なのだろうか！」

もう一人の年老いた愛国者が叫ぶように答える。「もちろんのことだ！　偉大な政治家でなければ、そんなことはできなかったに違いない。そのようなことを望むのは、おそらく狂気の沙汰だろう！　しかし偉大なものはすべて、その最初においては狂気のようなものだったのではないか！」。対話の相手はこれに叫んで答える「それは言葉の濫用というものだ！「その政治家は」たんに強い！　強い！　強いが、狂った政治家なのだ！　偉大な政治家などではない！」。——二人の老人は、相手に向かって自分の「真実」をどなりあっているあいだ、本気で熱中していたのだ。しかしわたしは幸いにも対話の外にいたために、その強い人間もやがてはさらに強い人間に支配されるようになるだろうと思い浮かべていた。一つの国民の精神的な浅薄化は、別の国

民の［精神的な］深化によって償われるものだと。──

二四二　ヨーロッパの民主化の帰結

最近ではヨーロッパ人の特徴はどのようなものであるかが問われ、その答えとして「文明」とか「人道主義」とか「進歩」などの概念が提起されている。それは称える意味でも咎める意味でもなく、政治的な決まり文句を使えば、ヨーロッパの民主化の運動として定義できるだろう。こうした決まり文句が示唆しているすべての道徳的で政治的な前景の背後では、巨大な生理学的なプロセスが進行中であり、それが滔々とした流れになりつつあるのだ。──これはヨーロッパの諸民族がみな同じような人々になりつつあるプロセスである。それまでヨーロッパでは、風土的および階級的な制約のもとで諸民族が誕生してきたのだが、今やヨーロッパ人はその条件からますます解放されつつあるのである。幾世紀ものあいだ、特定の環境がヨーロッパ人の魂と肉体に、同じ要求を刻みこもうとしてきたのだが、今やヨーロッパ人はこの環境からますます独立してきたのである。──こうして、本質的に国家の枠にとらわれないノマド的な人間がゆっくりと登場してきたのである。生理学的にみてこうした人間の典型的な特徴は、適応の技と力がきわめて大きいことにある。

生成しつつあるヨーロッパ人というこのプロセスは、大きな揺り戻しのためにペースが遅くなることはあっても、それだけに激しさと深さを増しながら進展するだろう——今なお暴威をふるう「国民感情」という疾風怒濤も、これから訪れようとするアナーキズムも、このプロセスの一部なのである——。このプロセスがもたらす帰結は、おそらくそれを素朴に促進している者や称賛している者たち、この「現代的な理想」の使徒たちには、とうてい予測もつかないものとなるだろう。

この新たな条件のもとでは、均《なら》してみると均等で凡庸な人間が形成されるのである——有用で、勤勉で、さまざまな分野で役に立つ器用な家畜的な人間が作りだされる——。しかしこの条件は同時に、もっとも危険で魅惑的な性質をそなえた例外的な人間を生みだす源泉としても、きわめて適しているのである。すでに指摘した適応力のために、さまざまに変動する条件を次々とこなしてゆき、それぞれの新しい世代ごとに、ほとんど一〇年ごとに新しい仕事を始めるのである。こうして力強い人間の類型が作りだされるのは、ほとんどありえないことになる。このような未来のヨーロッパ人の全体的な印象を語ってみれば、それは多彩で、お喋りで、強い意志をもたず、きわめて器用な働き手であり、毎日のパンと同じほどに主人を、命令する者を必要とする人間である。だからヨーロッパの民主化は、もっとも精密な意味での奴隷制度にふさわしい人間の類型を作りだすものとなろう。しかし個別の例外的な事例にあっては、強い人間は今までおそらく思われていたよりもさらに強く、豊かにならざるをえなくなる。――それはその人間の教育が偏見なく行われるからであり、その訓練と技芸と仮面が、恐ろしいほどに多彩なものとなるからである。わたしが言いたいのは、このヨーロッパの民主化は同時に思いがけずも、暴君の育成のための準備となるということだ――すべての意味における、そしてもっとも精神的な意味における暴君を。

二四三　ヘラクレス座

わたしたちの太陽がすさまじい勢いで、ヘラクレス座に向かって突進しているということを耳にしたが、これは嬉しいことだ[52]。わたしはこの地球の人間も、太陽と同じように「ヘラクレス座に」突進してほしいと願うのだが。わたしたち良きヨーロッパ人は、その先頭に立とうではないか！

二四四　ドイツ的な魂の解剖

ドイツ人の特性が「深さ」にあると語られていた時期がある。ところが今では、新しいドイツ精神のもっとも成功した類型がまったく別の名誉を望んでおり、深さをもつすべてのものには、「切れ味」が欠けていると嘆くようになったのである。そしてかつてはこの〈深さ〉という褒め言葉に欺かれていたのではないかという疑念を抱くのが流行になり、愛国的なこととみなされるようになった。しかしドイツ的な〈深さ〉というものは、じつは根本的にもっと別のもの、もっと悪しきものではないか、──そしてありがたいことに、わたしたちはそれから脱却することに成功しようとしているのではないかと、考えられるようになったのである。

ここでこの〈ドイツ的な深さ〉について考え直すことを試みてみようではないか。それにはドイツ的な魂を生きたままで少し解剖してみればよいのだ。──ドイツ的な魂には何よりも多彩で、異なる起源がある。実際に築かれたものというよりは、むしろ混ぜあわされたもの、重ねあわされたものである。それはその起源からしてそうなのだ。ドイツ人が、厚かましくも、「わたしの胸には、ああ！　二つの魂が宿っている」と主張するなら、それは真実をはなはだ捉え損ねているのであり、むしろ多くの魂についての真理から取り残されていると言うべきだろう。ドイツ人は、さまざまな人種が途方もなく混じりあい、接触することで作られた人種であり、そのうちでもおそらく先アーリア的な要素が主流を占めている。あらゆる意味で「中間の民族」なのだ。そのためにほかのどの民族と比較しても、捉え難く、茫洋としていて、矛盾に満ち、知り難く、予測し難く、人を驚かせ、恐るべきものでもある。──定義というものの枠から逃れてしまうものであり、これだけですでにフランス人を絶望させるのである。

ドイツでは「ドイツ的なものは何か」という問いが絶えず提起されるが、これこそがドイツ的なことなのである。コッツェブは同時代のドイツ人がどんな人々なのか、じつによく知っていた(53)。ドイツ人は「われらはついに知られるようになった」とコッツェブを歓呼して迎えたのである。──しかしジョルジュ・サンドもまた、ドイツ人とは何かを理解していると信じていたのだ。フィヒテがドイツについて偽りの愛国主義的なへつらいの言葉を誇張して語ったときに、ジャン・パウルは憤慨して発言したが、彼は自分が何をしているか、よく知っていたのである。——ゲーテは、フィヒテについてはジャン・パウルの意見が正しいと認めたのだが、ドイツ人についてはパウルとは違った意見をもっていたようである。

しかしゲーテはそもそもドイツ人について、どう考えていたのだろう？　ゲーテは自分の身の回りの事柄については明確に語らなかったし、生涯にわたって微妙な沈黙を守ることを知っていた。——おそらくゲーテにはそれだけの十分な理由があったのだろう。確実なのは、ゲーテが嬉しそうにまなざしを上げたのは、「ドイツの独立の」「解放戦争」のためではなかったし、フランス革命のためでもなかったということだ。——ゲーテが『ファウスト』を考え直すきっかけとなった出来事、そして「人間」という問題を考え直すきっかけとなった出来事は、ナポレオンの出現だったのである。

ゲーテの語った言葉の中には、ドイツ人がみずから誇りと考えているものについて、まるで外国人のまなざしで眺めているかのように、苛立たしそうに厳しく論難しているものがある。ゲーテは有名なドイツ的な心情について、「他人の欠点も、自分の欠点も大目にみること」と定義したことがある。これは間違った評価だと言うのだろうか？――ドイツ的なものの特徴は、ドイツ的なものについてどのようなことを語っても、まったく間違いであることはないことだ。

ドイツ魂にはさまざまな通路や抜け道がある。洞窟もあるし、隠れ場もあるし、城牢もある。ドイツ魂には、秩序立っていないために、秘密に満ちたもののもつ魅力を醸しだしているのだ。ドイツ人は、カオスにいたる秘密の道に通じている。誰もが、自分に似たところのあるものを好むものだ。同じようにドイツ人も雲を好み、明瞭でないもの、生成しつつあるもの、仄《ほの》かに明るいもの、湿ったもの、覆い隠されたものを好む。ドイツ人はあらゆる不確実なもの、はっきりとした形のないもの、みずから変化してゆくもの、成長するものを、「深い」と感じるのだ。ドイツ人というものがあるのではない。ドイツ人になるだけであり、「発展する」のである。だから「発展」という概念こそが、哲学的な表現の巨大な領域における真のドイツ的な発見であり、構想であった。――この支配的な概念が、ドイツのビールやドイツ音楽とともに、ヨーロッパをドイツ化する働きをしたのである。

外国人は、ドイツ魂の根底にひそむ矛盾した本性が投げ掛ける謎を前にして驚嘆し、魅惑されるのである（この本性をヘーゲルは体系化し、リヒャルト・ヴァーグナーがついに音楽に表現したのである）。「お人好しでありながら、陰険である」――このような性格が併存していることは、他の民族であれば矛盾したことであるが、ドイツでは残念ながら、ごくふつうに正当なことと認められるのである。しばらくシュヴァーベン人のうちで暮らしてみるとよい！　ドイツ人の学者は鈍重で、社交的な趣味は悪いが、それでもどんな神々でもこわがるような、内心での綱渡りと軽快なまでの大胆さを併せもっているのである。

「ドイツ魂」を〈実地で《アド・オクロス》〉検証してみようと思うならば、ドイツ的な趣味、ドイツの芸術と習俗を調べてみることだ。「趣味」というものにたいする何たる野人的な無関心さだろうか！　きわめて高貴なものときわめて野卑なものが、いかに肩を並べていることか！　ドイツの魂の構造全体が、いかに無秩序であると同時に豊饒なものであることか！　ドイツ人は自分の魂を引き摺って歩くのである。ドイツ人は自分が経験したすべてのものを引き摺って歩くのだ。ドイツ人は自分の経験をうまく消化できないし、これに「片をつける」ことができない。ドイツ的な深さなるものは、「消化」が悪くて、のろのろしているにすぎないことが多い。悪習に馴染んでいる人や消化不良に悩んでいる人なら誰も、気楽さを好む傾向を示すものだが、ドイツ人も同じように「開けっぴろげであること」と「愚直であること」を好むものだ。開けっぴろげで愚直であることは、どれほど気楽なことだろうか。——ドイツ的な誠実さが示すこの親しみやすさ、親切さ、隠し立てのなさは、おそらく現在のドイツ人が身にまとうもっとも危険で、巧妙な仮装だろう。これはドイツ人らしいメフィストフェレス的な技術であり、これによってドイツ人は「もっとうまくやる」ことができるのだ！

ドイツ人は成り行きまかせにしておいて、それを誠実そうで、うつろなドイツ人らしい青い眼《まなこ》で眺めるものだから、——外国人はそれをすぐにドイツ人にとってふつうのあり方だと信じてしまうのだ！——わたしが言いたいのは、「ドイツ的な深さ」なるものは、それがどんなものであろうとも、——ごく内輪のことだが、これを笑いのめすことも許されるのではないだろうか！　ということだ。——その見掛けと良き評判をこれからも大切にすることは良いことではないだろうか。深さのある民族という古くからのドイツの評判を、プロイセン的な「切れ味の鋭さ」とか、ベルリン的な機知や駄洒落と引き換えに、あまりたやすく手放さないほうがよいのではないだろうか。どの民族にとっても、自分を〈深みのある〉民族、不器用で、お人好しで、誠実で、悪賢くない民族とみなされること、みなされるままにしておくことは、賢明なことだろう。そうすることは――〈深い〉ことであるかもしれないのだ！　結局のところ、人はその名前を大切にすべきである、――ドイツ人が「チュートンを意味する」「ティユッシュ」の民、すなわち〈ごまかし《トイシェ》〉の民と呼ばれるのは、理由のないことではないのである……。

二四五　シューマンとドイツ音楽

「古き良き」時代はすぎさった。モーツァルトの中でこの「古き良き」時代という歌は、歌い尽くされたのだ。モーツァルトのロココ趣味がまだわたしたちに語りかけるということは、わたしたちにとって何と幸いなことだろうか。彼の「巧みな社交」が、優しい熱狂が、中国風のものや唐草模様にたいする彼の子供っぽい好奇心が、胸奥の優雅さが、優美なもの、惚れ惚れするもの、踊るもの、至福の涙を流すものなどへの彼の憧れが、南方への信仰が、わたしたちのうちにまだ残っているなにかに訴えかけることができるとは、何と幸いなことだろうか！　ああ、いつの日か、これもやがては失われるに違いない！——しかしベートーヴェンの理解と味わいが、これよりもさらに迅速に失われることを疑う人はいないだろう！——ベートーヴェンは一つのスタイルが移り変わり、一つのスタイルが破綻するにいたったことの残響にすぎなかった。モーツァルトのように幾世紀にもわたるヨーロッパの偉大な趣味の残響ではないのである。

ベートーヴェンはたえず砕けつつある古い熟しきった魂と、たえず到来しつつある未来の若すぎる魂の狭間で生まれた出来事なのである。彼の音楽には、永遠の喪失、永遠に彷徨する希望のあわいの薄明の光が漂っている。——これは、ヨーロッパがルソーとともに夢想にふけり、革命を祝う自由の樹の回りを踊り、最後にナポレオンの前に額突《ぬかず》こうとした際に浴びていた光そのものなのである。しかしこの感情は何と素早く輝きを失ったことだろうか、今ではこの感情について知ることすら、何と困難になったことだろうか。——ルソー、シラー、シェリー、バイロンの言葉が、わたしたちの耳にどれほどよそよそしいものに響くことだろうか。彼らのうちで、ベートーヴェンが音楽のうちでだけ歌うことができたヨーロッパの宿命が、まとまって言語によって表現されていたのである！——その後でドイツ音楽として現れたものは、ロマン派のものである。ロマン派の時代とは、歴史的にみるかぎり、あの偉大な幕間劇の時期、ルソーからナポレオンまで、また民主主義の到来までのヨーロッパの移行期よりもさらに短く、慌ただしく、表面的な運動の時期にすぎないのである。

たとえばウェーバーのことを考えてみよう。『魔弾の射手』や『オベロン』が現在のわたしたちにどんな意味をもつというのだろうか。あるいはマルシュナーの『ハンス・ハイリング』や『吸血魔』が！ ヴァーグナーの『タンホイザー』ですら！ これらはまだ忘れられた音楽にはなっていないかもしれないが、すでに〈鳴りやんだ〉音楽である。ロマン派のすべての音楽作品は、十分に高貴なものでも、十分に音楽と言えるものでもなかった。劇場の中や大衆の前でなければ、音楽として認められる価値がなかったものである。何よりも、真の音楽家のあいだではほとんど無視されるような二流の音楽だった。ただしあの静謐《せいひつ》さの巨匠、フェリクス・メンデルスゾーンだけは例外である。彼はその軽やかで、純粋で、幸いに満ちた魂のために、すぐに高い名誉をみとめられたが、それだけにすぐに忘れさられたのだった。ドイツ音楽の予想外の幕間劇として。

ロベルト・シューマンと言えば、彼は音楽について深刻に考えていたし、彼の音楽も深刻にうけとめられていたのだが――彼は流派を立てた最後の音楽家である――、今日のわたしたちのあいだでは、シューマン的なロマン主義が克服されたということは一つの幸福として、一つの安堵として、一つの解放として感じられているのではないだろうか？ みずから魂の「ザクセン的なスイス」の深みへと逃げこんでいたシューマンは、なかばヴェルテル的で、なかばジャン・パウル的な気質をそなえていたが、それでも決してベートーヴェン的ではなかった！ 決してバイロン的でもなかった！――彼のマンフレッド的な音楽は不正にいたるほどの失敗であり、誤解である――。シューマンは根本のところ、趣味の小さな人間だった（すなわち、静かな叙情と感情の陶酔を求める危険な趣味であり、ドイツにとっては二重の意味で危険なものだった）。彼はその趣味をもってつねに脇に身を潜め、おずおずとためらい、ひっ込みがちであった。甘やかされた高尚な人間であり、匿名の幸福と悲痛にふける人であり、ある種の少女であり、最初から「われに触るなかれ」と語るひとだった。このシューマンはすでに音楽におけるドイツ的な出来事にすぎず、もはやベートーヴェンのようなヨーロッパ的な事件ではなかった。モーツァルトはさらに広い意味でヨーロッパ的な事件だったのだが。――シューマンとともにドイツの音楽は大きな危険に直面することになった。ヨーロッパの魂に語りかけるべき声を失って、たんなる祖国びいきにまで堕落する危険に直面することになったのである――。

二四六　ドイツ語の文体

――ドイツ語で書かれた書物というものは、第三の耳をもつ者にとっては何という拷問だろうか。ドイツで「書物」と呼ばれているもの、それは響きのない音のざわめき、舞踏のないリズムがゆっくりと渦巻く泥沼のようなものである。第三の耳をもつ者にとって、その前に立ちどまることはどれほどに不快なことだろう！　そして書物を読むドイツ人ときたら！　何とおそまつに、何と嫌々ながらに、何と下手に書物を読むことだろうか。すべての良き文章のうちには技芸というものが潜んでいることを、――その文章が理解されると同時に見分けることのできる技芸というものが存在することを知っているドイツ人が、そしてそのことを知ることをみずからに課すドイツ人がいったいどれほどいるというのだろう！　たとえば読むテンポが誤解されただけで、その文章そのものが誤解されるのだ！

大切なのは、リズムを決定づけるシラブルが存在することに疑問を感じないこと、あまりに厳密なシンメトリーがある場合には、それを破ることが望ましく、魅力的だと思うこと、すべてのスタッカートとすべての自由な変奏《テンポ・ルバート》に、忍耐強く繊細な耳を傾けること、母音や二重母音のうちに意味を読みこみ、これらの母音が続くときに、どれほどに繊細で豊かな色彩が生まれ、色が変わっていくかを聞きとることである。書物を読むドイツ人のうちに、このような義務と要求をうけいれる人は、言葉のうちに潜むこれほど多くの技芸と意図に耳を傾けようとするほどに分別のある人は、いるのだろうか？

要するにドイツ人は「聞くべき耳をもたない」のである。文体にそなわるきわめて強い対照を聞き分けることができず、きわだって精緻な技も、まるで鳩に言い聞かせるように浪費されるのである。――乱暴にも散文芸術の二人の巨匠が不注意に取り違えられたことがあったときに、わたしはそう考えたのである。片方の巨匠にとっては言葉は湿った洞窟の天井から滴る水滴のように、ためらいがちに冷たく滴り落ちてくるのだった――そしてその滴りの鈍い響きや反響はしっかりと計算にいれられていた。もう一人の巨匠は言葉をしなやかな剣のようにあやつり、鋭すぎて震える刃の危険な幸福を、自分の腕の先から足の爪にいたるまで感じとっていた。この刃は刺し、風を切り、切り裂こうとしていたのだった。——

二四七　ドイツ散文の傑作

ドイツ語の文体が、どれほどまでに音の響きや耳のことを考えていないかは、ドイツの優れた音楽家の書く文章の拙《つたな》さが、はっきりと示している。ドイツ人は音読せず、耳のために読まず、ただ眼だけで読む。読むときには耳は抽斗《ひきだし》にしまいこまれているのだ。古代の人々は読むときには——ごく稀なことだったが——、朗読した、しかも声たかだかと読んで聞かせたのである。誰かが声をださずに読んでいると、いぶかしく思って、その理由をひそかに穿鑿したものだった。声たかだかと読むということは、音のあらゆる高まりと屈曲と急激な変化と、テンポの変動を意識しながら読むということである。古代の公的な世界は、このことに喜びを感じたのである。古代においては文章体の法則と会話体の法則は同じものだった。この法則は、古代人では耳と喉が驚くほどに発達していたため、繊細なところにまでこだわっていたため、そして肺が強く、持久力と力に優れていたために生まれたものである。

古代人の考えでは、構文の区切りというものは、一息で語ることのできる生理学的なまとまりのことだった。構文の一区切りのうちには、［ギリシアの弁論家の］デモステネスや［ローマの弁論家の］キケロにみられるように、二回高まり、二回下る調子の変化が含まれることがあったが、すべてが一息で語られるように作られていた。古代の人々はそれを楽しんだのである。このような区切りをつけて演説することが困難であり、成功するのは稀なだけに、自分たちの鍛練によって、卓越した演説を評価することができたのである。――わたしたち、いかなる意味でも息切れしている近代人には、もはやこうした偉大な区切りについて語る権利はないのである！

これらの古代の人々は、誰もが演説についてはみずからが愛好家《ディレッタント》であり、したがって通人であり、したがって批評家であった。――こうして彼らは自分たちの演説家に、その最高の力を発揮させたのだった。それは前世紀にはすべてのイタリア人が、男性も女性も歌う術に巧みであったために、イタリアでは歌唱の名人芸が（そして旋律の芸術が――）、その究極にまでいたったのと同じである。

しかしドイツには（ごく最近になって、ある種の演台での雄弁術が、おずおずと不器用にではあっても、その若い翼をはばたかせるようになったことを除けば)、公開された演説の技術としてどうにか芸術的な趣をもつようになったのはただ一種類だけ、すなわち[牧師の]説教しかなかったのである。ドイツでは説教師だけが、一つのシラブルの重み、一つの言葉の重みはどのようなものか、一つの文がどれほど響き、跳躍し、落ち込み、走り、駆け去るものかを知っていたのである。説教師だけが、その耳のうちに良心を、しばしば疚しき良心をもっていたのだ。というのもさまざまな理由のためにドイツ人には演説の能力が欠けているか、その能力の成熟が遅すぎたからである。このためドイツの散文の傑作は当然ながら、ドイツ最大の説教師[ルター]の傑作である。すなわち[ルター訳の]聖書こそが、これまでドイツ語で書かれた最高の書物なのである。ルター訳の聖書と比較すれば、他のほとんどすべての書物は、「文献」にすぎない——ドイツで生まれ育ったものではなかったし、聖書とは違って、ドイツ人の心のうちで芽生え、成長してきたものではないのである。

二四八 二種類の天才

天才には二種類ある。一方の天才は何よりも産出し、産出しようと願うものである。また他方の天才は受胎させられることを好み、生むことを好むものである。そして天才的な民族のうちにも、妊娠という女性的な課題を与えられている民族、すなわち形成し、成熟させ、完成するという秘めやかな任務を与えられている民族がある——イギリス人はこうした民族であり、フランス人もそうだった。他方では［他の民族を］受胎させるための民族、生の新しい秩序の原因とならざるをえない民族というものもある——ユダヤ人やローマ人がそうだし、控え目に尋ねるなら、ドイツ人もそうではないだろうか？——こうした民族は、未知の熱病に苦しめられながらも恍惚となり、抗うこともできずにみずからのうちから駆り立てられるようにして、他の民族（すなわち「受胎させられる」民族だ——）を恋い焦がれ、欲情を抱くのである。そして生産する力に溢れていて、それゆえ「神の恩寵による」ものを知っているすべてのものと同じように、支配欲に満ちているのである。これらの二つの種類の天才は、男と女のようにたがいを求めあう。しかしたがいに誤解しあうのである——男と女のように。

二四九　自己のうちの最善のもの

どんな民族にも固有の偽善者ぶりがあり、それをみずからの徳と称している。——誰もみずからのうちにある最善のものを知らないのだ。——知ることができないのだ。

二五〇　ユダヤ人の遺産

ヨーロッパはユダヤ人から何をうけついだのか？——さまざまなもの、善なるものも悪なるものも。とくにユダヤ人からうけついだ一つのものがあるが、これは最善のものであると同時に、最悪のものである。それは道徳における偉大なスタイルであり、無限の要求とともに無限の意味をそなえた恐怖と威厳であり、道徳的に疑問のあるもののすべてをロマン主義化し、崇高なものとする営みである——すなわち生の誘惑と多彩な色彩の戯れのうちで、もっとも魅惑的であり、いかがわしい最善の部分なのである。今やヨーロッパ文明の天空が、その夕べの空が、この残照のうちで赤々と燃えている、——おそらく燃え尽きようしている。だからわたしたち、観照者と哲学者のうちの芸術家たちは、ユダヤ人に——感謝しているのだ。

二五一 ドイツにおけるユダヤ人問題

国民的な神経症と政治的な名誉心に苦しんでいる民族であれば、苦しむことを望んでいる民族であれば、——その精神の上空をさまざまな雲や嵐が通過しようとも、すなわちちょっとした愚かしい発作が起きたとしても、許してやるべきなのだ。たとえば現代のドイツでは、ときには愚かしいフランス嫌いの発作が、ときにはユダヤ嫌いの発作が、ときにはポーランド嫌いの発作が、ときにはキリスト教的でロマン主義的な発作が、ときにはヴァーグナー狂いのチュートン民族主義の発作が、ときにはプロイセン主義（ジーベルとかトライチュケといったあのあわれな歴史家たちと、そのひどく頑迷な頭脳を思いだしていただきたい）の発作が起こるものだ(54)。これらをどう呼ぶにしても、ドイツ精神とドイツの良心の小さな惑いなのだ。

わたしですら感染力の強い地方に、危険を冒しながらあえて滞在していた短い時期には、こうした病気から完全にまぬがれていたわけではないが、それは大目にみていただきたい。その頃は世間の人々と同じように、自分とはかかわりのない問題に頭を悩ませたものであり、これは政治的な感染の最初の兆候なのである。たとえばユダヤ人問題についてである。まあ、お聞きいただきたい。──わたしはユダヤ人に好意を抱いているようなドイツ人には、まだ一人も遭遇したことがない。たしかに用心深い人々や政治家たちは誰もが、ほんらいの意味での反ユダヤ主義を無条件に拒絶しているかもしれない。ただしこうした慎重さや政治的な配慮は、反ユダヤ主義的な感情そのものを拒絶するのではなく、この不定形な感情が危険なまでに行き過ぎることを、とくにそれが趣味の悪いスキャンダルとして表現されることを、嫌っているだけなのである。──そのことを誤解してはならないのだ。ドイツには十分に多数のユダヤ人が存在すること、ドイツの胃とドイツの血は、これほどの量の「ユダヤ人」を消化するのはとうてい困難であること（まだ長いあいだは困難なことでありつづけるだろうということ）、──つまりイタリア人や、フランス人や、イギリス人が、その頑強な消化力で消化しきったように、消化することはできないだろうということを──。ドイツの本能はこれらのことを明確に告げ、語っているのであり、ドイツ人はこの本能に耳を傾け、これにしたがって行動しなければならないのである。ドイツ民族の本能は、「もうこれ以上ユダヤ人を国内にいれてはならない！　とくに東に開かれた扉を（さらにオーストリアに開かれた扉を）閉ざさなければならない！」と命じるのであるが、それはこのドイツ民族の性質がいまだに虚弱なままで、しっかりと固定されていないために、もっと強い民族によってすぐに拭《ぬぐ》い去られ、すぐに抹消されかねないからである。しかもユダヤ人は、現在ヨーロッパで生存している民族のうちでもっとも強壮で、強靭で、純粋な民族であることは疑う余地のないことである。ユダヤ人は最悪の条件のうちでも（むしろ有利な条件のうちでよりも巧みに）生き延びる術を弁えている。それは今日では人々が好んで悪徳という烙印をおしたがるような美徳の力によってなのである。――何よりも、ユダヤ人はその確固とした信仰の力で生き延びるのであり、彼らは「現代的な理念」の前でもその信仰を保持して恥じることがないのである。ユダヤ人とても変化すべきときには、変化する。それはロシア帝国が侵略するときのようにである、――昨日や今日作られた帝国ではなく、たっぷりとした時間の余裕のある帝国として――、すなわち「できるだけゆっくり！」という原則にしたがって変わるのである。

　みずからの良心にかけてヨーロッパの未来のことを配慮する思想家であれば、ヨーロッパの将来のためにいろいろな計画を模索しながら、さまざまな強国の巨大な争いと闘いのうちでもっとも確実な要素、そこで働く可能性のもっとも高い要素として、ロシアだけでなく、ユダヤ人も考慮にいれることだろう。現在ヨーロッパで「国民」と呼ばれているものは、〈生まれたもの《レース・ナータ》〉であるよりはむしろ〈作られたもの《レース・ファクタ》〉である（ときには〈描かれた虚構のもの《レース・フィクタ・エト・ピクタ》〉と紛らわしいものである――）。これはいかなる場合にも、まだ生成しつつあるもの、若いもの、すぐに変化しやすいもの、まだ民族ではないものであり、いかなる場合にも、ユダヤの民族のように、〈青銅よりも永遠なもの〉と呼ばれるようなものではないのである。だからこうした「国民」たちは、かっとなって競争したり、敵意を抱いたりすることのないように、慎重な注意が必要なのだ！

　ユダヤ人たちはみずから望むならば、――あるいはおそらく反ユダヤ主義運動が望んでいるように、その方向に進むように強制するならば――、いまでもすぐにヨーロッパで優位を占めることができ、ヨーロッパを文字通り支配することができるのは、確実なのである。そしてユダヤ人がそれを目指したり、そのための計画を立てたりしてはいないこともまた確実なことである。むしろユダヤ人たちはある種の厚かましさをもって、ヨーロッパの内部に吸収され、ヨーロッパに完全に飲み込まれることを望み、願っているのである。ユダヤ人たちはついにどこかに腰を落ち着け、許され、重んじられるようになることを、ノマドの生活に、「永遠のユダヤ人」であることに終止符をうつことを渇望しているのである――。そしてこのユダヤ人の欲求と衝迫に（これはもしかすると、ユダヤ人的な本能が穏やかになったことを表現するものかもしれないのだ）すべからく留意し、これに〈歩み寄る〉べきなのだ。そのためにはおそらく、この国で反ユダヤ主義を叫ぶ輩を追放することが有益であり、正当なことでもあるだろう。

ただし〈歩み寄る〉といっても、十分な用心と選択が求められるのはもちろんのことだ。イギリスの貴族のようにである。ドイツの辺境出身の貴族将校たちは、新しいドイツ人気質がもっとも強く、もはや明確な性格として形成されている人々であるが、こうした人々が何のわだかまりもなくユダヤ人とつきあってゆけるのは、疑問の余地のないところである。命令し、服従するという遺伝的な技術と――これはすでに述べた辺境の人々においてすでに古典的なものとなっている——、蓄財と忍耐の天才とが——そして何よりも、すでに述べた辺境の人々にはまさに欠如している精神と精神性が——たがいに加えられ、育成しあうことができないかどうかを調べるのは、さまざまな点からみて興味深いことなのだ。しかしこのあたりで、陽気なドイツ賛歌と祝辞を打ち切るべきだろう。すでにわたしの厳粛な問題に、すなわち「ヨーロッパ問題」に触れ始めているからだ。わたしの考えでは、これはヨーロッパを支配する新しい階級をどのようにして育成するかという問題である——。

二五二　イギリス人と哲学

哲学的な種族ではない——このイギリス人という人々は。ベーコンは哲学の精神そのものを攻撃したのだし、ホッブズ、ヒューム、ロックは、一世紀以上にわたって、「哲学者」という概念の品位を下げて、価値を低下させたのである。カントはヒュームに抗して立ち上がることで、みずからを高めたのである。ロックという人物は、シェリングが「わたしはロックを軽蔑する」と言わざるをえなかった人物である。

ヘーゲルとショーペンハウアーは（ゲーテとともに）、イギリス的な機械主義的な世界の愚劣化と闘うべきだということで、意見が一致していた。そして哲学の分野ではこの二人はあい争う二人の天才の兄弟のように、ドイツ精神の二つの極をめざしたのであり、兄弟がたがいに相手に不当な悪口を言い合うように、たがいに相手を不当に貶《けな》しつづけたのである。

――イギリスに何が欠けているのか、何がつねに欠けているのかをかなりよく知っていたのは、半ば俳優で修辞家だったあのカーライルだった[55]。趣味が悪く、頭が混乱していたカーライルは、自分自身についてはよく知っていたので、情熱的なしかめ面のもとで、自分に欠けているものを隠そうとしたのだ――それは精神にそなわる力であり、精神的なまなざしのほんらいの深みであり、要するに哲学である。――こうした非哲学的な種族の特徴は、キリスト教にしがみつくことにある。こうした種族は、キリスト教によって「道徳化」され、人間へと育てあげられることを必要としているのである。

イギリス人は、ドイツ人よりも陰鬱で、官能的で、意志が強く、野蛮であり、――だからこそドイツ人よりも卑俗であり、敬虔なのである。イギリス人はドイツ人よりもキリスト教をさらに必要としているのである。鋭い嗅覚があれば、イギリスのキリスト教というものには、憂鬱とアルコール中毒の臭い、すなわちまったくイギリス的な臭いがつきまとっていることを嗅ぎ分けるだろう。そのための治療薬としてキリスト教が服用されるのは、十分に根拠のあることなのだ。——粗野な毒を精妙な毒で制するというわけである。愚かな民族にとっては、精妙な毒を服用するということは実際に一つの進歩であり、精神化のための一つの段階である。

イギリス的な愚かしさと田舎じみた真面目さは、キリスト教的な身振りで表現し、祈りや賛美歌を歌うことによって、どうにか我慢のできるところまでは仮装されるのである。正確には、解釈され、解釈され直すのだ。大酒飲みで放蕩好きなこの家畜にとっては、かつてはメソジスト派の勢力のもとで、最近は「救世軍」として、道徳的な文句を唱えることを覚えたのだった。この家畜が「人間性」をほぼ最高の水準にまで示すことができるのは、せいぜい懺悔しながら痙攣を起こすことによってだろう。この程度のことは認めてやってしかるべきだろう。

しかしヒューマニズム的なイギリス人のもっとも大きな〈欠点〉は、比喩として語ればであるが（そして比喩で語らなくても——）、音楽が欠けていることだ。イギリス人の心と身体の動きのうちには、いかなる拍子《タクト》も舞踏《タンツ》もない。拍子や舞踏がほしいという欲望すら、「音楽」がほしいという欲望すらないのだ。彼らの話に耳を傾けてみるがよい。イギリス人の美女が歩く姿を眺めてみるがよい――この世のどの国にも、これほど美しい鳩や白鳥はみいだせないだろう――そして彼女たちが歌うのを聞いてみるがよい！　しかしわたしはあまりに多くのものを求めすぎなのだろう……。

二五三　イギリスと近代の理念

凡庸な頭脳の者にもっともふさわしいため、こうした者がもっともよく認識しうる真理というものがある。凡庸な精神の者だけを魅惑し、誘惑する真理というものもある。――このようなおそらく不愉快な命題に直面せざるをえなくなったのは、尊敬すべき、しかし凡庸なイギリス人の精神が、ヨーロッパの趣味の中枢で、優位を占めるようになってきたからだ――わたしが考えているのは、ダーウィン、ジョン・スチュアート・ミル、ハーバート・スペンサーのような人物のことだ。実際に、一時的にこのような精神が支配的になるのは有用なことであり、それに疑問を抱く人はいるだろうか？

資質の高く、現実を離れたところを飛翔する精神が、多数の卑俗で細かな事実を確認し、収集し、そこから結論を引きだすことに長《た》けていると考えるのは、誤りであろう。――こうした精神はむしろ例外者であり、最初から「規則」というものにたいして不利な立場に立っているのである。結局のところ、こうした人々がなすべきことはたんに認識することではなく、――何か新しいものであること、何か新しいものを意味すること、新しい価値を提示することなのだ！

知識と能力を隔てる深淵は、おそらくふつう考えられるよりも大きなものであり、不気味なものなのだろう。大きな能力をもつ者、すなわち創造する者は、あるいは無学な者であらねばならないのかもしれない。――これにたいしてダーウィンの流儀で科学的な発見を行うためには、ある種の狭さが、無味乾燥なものが、勤勉な配慮が、要するにイギリス的なものがそなわっているほうが役立つのだろう。――最後にイギリス人については、すでに一度そのはなはだしい平凡さによって、ヨーロッパの精神の全体的な低迷を引きおこしたことがあるのを忘れてはならない。すなわち「現代の理念」とか「一八世紀の理念」とか「フランス的な理念」と呼ばれるもの――ドイツの精神はこうした理念に、強い吐き気をもって抗したのである——、これがイギリスから生まれたものであることに疑問の余地はないのである。

フランス人はこの理念の模倣者であり、俳優であったにすぎない。そのもっとも忠実な兵卒であり、残念ながらその最初の、そしてもっともはなはだしい犠牲者であったにすぎない。フランスの魂は、「現代の理念」という弾劾すべきイギリス的な理念に狂ったためにきわめて薄っぺらになり、痩せ衰えたのである。フランスの一六世紀と一七世紀、フランスの深い情熱的な力、その創造的な高貴さを思いだすと、ほとんど信じられないほどである。

しかし次の命題は、歴史的に正しいものであり、しっかりと噛み締めて、いかなる瞬間《アウゲンブリック》からも見掛け《アウゲンシャイン》からも守ってやらねばならない。すなわちヨーロッパの高貴さは——感情の高貴さ、趣味の高貴さ、風習の高貴さ、すなわち語の卓越した意味での高貴さは——、フランス生まれであり、フランスで発明されたものである。そしてヨーロッパの卑俗さ、〈現代の理念〉という賤民主義は、——イギリス生まれであり、イギリスで発明されたものなのである。

二五四　フランスのドイツ化

現在でもフランスは、ヨーロッパのもっとも精神的で、もっとも洗練された文化の〈座〉であり、趣味の高級学府である。しかしわたしたちは「趣味のフランス」を発見する術を弁えている必要があるのだ。フランス趣味の者は、巧みに身を隠すことを知っているからである。――こうしたフランス趣味を体現し、これを生きている人は少ないだろう。それほどしっかりとした脚をもっているわけではなく、ときには運命論者だったり、鬱に悩まされた人々だったり、病人だったりするだろうし、ときには柔弱になった者たち、人工的になりすぎた者たち、韜晦《とうかい》するという名誉心をもった者たちだろう。

こうした人々に共通しているのは、民主主義を主張するブルジョワたちの逆上したような愚かしさや騒がしい饒舌には、耳をふさごうとすることである。実際のところ、いま前景に登場しているのは、愚かしくなり、粗野になったフランスである。――最近もこのフランスは、ヴィクトル・ユゴーの遺体を埋葬する際に、趣味の悪さと自己賛美の狂宴《オージー》を祝ったのだった。こうした人々に共通する別の側面もある。それは精神のドイツ化を防ごうとする殊勝な意志をもっていることであり――そしてもっと殊勝なことに、それを実行する能力はないということである。

「フランスのドイツ化の実例をあげてみれば」ショーペンハウアーはいまや、フランス化した精神として、同時にフランス化したペシミズムとして、かつてのドイツにもましてフランスで親しまれ、定着している。ハインリヒ・ハイネについては言うまでもない。パリの繊細で気難しい叙情詩人たちにとって、ハイネの作品はすでに血となり肉となっているのである。ヘーゲルについても言うまでもない。ヘーゲルは現在ではテーヌの姿をとって、[56]――すなわち現存の第一級の歴史家の姿をとって――、ほとんど専制的な影響力を行使しているのである。リヒャルト・ヴァーグナーについてはどうだろうか。フランス音楽が近代的な精神の現実の要求にふさわしい形で作曲されるようになればなるほどに、「ヴァーグナー化される」だろう。これは予言できることだ。――そしてすでに現在でもすっかりヴァーグナー化されているのである！

しかしフランスの趣味が十分に自発的に、あるいは意図せずにドイツ化され、賤民化されているにもかかわらず、今日でもフランス人がまだ、ヨーロッパにたいするかっての文化的な優位の遺産として、所有物として、まだ失われていない特徴として誇りをもって示すことのできるものが三つ残されている。第一は、芸術家らしい情熱をもつことのできる能力、「フォルム」に献身することのできる能力である。この能力を指すために、これまで「芸術のための芸術」という言葉を初めとして、多数の言葉が作られてきたのである。——この能力は過去三世紀というもの、フランスでは不足したことがなく、「少数者」にたいする畏敬の念の力で、文学の世界において、ある種の〈室内楽〉のようなものを生みだしてきたのであり、それがヨーロッパの全土で希求されるものとなっているのである——。

フランス人がヨーロッパにたいして卓越する根拠となりうる第二のものは、古くからの多様な**モラリスト**の文化である。この文化のためにフランスでは、新聞に小説を掲載する群小の小説家や、パリのちょっとした大衆演劇作家のうちにも、概して心理学的な魅力や好奇心をかきたてるものをみいだせるのである。こうしたものについて、たとえばドイツではいかなる概念も（事実は言うまでもないとしても！）存在しない。ドイツにはそのために必要な数世紀にわたるモラリストの仕事の伝統が欠けているのであり、フランスはすでに指摘したように、そのための努力を惜しまなかったのである。だからドイツ人を「素朴だ」と呼ぶ人は、欠点を長所として褒めていることになるのである。ところで〈心理の楽しみ〉についてのドイツ人の未熟さと無邪気さ（これは交際したときのドイツ人の退屈さと無関係ではない）にたいして、きわめて対照的な人物として、アンリ・ベール［小説家スタンダール］をあげることができるだろう。――彼は、この繊細な旋律の分野で、真の意味でのフランス的な好奇心と発明の才を、もっとも巧みに表現した人物である。驚嘆すべき先見の明をそなえた先駆者であるベールは、ナポレオンのごときテンポをもって、彼のヨーロッパを、ヨーロッパの魂の数世紀を、こうした魂の発見者として、探求者として駆け抜けたのだった。――このフランス最後の偉大な心理学者であり、驚嘆すべきエピクロス主義者で、疑問符そのものというべき人物になんとか追いつくためには、彼を悩ませ、魅惑した謎のいくつかを追体験するためには、二世代が必要だったのだ――。

フランス人がみずからの卓越を誇ることのできる第三の要素がある。それはフランス人はみずからの本質のうちで、北方的なものと南方的なものを総合することに、半ばは成功しているということである。これによってフランス人は、イギリス人にはどうしても把握することのできない多くのものを把握できるようになったのだし、イギリス人にはどうしても為しえないことを為せるようになったのである。フランス人には周期的に南方的なものを好んだり、それから顔を背けたりする気質がある。ときにフランス人のうちでプロヴァンスやリグリアの血がほとばしることがあり[57]、これが灰色の上に灰色を重ねるような北方の忌まわしい陰鬱さや、太陽を知らない概念の幽霊や貧血症から、——そしてわたしたちドイツの趣味の病気から、フランス人を守っているのである。この病気が蔓延しないように、現在では血と鉄の偉大な決意が、すなわち「大政治」が処方されている（これは危険な療法であり、わたしは注目しているのだが、いまのところは効き目は期待できないのである——）。

しかしフランスには今でも、祖国びいきに満足することができず、北方にいれば南を愛し、南方にいれば北を愛することのできるほど懐《ふところ》の深い人間を、そうしたまことに稀有な人間を、満足することがきわめて稀な人間を、前もって理解し、厚遇しようとする傾向がある。——つまり生まれながらの［コスモポリタンの］地中海人を、「良きヨーロッパ人」を、前もって理解し、厚遇しようとする傾向があるのだ。——ビゼーはこうした人々のために作曲したのである。最後の天才たるビゼーはここに、新たな美と誘惑をみいだしたのだった。——そしてひとつの音楽にとっての南を発見したのである。

二五五　新しい音楽

ドイツ音楽にはさまざまな警戒が必要だと考えている。ここにある人がいて、その人はわたしが南を愛するように、南を愛しているとしよう。その人が南を愛しているのは、南とはもっとも精神的なものともっとも官能的なものにおける快癒の偉大な学校であり、みずからの主人でありみずからを信頼している存在を照らしだす奔放な太陽の充溢であり、太陽がもたらす浄化であると考えているからである。するとこうした人はドイツの音楽には警戒すべきものがあることを認識するだろう。ドイツの音楽は、彼の趣味を台無しにしてしまうからであり、彼の健康を台無しにしてしまうからである。

このような南の土地の人、生まれによってではなく信念によって南の人間である人は、音楽の未来を夢見るならば、音楽が北方から解放されることを夢見る必要がある。［北方の音楽よりも］深く、力強く、おそらくもっと悪意に満ち、秘められた音楽の序曲を耳のうちで響かせていることが必要なのだ。これは超ドイツ的な音楽であり、蒼い官能的な海や、地中海の明朗な空を前にしても、すべてのドイツ音楽とは違って、響きを失うことも、黄ばむことも、青ざめることもない。またこれは超ヨーロッパ的な音楽であり、砂漠に沈む褐色の太陽を前にしても落ち着きを失うことはなく、椰子の樹に似た魂をそなえていて、大きく、美しく、孤独な野獣のうちでひそやかに暮らし、彷徨することを知っているのだ……。

わたしはある音楽を思いうかべることができる。この音楽のきわめて稀な魅力は、善についても悪についてももはや何も知らず、ただ船乗りの郷愁のようなもの、ある金色の影や繊細な弱さのようなものが、ときおりその上を通り過ぎてゆくところにある。没落しつつあり、ほとんど理解しがたくなった道徳的な世界がみずからの方に逃れてくるさまを、はるかに遠いところから眺めているような芸術であり、このようにして遅れながらも逃れてくる者たちをうけいれるだけの歓待の気持ちと深みをそなえた芸術なのである。——

二五六　ヴァーグナーとカトリック

国粋主義の妄想が、ヨーロッパの民族のうちに病的な疎外感をもたらし、今もなおもたらしつつある。そして近視眼的で軽率な政治家たちが、今やこの妄想のために調子に乗り始めており、しかも自分たちの推進する相互離反的な政策が、たんなる幕間劇的な政策でしかありえないことにまったく気づいていないために、——現在ではとうてい語りつくすことのできないさまざまな原因によって、ヨーロッパが一つになろうとしていることを示す明確な兆候が示されているのに、それが見逃され、恣意的に、そして欺瞞的に解釈されている。

深みがあり、懐《ふところ》の深い今世紀のすべての人々はそもそも全体として、この新しい総合への道を準備し、将来のヨーロッパ人を思い描いてみることを、魂のひそかな仕事としていたのである。こうした人々が「祖国びいき」になったとしても、それは見掛けだけであるか、老齢などで心が弱くなった瞬間だけだった。——彼らが「愛国者」になったのは、安らぐために自分から逃げだしたときだけだったのである。わたしが考えているのは、ナポレオン、ゲーテ、ベートーヴェン、スタンダール、ハインリヒ・ハイネ、ショーペンハウアーのような人々のことだ。わたしがリヒャルト・ヴァーグナーをこうした人物の一人として挙げても、咎めないでいただきたい。ヴァーグナーは自分を誤解していたのであり、その誤解に惑わされるべきではないのである。――彼のような種類の天才は、自分を理解する権利をもっていないことが多いのだ。

最近のフランスでは、リヒャルト・ヴァーグナーに逆らい、抵抗する不作法な雑音を耳にするが、もちろんこれにも惑わされてはならない。――一八四〇年代のフランス後期ロマン主義が、リヒャルト・ヴァーグナーときわめて親密かつ密接に結びついているという事実は残るからである。どちらの芸術も、その欲求のすべての高みと深みにおいて近縁なのであり、根本的な近さをそなえているのである。その多様で激烈な芸術を通じて、ヨーロッパの、一つとなったヨーロッパの魂が外へ、上へ向かって突き進み、憧れでようとしている――それはどこへ向かうのか？　新たな光の中だろうか？　新しい太陽に向かってだろうか？

しかしあれらの新しい言語の巨匠たちすら、明確に語り尽くすことができなかったものを、誰が正確に表現できるというのだろうか？　確実なのは、彼らを苦しめたのが同じ疾風怒濤だったのだということであり、この最後の偉大な探求者たちは同じような方法で、探求したのだということである。彼らはすべてその目と耳にいたるまで、文学に支配されていた――彼らは世界文学の教養をそなえた初めての芸術家たちだった――、その多くは作家であり、詩人であり、芸術と感覚の媒介者であり、それらが混淆した者であった（ヴァーグナーは音楽家であるときはむしろ画家だったし、詩人であるときはむしろ音楽家だったし、芸術家そのものであるときは、むしろ俳優だった）。誰もが「いかなる代価を支払っても」表現することに狂信的な信念を抱いていた。――わたしはこの点についてヴァーグナーにもっとも似ているのはドラクロワだと思う。誰もが崇高なものの領域において、そして醜いものや凄まじいものの領域において、偉大な発見者だった。彼らはまた効果の技術、展示の技術、飾り窓の技術の偉大な発見者であった。誰もが自分の天才をしのぐ才能をそなえていた。すべての誘惑するもの、惑わすもの、強《し》いるもの、転覆させるものにいたる不気味な通路を知っている名手のうちの名手だった。そして論理と直線的なものにたいする生まれながらの〈敵〉であり、見慣れないもの、異国風なもの、不気味なもの、湾曲したもの、自己矛盾したものを渇望していた。意志のタンタロスのような人間であり[58]、成り上がりの賤民であり、生活においても創造においても、自分には高貴なテンポ、すなわち緩徐調《レント》は合わないことを知っていた——たとえばバルザックのことを考えていただきたい——、誰もが奔放な働き手であり、仕事でほとんど自己を破壊するかのようだった。習俗においては道徳不要論者であり、反逆者だった。バランスも知らず、享受することも知らない野心に燃えた貪欲者だった。しかしやがてはキリスト教の十字架にぶちあたり、屈服してしまった（それも至極もっともなことである。彼らのうちに、反キリストの哲学を抱くほどの深みや独創性をそなえた人物がいただろうか？——）——全体としては勇敢で大胆であり、華麗で暴力的であり、高くまで飛翔し、高いところへ引きさらってゆくような種類の高き人間だった。彼らはその世紀において——ということは大衆の世紀において、——「高き人間」という概念を初めて教えることになる人々だった……。ドイツにおけるリヒャルト・ヴァーグナーの愛好者たちは、ヴァーグナーの芸術のうちに、端的にいってドイツ的なものがあるかどうか、そしてこの芸術の何よりも卓越したところは、超ドイツ的な源泉と動因から生まれているのではないかと、自問していただきたいのである。その際には、ヴァーグナーのような類型の人間が作りだされるためには、パリという都市の存在が不可欠なものであったことを軽視してはならない。ヴァーグナーがもっとも決定的な瞬間に、本能の深みにおいて欲したのがパリだった。そして彼がみずからを「聖者とし、かつその聖者につきしたがう」使徒のような者として世間に登場してみせる方法も、フランスの社会主義者の手本にならってしか完成されえなかったことも。

さらに詳細に比較してみれば、リヒャルト・ヴァーグナーのドイツ的な本性の名誉を称えるためには、一九世紀のどのフランス人がやろうとしても為しえなかったすべてのことを、彼はさらに力強く、勇敢に、厳しく、高貴に為し遂げたことを指摘できるだろう——それはわたしたちドイツ人がフランス人よりも野蛮人に近いからできたことなのだ——。おそらくリヒャルト・ヴァーグナーが創造したもっとも独特なものは、ごく末期的なラテン民族にとっては、今日だけではなく、永遠に近づき難く、共感し難く、模倣し難いものなのかもしれない。たとえば「『ニーベルンゲンの指輪』の」ジークフリートの姿を考えてほしい。彼はきわめて自由な人間であるが、年老いて成熟した趣味の文化民族にとっては、あまりに自由で、剛毅で、快活で、健康的で、反カトリック的すぎるものだろう。反ロマン主義的なジークフリートは、実際にロマン主義に反する〈罪〉であるかもしれない。ところでヴァーグナーは晩年の陰鬱な時期に、この〈罪〉から免れたのである。それは彼が――すでに政策のようになっていたある趣味を先取りして――、彼に特有の宗教的な激しさをもって、実際にその道をたどったわけではなかったとしても、ローマにいたる道を説教し始めることによってである(59)。

――この最後の言葉を誤解されたくないので、ここで力強い詩の数行を援用したい。この数行は、それほど耳の鋭くない人にも、――「晩年のヴァーグナー」と彼のパルジファルの音楽に抵抗しながら、わたしが望んでいることをはっきりと示してくれるだろう。

――これもまたドイツ的なものだというのか?
ドイツの心から、このような鬱陶しい金切り声がだされるものだろうか?
そしてドイツの身体は、これほどまでにみずからの肉を切り離すものだろうか?
この司牧者のような手つきの敬虔さが、ドイツ的なものだろうか
香の匂うこの官能の刺激が?

この不安に立ち止まり、転倒し、よろめく動きがドイツ的なものなのか？
このぼんやりと響く鐘の音が？
この尼僧の目配せが、祝福あれと響く鐘の音が
このまやかしの喜悦の天国へのはるかな憧憬のすべてが
――これがまだドイツ的なものなのか？――
考えてもみよ！　君たちはまだ門のところに佇んでいるのだ
そして君たちが耳にするのはローマなのだ――。
言葉なきローマへの信仰なのだ！

第九篇　高貴なものとは

二五七　貴族社会の起源

「人間」という類型を高めることが、これまでの貴族的な社会の仕事だった――そしてこれからもずっとそうだろう。人間のうちに位階の長い梯子と価値の格差が存在することを信じている貴族的な社会は、ある意味で奴隷制度を必要とするのだ。こうした社会には、距離のパトスとでもいうものがある。このパトスが生まれるのは、身分の違いが人々にとって身体に染みついたものとなっているためであり、支配階級が隷属する人々や道具をつねに探しだして見下すためであり、支配階級と隷属する人々のあいだでつねに服従と命令が実行され、抑圧と隔離が実行されるためである。そしてこの距離のパトスが存在しなければ、もっと秘密に満ちたあのパトスは生まれることはなかっただろう。それはすなわち、魂そのものの内部にさらに新たな距離をつくりだそうとする渇望であり、より高く、稀少で、遠く、遥かな緊張をもたらし、さらに広い範囲を含む状態を作りだそうとする渇望である。これは要するに、「人間」という類型を高めること、道徳的な表現を超道徳的な意味で使えば、絶え間なき「人間の自己超克」を実現しようとする渇望である。

もちろん、貴族的な社会（すなわち「人間」という類型を高めるための前提となる社会である——）の発生の歴史について、ヒューマニズム的な欺瞞に陥ってはならない。真理は厳しいものである。これまで地上に発生したすべての高次な文化がどのようにして始まったのか、遠慮なく語ろうではないか！ 自然の本性のままの人間、語の恐るべき意味での〈野蛮人〉、いまだ砕かれていない意志の力と権力欲をそなえた略奪者としての人間たちが、弱く、躾《しつけ》がよく、平和的で、おそらく商業や牧畜業を営んでいる種族に襲いかかったとき、あるいは最後の生命力が、精神と頽廃のうちに輝く火花とともに燃え尽きようとしている成熟した古き文化に襲いかかったときに、貴族的な社会は誕生したのである。最初はつねに野蛮人の階級だった高貴な階級が卓越していたのは、まず身体的な力ではなく、精神的な力においてであった。——よりまったき人間たちだったのである（これはいかなる段階でも、「よりまったき野獣」であったことも意味している――）。

二五八　貴族階級の本質

腐敗とは、本能の内部を無秩序《アナーキー》に脅かされていて、「生」と呼ばれる情動の土台が揺るがされていることの表現である。腐敗とは、それが現れる生の姿におうじて、根本的に違ったものとなる。たとえば革命当初のフランスにみられたように、貴族階級が崇高な吐き気をもってみずからの特権を投げ捨て、みずからをその揺れ動く道徳的な感情の犠牲とするならば、それこそが腐敗である。――これはそもそも、数世紀の長きにわたってつづいた腐敗の終幕にすぎなかった。この腐敗のために貴族階級は、支配者としての権能を一歩ずつ投げ捨て、ついに王権の一つの機能にまで成り下がったのだった（最後には貴族階級は王権の装飾品に、自慢の飾りになってしまった）。

しかし健康な良き貴族階級にとって本質的なことは、貴族階級がみずからを一つの機能として（王権の機能であろうと、共同体の機能であろうと）感じるのではなく、貴族階級のもつ意味であり、最高の弁明であると感じることである。――だから貴族階級にとって本質的なことは、自分たちのために不完全な人間に、奴隷に、道具にまで貶められ、格下げにならねばならなかった無数の人々の犠牲を、良心の咎めなしにうけいれるということにある。

貴族階級の根本的な信念は、社会は社会のために存在するものであってはならず、むしろ下部構造として土台として存在すべきであり、この土台の上に、選び抜かれた種族の人々が高次の課題に向かって、そもそもより高き存在に向かってみずからを高めてゆくことができるべきだ、というものだ。この選び抜かれた人間たちは、ジャワ島に成育するという、太陽を目指して這い登る攀縁《はんえん》植物――シポ・マタドールと呼ばれる――に比較されるべきものである。この植物は、その蔓でオークの木に長いあいだ、しかもぐるぐると巻きつくように絡みついていて、ついにはこの木に支えられて、この木よりもはるかに高い上空に、開いた光のうちにその樹冠を広げ、その幸福を誇示することができるようになるのである。――

二五九　搾取の機能

人々がたがいに傷つけあい、たがいに暴力をふるい、たがいに搾取しあうことをやめて、他者の意志を自分の意志と同じように扱うこと。これはごく大雑把な意味では、個人のあいだの良俗となることができるものであるが、そのためにはある特定の条件が必要である（すなわち、各人の力の量と価値の大きさがほぼ同じであり、誰もが一つの団体に属していることが必要なのだ）。しかしこの原則をさらに敷衍《ふえん》して社会の基本原則とみなそうとまですると、その正体がすぐにあらわになる。この原則は、生を否定する意志であり、解体の原則、頽落の原則なのである。ここでは徹底的にその理由を考察して、感傷的な弱さに陥ることがないようにしておこう。生そのものは本質において、他者や弱者をわがものとして、傷つけ、制圧することである。抑圧すること、過酷になることであり、自分の形式を［他者に］強要することであり、［他者を］自己に同化させることであり、少なくとも、穏やかに表現しても、他者を搾取することである。——しかしずっと昔から、誹謗の意図が刻みこまれているこうした［搾取のような」言葉を使うべき理由はあるのだろうか？

すでに想定したように、その成員が個人として他者と平等にふるまうことのできる団体であり、——これはすべての健全な貴族体制にみられることだが——、それが滅びかけた団体ではなく、生きている団体であるならば、他のすべての団体にたいしては、その団体の内部で個人が実行しないようにつとめていることを実行しなければならないのである。団体は力への意志を体現するものでなければならないし、周囲のものにつかみかかり、これを引き寄せ、征服しようとするのだから、成長しなければならないのである。——それは何らかの道徳性や不道徳性のためにではなく、それが生きているからであり、生きることは力への意志であるからである。

ところがヨーロッパ人の一般的な意識は、いかなる点においてより、この事実を教えられることを何よりも嫌うのである。いたるところで人々は、科学的な仮装のもとにおいてすら、来たるべき社会から「搾取する性格」をなくすことに熱狂しているのである。——それはわたしには、あらゆる有機的な機能を営むことのない生をみいだせると約束しているかのように聞こえる。

「搾取」というのは、退廃した社会や不完全で素朴な社会において行われるものではない。それは有機体の根本的な機能であり、生の本質そのものなのである。ほんらいの力への意志から生まれたもの、生の意志そのものなのである。――これが理論的には新奇に聞こえるとしても、――現実においてはすべての歴史の原・事実である。これを認めるほどには自己に正直であろうではないか！――

二六〇　二つの道徳

かつて地上を支配し、いまなお支配しているさまざまな微細な道徳や粗雑な道徳を遍歴してみると、つねに一定の特徴がたがいに働きあい、結びついていることが分かる。やがてそこに二つの基本的な類型があらわになり、一つの根本的な違いが明確なものとなってきた。すなわち主人の道徳と奴隷の道徳というものが存在するのだ。――すぐにつけ加えておきたいが、すべての混淆的な高度の文化においては、この二つの道徳を媒介する試みが登場しているし、これらの二つの道徳が混淆することも、たがいに誤解しあうことも頻繁にみられるし、ときには――同じ人間のうちで、一つの魂の内部で、これら二つの道徳が頑なに併存していることもある。

道徳的な価値の違いが発生する道は二通りある。一つは支配階級の者たちが、支配される者たちとの違いを意識し、そこに快感を感じることで生まれてくる。――もう一つは支配された者たち、奴隷、さまざまな程度で隷属する者たちのうちで生まれてくる。支配する者たちのあいだで生まれる道徳においては、支配する者たちが「善い」という概念を規定する者であるときには、魂が高められた誇り高き状態が、優秀さと位階を決定するものと感じられるようになる。高貴な人間たちは、このような魂の高められた誇り高き状態とは反対の状態が現れている者たちを排斥する。こうした者たちを軽蔑するのである。

この支配する者たちの道徳にあっては、「善い《グート》」と「悪い《シュレヒト》」という対立が、「高貴な」と「軽蔑すべき」という意味の対立であることはたやすく理解できよう。――これは「奴隷の道徳における」「善《グート》」と「悪」（ベーゼ）の対立とは違うところで生まれたものなのだ。軽蔑される者たち、それは臆病者であり、おどおどしている者であり、こせこせした者であり、目先の効用ばかりを考えている者である。さらに、物事にこだわるまなざしをもつ疑り深い者、自己卑下する者、虐待に甘んじる犬のような者、物欲しげなおべっか屋、とくに嘘つきは軽蔑される。――卑しい大衆は嘘つきであるというのが、すべての貴族的人間の根本的な信念である。古代のギリシアでは貴族たちは「われら真実なる者」と自称したのである。

道徳的な価値評価はまず人間にあてはめられたのであり、それが行為についても語られるようになったのは、さらに後の派生的な段階においてであるのは明らかである。だから道徳の歴史家が「同情による行為がなぜ称賛されたのか?」という問いから考察を始めるとしたら、それは大きな失策である。高貴な種類の人間たちは、自分こそが価値を決定する人間だと感じている。こうした人々は他人から是認されることを必要としない。「わたしに有害なものは、そもそも有害なものである」と判断する。こうした人々は、自分こそが、事物に栄誉を与えるものであることを知っている。価値を作りだす人々なのである。こうした人々は自分のもとにあるものはすべて尊重する。この道徳は自己を敬う道徳である。充実の感情と、溢れようとする力と、強くはりつめた幸福感と、他者に贈ったり譲ったりしようとする富の意識が前面にでているのである。――高貴な人々も不幸な人間を助けることはある。しかし同情から助けることはない(あるいはほとんどない)のであり、力の横溢から生まれる欲動のもとで助けるのである。

高貴な人間は、自己のうちにとどまる力強き者を敬う。みずからに力を行使することのできる者を、語るべきときと沈黙すべきときを知っている者を、喜びをもって自己に厳しさと過酷さを行使する者を、あらゆる厳しさと過酷さを尊重する者を敬うのである。古代のスカンディナヴィアのサガでは「ヴォータンは胸のうちに過酷な心を据えた」と歌われている[60]。これは誇り高きヴァイキングの魂から、それにふさわしく歌われた言葉である。こうした人間は、同情するようにできていないことに誇りを感じるほどである。だからこそサガの主人公は警告するように、次の戒めをつけ加えたのである。「若きときから過酷な心をもたぬ者は、過酷な人間になることはできない」と。

こうした考えをもつ高貴で勇敢な者たちは、同情とか、他者のための行動とか、利害関係のないこととかに道徳的な特徴をみいだす道徳とは、遠く離れたところにある。みずからへの信念、自己への矜持、「無私」にたいする根本的な敵意とイロニーが、高貴な道徳の特徴である。同感や「温かい心」というものをいくらか軽蔑し、警戒することも、こうした高貴な道徳の特徴である。——力の強い者たちは、敬うことを知っている人々である。これこそが彼らの技であり、彼らが作りだした領域である。

　老人と伝統に深い尊敬の念を抱くこと——すべての法はこの二つのものを尊敬することから生まれる——、父祖にたいしては厚く、子孫にたいしては薄くという信仰と先入観を抱くことは、強き者たちの道徳に典型的にみられるものである。反対に「現代の理念」の人間は、ほとんど本能的に「進歩」と「未来」を信仰し、老人への尊敬の念をますます弱めているが、これはこうした「理念」が高貴な生まれではないことを十分に明かすものである。しかし支配する者の道徳は、現代の趣味にとってはきわめて疎ましく、苦痛なものとなっている。それはこの道徳の原則が、自己と対等な者にたいしてだけ義務を負うこと、位階の低い者、すべての疎遠な者にたいしては、「気の向くままに」、いずれにしても「善悪の彼岸」でふるまってもよいという厳しいものだからである——。同情などというものは、こうした現代の趣味なのである。

　長い期間にわたって感謝の念を保ち、長い期間にわたって復讐心を貫く能力と義務をそなえていること——どちらも対等な者のあいだでだけ存在しうるものだ——、報復においては精密であり、友愛という概念を洗練させ、敵をもつことを必然なものとすること（嫉妬、闘争欲、傲慢などの情動の捌け口として、——根本的には、良き友でありうるためにも、敵が必要なのだ）、これらはすべて高貴な道徳の典型的な特徴である。

すでに述べたように、こうした道徳は「現代の理念」の道徳ではないし、現在では共感することも、掘りだしてあらわにすることも困難である。

――これにたいして第二の類型の道徳、奴隷の道徳はまったく別のものである。もしも迫害された者が、抑圧された者が、苦悩する者が、自由でない者が、自信をもてない者が、疲れ切った者が、道徳の教えを説くと考えてみよう。こうした人々の道徳的な価値評価にはどのようなものが共通しているのだろうか？ おそらく人間のすべての状況について悲観的な猜疑が漏らされるだろうし、人間が断罪され、人間が置かれている状況が断罪されるだろう。奴隷のまなざしは、力強い者たちの徳を妬み深く眺めるだろう。奴隷は懐疑家であり、不信の念に駆られた者である。力強い者たちが敬うすべての「善きもの」には、敏感な不信の念を示すに違いない。――あそこにある幸福は、本物ではないのだと自分に言い聞かせるのだ。

一方では反対に、苦悩する者の生存を楽にすることに役立つ特性が取りだされ、光をあてて照らしだされる。たとえば同情、人助けをしようとする親切な手、温かい心、忍耐、勤勉、謙遜、友愛などが尊敬されるようになるのである――。これらのものは、生存することの重荷を担うために役立つ特性であり、ほとんど唯一の手段でもあるからだ。奴隷の道徳は本質的に有用性の道徳である。ここに「善」と「悪」の有名な対立を生みだす根源がある。──「悪《ベーゼ》」のうちで感じとられるのは、力であり、危険性である。ある種の恐ろしさであり、軽蔑することを許さない繊細さであり、強さである。だから奴隷の道徳によると、「悪」とは恐怖を引き起こす者のことである。これに対して主人の道徳では、恐怖を引き起こす者、恐怖を引き起こそうとする者は「善き者」であり、軽蔑すべき人間は「悪しき者」と意識されるのである。

この対立が極まるのは、奴隷の道徳の帰結として、奴隷の道徳で「善人」とみなされた人々にも、軽蔑するようなまなざしが向けられるときである──それがごくわずかなものであり、善意に満ちたものであったとしてもである──。というのは、奴隷的な思考方法においては、善人は危険のない人でなければならないからである。善人は温厚で、だまされやすく、おそらくどこか愚かであり、善良な人である。奴隷の道徳が優位を占めるところではどこでも、言語は「善《グート》」という語を「愚か《ドゥム》」という語に近づけようとする傾向があるのだ。

──最後に根本的な違いを指摘しておこう。自由を求める願いと、幸福を求める本能、自由を味わう感情の濃《こま》やかさなどは、必然的に奴隷の道徳と特性に属するものである。これにたいして畏敬と献身への熱狂と、そのためのさまざまな技術は、貴族的な思考方法と価値評価のしかたにつねにみられる特徴である。――このことから、情熱としての愛が――これはわれらヨーロッパの特産物である――、何よりも高貴な由来のものでなければならないことは、すぐに理解できることだ。これを発明したのが、プロヴァンスの騎士の詩人たち、あの「悦ばしき智恵《ゲ・サベール》」の華やかで独創的な人間たちであることはよく知られていることだ(61)。ヨーロッパは多くのものを、ほとんど自分自身まで、彼らに負っているのである。――

二六一　虚栄心の謎

高貴な人間にとっておそらくもっとも理解し難いものの一つに、虚栄心というものがある。ほかの種類の人間であれば、両手でつかめるほどに虚栄心がはっきりと示されていると考えるようなときにすら、高貴な人間はそれを否定しようとするだろう。高貴な人間が想像できないのは、自分のもっていないもの、――すなわちみずからに「値しない」ものによって、他人から高く評価されたいと願う人間がいるということ、そして後にはこうした高い評価をほんとうのことだと信じようとする人間がいるということなのだ。高貴な人間にとってはこのようなことは、半ばは自分にたいして敬意を失した悪趣味なことに思えるし、半ばは非理性的で奇怪なことに思える。だから、虚栄心などというものは例外的にしかみられないものと考えたがるし、虚栄心の存在が指摘されても、それに疑念をさしはさむのである。

たとえば高貴な人間なら次のように言うだろう。「わたしは自分の価値について思い違いをしているかもしれないし、わたしが自分について信じているとおりの価値を他人からも認めてもらいたいと考えているかもしれない。——しかしこれは虚栄心ではない(むしろ自負心であり、あるいはもっと多くの場合は、「謙虚」とか「謙遜」と呼ばれるものだろう)」と。あるいは「わたしは多くの理由から、他人から高く評価されたならば喜ぶかもしれないが、それはわたしが他人を尊敬し、愛しているから、他人が喜ぶことは素直に嬉しいからである。あるいはおそらく、他人の高い評価は、わたしが自分で感じている評価が正しいことを裏づけ、強めてくれるからである。あるいはまた、他人の高い評価は、それが自分に値しないものであっても、わたしにとって有用であるか、利益をもたらすことを約束してくれるからである。——しかしこれはどれも虚栄心ではない」と。

高貴な人間は強いられて、すなわち歴史の力を借りることで、やっとのことでつぎのようなことを想像できるようになるに違いない。すなわち遠い昔から、従属的な社会階層のすべての凡人にとって、自分とは人々が評価するとおりの人間だったのである。――こうした人間は自分で自分の価値を評価することに慣れていなかったので、自分の主人が割り当てた価値のほかには、自分に割り当てる価値を知らなかったのである（価値を作りだすのは、ほんらいの意味で主人の権利なのである）。これは恐るべき先祖返りの帰結と考えることができるだろうが、現在でもふつうの人間は、他人に評価されるのを待っているし、本能的に他人の評価にしたがうのである。しかも「良い」評価にしたがうだけでなく、不正で悪しき評価にもしたがうのである（たとえば信心深い女性が告解の司祭から学びとり、信仰に篤いキリスト教徒が教会から学びとる自己評価と自己侮蔑の多くについて考えていただきたい）。

実際のところ、すべての物事が次第に民主化されてくるにつれて（そしてその原因である主人と奴隷の混淆が次第に進むにつれて）、みずからに価値があると判断し、みずからを「善きものと考え」ていたあの当初は高貴で稀少なものだった欲動が、ますます活気づけられ、広まる傾向がある。しかしこの欲動には同時につねに、自分に逆らおうとする傾向もあり、これはより古く、より広く、より根本的に根づいた傾向なのである。——そして「虚栄心」という現象のうちでは、この古い傾向が新たな傾向を支配するのである。

虚栄心の強い人間は、自分について耳にするすべての良い評判を喜ぶ（それが役に立つかどうかなどはまったく考えないし、それが正しいか、間違っているかすら、無視するのだ）。さらにこの人間はすべての悪い評判に心を悩ませる。この人間は良い評判と悪い評判の両方にしたがうのであり、自分のうちに突然に姿を現したもっとも古い服従の本能にしたがって、自分がこうした評判にしたがっていることを感じるのである。——この人間は虚栄心の強い者の血の中にひそむ「奴隷そのもの」であり、奴隷の狡猾さの残滓なのだ。——そしてたとえば女のうちに今でもどれほど多くの「奴隷」が残っていることだろうか！——女は自分についての良い評判をみずからにおびきよせようと努力するのである。しかもこの同じ奴隷が、自分が招き寄せたものではないかのごとくに、この評判の前にひざまずくのである。——ふたたび確認しておこう。虚栄心とは、先祖返りなのだ。

二六二　凡庸の道徳

ある種が発生し、ある類型が固まり、強くなるのは、いつも同じ不利な条件のもとで、長いあいだ闘うことによってである。これとは反対に、多すぎるほどの栄養を与えられ、過剰なまでの保護と世話を与えられた種族では、すぐにでもきわめて強烈に類型が変化する傾向があり、さまざまな異形や怪物的なものを（ときには怪物的な悪徳まで）生みだすことは、［家畜などの］飼育者の経験からも明らかである。ここで古代ギリシアのポリスやヴェネツィアなど、貴族主義的な共同体を、訓育を目的とする施設として考えてみよう（それが自発的なものか、不本意なものかは問わない）。そこでは人々が他人を頼りにし、また自分を頼りにしながら、自分たちの種を維持することを望んでいたとしよう。多くの場合、自分たちの種を維持しなければならないのであり、そうでないと恐ろしい危険に直面して、絶滅してしまうからである。ここには、種の変化が発生するのを促進するような恩恵も、過剰も、保護も存在しない。種はみずからを種として必要としている。この種は、隣人たちとの絶えざる闘いのうちで、あるいは内部で抑圧されて叛乱を起こしたか、叛乱を起こさんとしている人々との絶えざる闘いのうちで、みずからの強固さと、形態の同一性や簡略さなどの力によって、みずからを貫徹し、維持することができたのである。

この共同体はさまざまな経験から、あらゆる神々や人間たちと闘いながら勝利を収め、生き残ることができたのは、どのような特性のおかげであったかを学んだのである。彼らはこの特性を〈徳〉と呼び、この徳だけを大きく育てたのだった。彼らはこの徳を厳しく育成した。彼らが必要としていたのはこの厳しさだった。すべての貴族主義的な道徳は、青年の教育においても、女性の遇し方についても、婚姻についても、老人と若者の関係についても、刑法についても（刑法は逸脱した者だけを対象とする）、厳格である。──彼らは厳格さを「正義」という名のもとに、徳の一つとして数えるのだ。

このようにして、ごくわずかな強い特性をそなえた類型が、すなわち厳しく、戦闘を好み、寡黙で賢明な、閉鎖的で排他的な人間の種が、さまざまな世代を重ねるうちに確立されるのである（この種は同時に、社交性の魅力と綾について、きわめて繊細な感情をそなえているのである）。すでに指摘したように、ある類型が確立され、強固なものとなるのは、いつも同じ不利な条件との闘いがつづく場合である。しかしやがては、巨大な緊張が緩むような恵まれた状況が訪れる。そして隣人たちのうちにもはや敵がいなくなり、生活のための手段だけでなく、生活を享受するための手段まで、ありあまるようになる。こうして結合の絆と、昔からの訓育のための強制が一撃のもとに断ち切られる。それはもはや必要なものとも、存在するための条件とも思われなくなる。──それが存続するためには、贅沢という形式を、古風な趣味という形式をとるしかないのである。逸脱という変形や（高いものに、繊細なものに、稀少なものに変形するのである）、退化や畸型という変形が、やおら華々しく舞台に登場するようになる。個人は個人であるためには、卓越した個人になろうとする。

この歴史の転換期には、壮大で、多様で、原生林のような成長と高さを競いあうものが並びあい、しばしば入り乱れ、絡みあって登場する。この競いあいと成長のうちには、ある種の熱帯的なテンポのようなものが現れ、恐るべき破滅や自己破壊も現れる。それはたがいに「太陽と日光」を求めあって格闘する者たちが、これまでの道徳からは限界も制御や手加減のようなものも学んでこなかったエゴイズムを、たがいに荒々しく闘い、いわば爆発するエゴイズムを発揮するのである。これまでこの道徳は、怖いほどに弓をひきしぼる法外なまでの力を蓄積してきたものだった。——しかし今ではこの道徳は「時代遅れ」のものとなったのである。

偉大で、多様で、包括的な生が、古い道徳を越えて生き延びるような危険で不気味なときが訪れたのである。このときに直面した「個人」は、みずから法を定めることが求められる。自己を維持し、自らを高め、自らを救済するために、独自の技巧と狡智を働かせることが求められるのである。そこにあるのはひたすら新しい「何のため」であり、新しい「何によって」だけである。もはや共同で利用できる方式は存在せず、誤解と軽蔑が結びつき、没落と破滅と最高度の欲望がぞっとするほどに絡み合う。種族の天才が、善と悪の充満したすべての〈豊穣の角《コルヌ・コピアエ》〉から続々と湧きだしてくる。春と秋とが、まだ若くて汲み尽くされておらず、疲れはててもいない頽廃に固有の新たな魅力とヴェールをまとって、宿命のように共存しているのである。

ここにふたたび危険が、道徳の母である大いなる危険が、しかしこのたびは個人のうちに現れる。隣人と友人のうちに、街路に、自分の子供のうちに、自分の胸のうちに、みずからの願望と意志のもっとも秘められたところに現れるのである。このような時代に登場する道徳哲学者は、どのような教えを説くべきなのだろうか？　鋭いまなざしをもつ観察者であり、観照者である道徳哲学者たちは、この事態にすぐに終焉が訪れること、周囲のすべてのものが腐敗したものであり、腐敗させるものであること、ある種の人間、救い難いほどに凡庸な人間のほかには、明後日まで生き延びる者はいないことを発見する。凡庸な人間だけが、生き延び、繁殖しつづける見込みがあるのである。――これらの人々こそが未来の人間であり、唯一の生存者となるのである。今やまだ意味をもつ道徳、耳をもっている人々のための唯一の道徳は、「彼らのごとくあれ、凡庸になれ！」というものである。――しかしこの凡庸の道徳を説くのは実に困難なことなのだ！――この道徳は、それがどのようなものであるか、それが何を望むかを白状することは、どうしてもできないのである。この道徳は節度と品位について、義務と隣人愛について語らねばなるまい。――この道徳はそのイロニーを隠すことに、さぞ苦労するに違いない！――

二六三　位階への本能

位階への本能とでも言うべきものが存在する。それは何よりも、その者の高い位階を示す本能である。畏敬のニュアンスを楽しむ欲望とでも言うべきものがある。これはその者の高貴な素性と習慣をうかがわせる欲望である。また、魂の洗練、善さ、高さを調べる危険な試練があるが、これは恐ろしい権威の力によって厚かましい扱いや不作法な姿勢から守られていない第一の位階の者が傍らを通り過ぎてゆくときに、その魂がどのような反応を示すかという試練である。第一級の位階の者が、まだそれとわからず、発見されてもおらず、誘惑的で、おそらく気の向くままに身を隠し、変装して、生ける試金石であるかのようにみずからの道を歩みつつ、魂の側を通り抜けたときに、どう反応するかによって、その魂は試されるのである。

　人間の魂を探求することを課題とし、修練の一つとしている者であれば、ある魂の究極の価値を確認するために、そしてその魂に生まれつきそなわる動かしがたい位階の序列を確認するために、この技術をさまざまな形式で活用することだろう。彼はその魂を、その畏敬の本能に着目して試練にかけるだろう。〈差異は憎しみを生む〉という。野卑な人々はその天性からして、目の前に聖なる器がもちだされたり、閉ざされた櫃から貴重な品がとりだされたりすると、あるいは偉大な運命のしるしを帯びた書物が運ばれてきたりすると、たちまち汚水のように跳ね上がるものだ。あるいは思いがけずに沈黙してしまったり、目の焦点が定まらなくなったり、すべての動作が停止してしまったりする。これは畏敬に値するものが近くにあることを、その魂が感じていることをあらわにするのである。

これまでヨーロッパでは聖書にはおおむね畏敬の念が保たれてきたが、そのありかたは、キリスト教がヨーロッパに与えた習俗の洗練と規律の最善のものであろう。このような深さと究極の意味をそなえた書物を守るためには、専制的な権威が外部から訪れて、この書物を汲み尽くし、究め尽くすための数千年にわたる持続を維持しなければならないのである。もしも大衆に（あらゆる種類の浅薄で性急な輩に）、どんなものにでも手を触れてよいわけではないという感情をついに目覚めさせることができたとしたら、聖なる経験というものがあり、その前では靴を脱ぎ、汚れた手を遠ざけておかなければならないのだという感情をついに目覚めさせることができたとしたら、それは大きな成果であり、──大衆の人間性を最高度に高めるものである。

反対に「現代の理念」を信奉するいわゆる教養人に、おそらく何よりも嫌悪感を催させるのは、こうした人々には羞恥心が欠けていること、眼と手の気楽そうな厚かましさでもって、何にでも触り、舐《な》め、さすってみることだろう。今では、新聞を読みたがる精神の娼婦たち、すなわち教養人の世界よりも、大衆のうちに、しかも下層の大衆、すなわち農民などのうちに、趣味の相対的な高貴さと、畏敬の雰囲気がみいだされるのは、十分に考えられることである。

二六四　教育と教養の役割

人間の魂からは、彼の祖先がもっとも好んでつねに行ってきたことの刻印を拭いさることはできないものだ。祖先はたとえば弛《たゆ》まぬ節約家であり、デスクや金庫にへばりついていて、その欲望は慎ましく市民的であり、その徳においても慎ましかったのかもしれない。あるいはたとえば朝から晩まで命令を下すことに慣れていて、粗野な娯楽を楽しみ、おそらくはおまけに粗野な義務と責任を負っていたのかもしれない。あるいはまた、感じやすく仮借のない良心をもっていて、その良心はいかなる妥協を提示されても赤面して拒むものだったために、自分の信仰――自分の「神」――に忠実に生きるために、家柄と財産という特権を犠牲にしてしまったことがあったかもしれない。

いずれにしても、外からみるとまったく反対のようにみえても、人間が両親や祖先の特質と愛好を、自分のうちに受肉していないということは、絶対にありえないことである。これは種族の問題なのだ。ある人の両親をいくらか理解できたなら、その人について結論を下すことは許される。ある種の忌まわしい不摂生、ある種の陰険な嫉妬、不作法な自己の正当化――いつの時代でもこの三つが混じると、ほんらいの賤民の類型ができあがる――、こうしたものは、堕落した血と同じように、子供たちに確実に伝えられるものだ。そして最高の教育と教養をもってしても、こうした遺伝をせいぜいごまかすことができるにすぎない。――今日の教育と教養に、ほかに何を望むことができようか！

わたしたちのきわめて大衆的で、いわば賤民的な時代にあっては、「教育」と「教養」なるものは、本質的にごまかしの技術であらざるをえないのである。――つまり素性を、身体と精神のうちに遺伝として伝えられた賤民性をごまかす技術なのである。教育者は今日、何よりも誠実であれと説教し、教え子たちにはつねに「真実であれ、自然であれ、あるがままの自分でありつづけよ！」と叫んでいるが――この有徳で愚直な驢馬すらも、暫くすれば、ホラティウスのあの〈熊手《フルカ》〉をつかんで、〈自然を追い払う〉ことになるだろう。(62)しかしどんな効き目があるというのだろうか？「賤民」が〈つねに駆け戻ってくる〉のだ。——

二六五　高貴な者のエゴイズム

純朴な人々の耳には不快に聞こえる危険を冒してでも主張したいことがある。エゴイズムとは高貴な魂に本質的なものである、と。ここでエゴイズムというのは、「われわれこそが存在する」という人々にたいしては、他の人々はその本性からして服従しなければならないし、自分を犠牲にしなければならないという、あの確たる信条のことだ。高貴な魂は、このみずからのうちのエゴイズムを、どんな疑問符もつけずにうけいれるのであり、そのために自分が過酷であるとか、強制的であるとか、わがままであると感じることはないし、むしろそれが事実の根本的な法則に依拠したものではないかと感じるのである。——これに名前をつけようと試みよう。高貴な魂の者なら、「それは正義そのものだ」と語るだろう。高貴な魂の者も場合によっては、最初は躊躇しながらではあっても、自分と同じ権利をもつ者が存在することを認めるだろう。そしてこの位階の問題が解決されるやいなや、高貴な者たちは自分自身とつきあう場合と同じような羞恥心とたしかな畏敬の念をもって、自分と同格な者たち、自分と同じ権利をもつ者たちと交わるだろう――すべての星が熟知している生まれながらの天体力学の法則にしたがって。自分と同格な者たちとのつきあいにおいて、このような洗練と自己制御を示すことは、この魂のエゴイズムのさらに優れた部分である――すべての星はこのようなエゴイストなのだ。――彼は、自分と同格な者たちのうちで、また自分と同格な者たちに認める権利のうちで、自分自身を敬うのである。彼は、敬意と権利の交換が、すべての交わりの本質であり、事物の自然な状態に含まれるものであることを疑わないのだ。

高貴な魂は、その魂の根底に潜む情熱的で敏感な〈相互の返礼の本能〉のために、うけとったものは返礼として返すのである。「恩恵」という概念は、〈同格な者たち〉のあいだでは、いかなる意味も芳香ももたない。上から与えられた贈り物を自分に降り注がせ、雨水の滴のように飲みほすことに甘んじるのも、それなりに高邁な方法である。しかし高貴な魂は、このような技術とふるまいには長《た》けていない。エゴイズムが邪魔をして、そもそも「上」を眺めることを嫌うからだ。――彼はむしろ前を水平に、そしてゆっくりと見渡すか、下を見下ろすのが好きなのだ。彼は自分が高みにいることを知っているのだ。——

二六六　他者の尊敬

「自分自身を求めることのないものだけが、ほんとうの意味で他人を尊敬することができる」——ゲーテが顧問官シュロッサーに語った言葉。

二六七　自己矮小化

中国には、母が子供によく教える格言がある。「小心《シャオ・シン》であれ」、すなわち「自分の心を小さくせよ！」というのである。これこそが末期の文明に固有の根本的な傾向である。古代のギリシア人が現代のヨーロッパ人を眺めたら、何よりも自己矮小化の傾向をみいだしたのは確実だろうと思う。——これだけでもわたしたちは古代ギリシア人の「趣味に反する」だろうということも。——

二六八　平均化への道

卑俗さとは結局どのようなものだろうか？――言葉というものは、概念の音符のようなものだ。しかし概念というものは、多かれ少なかれ固定されたイメージの記号であり、しばしばまとまって訪れてくる感覚、あるいは感覚の集まりを示すために使われるものである。人々がたがいに理解しあうためには、同じ言葉を使うだけでは十分ではない。その同じ言葉を、同じ種類の内的な経験に使う必要があるのであり、究極のところ、人々はたがいに共通の経験をしなければならないのである。だから、たとえ同じ言葉を話していても、異なる民族の人々よりも、同じ民族の人々どうしのほうが、たがいに理解しあうものである。あるいはおそらく、人々が同じような条件（風土、土地、危険性、必要性、労働など）のもとでともに暮らしていると、そこから「たがいにわかりあえるもの」が、一つの民族が、生まれてくるものなのだ。すべての人の魂にとって、たとえその回数は同じだとしても、ごく稀にしか訪れない経験よりも、頻繁に繰り返して訪れる体験のほうが優位を占めるようになるものである。こうして人々は迅速に、そしてますます迅速に理解しあうようになる。——言語の歴史とは、［理解が］短縮されるプロセスの歴史である——。迅速に理解しあうようになると、人々は緊密に、ますます緊密に結びつくようになる。危険が大きければ大きいほどに、何が緊急の問題であるかについて、迅速に意見を一致させる必要性がますます大きくなる。危険な状況においてたがいに誤解しないこと、それは人々が交際において決して欠かすことのできないものである。

どんな友情も恋愛も、次の方法によって試すことができる。これは、二人とも同じ言葉を使いながら、たがいに相手とは違うことを感じ、考え、察知し、願い、望んでいることが明らかになったとしたら、友情や恋愛が長続きすることができるだろうかという試練である（「永遠の誤解」への恐怖。これは男女が官能や情愛にそそのかされて、早まった結びつきをすることをしばしば防いでくれる親切な守護神《ゲニウス》なのである。ショーペンハウアーの語る「種族の守護神」のようなものではない——！）。

ある魂のうちで、どのような感覚の集まりがもっともすばやく目覚め、言葉を使って表現し、命令を下すか。これが魂の価値がもつ位階の秩序を決定するのであり、それが結局は魂の財産目録を定めるのである。ある人の価値評価は、その人の魂の構造について何かを明かすものだ。その人の生の条件がどこにあるか、その人のもっとも緊急な問題は何であるかを漏らすのである。ところではるか昔から、この緊急な問題に直面した人々が、同じような要求をもっていること、同じような経験をしていることを、同じような記号によって示すようになり、それが人々を近づけたのだとすると、全体として次のことを確認できるだろう。緊急な問題について容易に伝達できること、すなわちごく平均的な卑俗な体験こそが、人間をこれまで支配してきた暴力のうちでも、もっとも力強い暴力だったに違いないのである。

だから、ごくふつうの似通っている人々こそが、もっとも有利だったし、現在でも有利なのだ。反対に選び抜かれ、繊細で、稀少で、理解し難い人々は孤立しがちであり、孤独のうちで不慮の出来事に襲われるものであり、繁殖することも稀なのである。このように〈類似したものに向かって前進すること〉は自然なこと、あまりに自然なことなのである。だから人類が類似したもの、ふつうのもの、平均的なもの、家畜の群れのようなものに向かって、要するに卑俗なものへ！——進むのを妨げるためには、巨大な抵抗力を呼び起こす必要があるのだ。

二六九　愛の「力」

心理学者が、――すなわち生まれつきの運命的な心理学者、この魂の解読者が――、選り抜きの症例や人間を調べるようになればなるほど、同情のために窒息する危険は強くなるのである。心理学者は、ほかの人間以上に堅牢さと明朗さを必要とするのだ。というのも、より高き人間、異質な性質をそなえた魂が堕落し、没落するのは避けがたいことだからである。こうした避けがたい事態をつねに目撃しているのは恐るべきことである。この没落を目撃した心理学者、すなわち、より高き人間の内的な「救いがたさ」の全体を眼にして、すべての意味で永遠に「遅すぎた！」と嘆かざるをえない事態を、人間のすべての歴史をつうじてひとたび、そしてほとんどつねに繰り返して目撃する心理学者は、みずからさまざまな拷問をうけるに等しいのである。――この拷問はある日、心理学者が自分の宿命に憤然として立ち向かい、自己を破壊する原因となるかもしれない。――みずからを「破滅させる」原因となるかもしれない。ほとんどすべての心理学者には、平凡できちんとした人間との交際において裏切りを働く傾向や好みが感じられるものだ。ここで示されているのは、心理学者はつねに治療を必要としているということである。心理学者は、その洞察と心理解剖の仕事によって、その「手仕事」が彼の良心に負わせたものから逃れるために、ある種の逃走と忘却を必要としているのだ。自分の記憶を恐れること、それがこの心理学者に固有の特徴である。他人の判断の前ではすぐに沈黙してしまうのだ。そして自分が見たものが敬われ、驚嘆され、愛され、浄化されるのを、無感動な面持ちでじっと聞いている。――あるいはそこで表明された何らかの表立った見解に賛意を表明することで、自分の沈黙を覆い隠すのである。おそらく、彼の占める位置の逆説があまりに凄まじいものであるので、大衆も教養人も夢想家も、彼が大いなる軽蔑と大いなる同情を感じたものにたいして、巨大な尊敬を捧げるようになるのだろう。――これは「偉大な人間」や〈並外れた人〉にたいして捧げられる崇敬であり、こうした人物が存在することで、人々は祖国や大地や人間の尊厳や自分自身などを祝福し、敬おうという気持ちになるのだ。そして若者たちにはこうした人物を手本として示し、教育するようになる……。

これまでのすべての偉大な事例において、これと同じことが起きてきたのではないだろうか。大衆はある神を崇拝する。——そしてその「神」とやらは、哀れな犠牲獣にすぎなかったのではないか！　成功はつねに最大の詐欺師である——そして「作品」そのものが成功なのだ。大政治家、征服者、発見者などは、もはや見分けがたくなるまでに、自分の創造したもののうちに変装している。じつは「作品」こそが、芸術家や哲学者の創造した「作品」こそが、それを創造したとされる者を作りだすのだ。尊敬される「偉大な人間」なるものは、後から作りだされた小さくて劣悪な虚構なのである。歴史的な価値の世界においては、こうした贋金造りが横行しているのである。

たとえばかの偉大な詩人たち、バイロン、ミュッセ、ポー、レオパルディ、クライスト、ゴーゴリだが（わたしはもっと偉大な詩人の名前をあげるのは控える。しかしほんとうはわたしが考えているのはこうした偉大な詩人たちのことなのだ）、——彼らがいまそうであり、おそらくそうであらざるをえないところでは、刹那的な人間であり、すぐに感激し、官能的であり、子供っぽくて、信頼するときも不信を抱くときにも軽率で唐突である。彼らの魂にはふつうは何らかの〈割れ目〉が隠れているものであり、彼らの作品は多くの場合、自分の内面の恥辱に復讐するものである。彼らはしばしば飛翔を試みるが、それはあまりにも拭いさりがたい記憶を忘却したいがためである。

泥のなかにはまりこんで、ほとんど耽溺してしまうことが多いし、沼の周囲をさ迷う鬼火のようになって、しかも自分を星だと偽る——すると大衆は彼らを理想主義者と呼ぶだろう。——彼らはまた長く去らない吐き気と闘い、繰り返し訪れる不信の幽霊と闘うが、この幽霊こそが彼らを冷たくし、栄光を焦がれ求めさせるのであり、陶酔したおべっか使いの手から、「みずからへの信仰」を貪《むさぼ》りとらせるのである。——こうした大芸術家たち、そしてそもそも〈高き人間たち〉というものの正体をみとどけた者にとっては、こうした人間たちの存在がどれほどの拷問となることだろう！ すぐに分かることだが、まさに彼らこそが、女性たちのうちで際限もなしに与えられる献身的な同情の爆発を、やすやすと起こさせたのである——女たちは、苦悩の世界においては優れた透視力をもっているが、残念なことに自分の力を超えたところまで他人を助け、援助しようとするのだ。そして大衆、とくに崇拝することを好む大衆は、こうした同情を理解することができず、好奇心に満ちた独りよがりの解釈を次から次へ重ねることになるのだ。

こうした同情はきまって、自分の力の大きさについて思い違いをする。女性は、愛はすべてのことをなし遂げうると信じたがる——しかしそれは女に特有の迷信なのだ。

ああ、心の奥底を理解するものであれば、最高の愛、もっとも深い愛ですら、いかに貧しく、無援で、尊大で、やり損なうばかりであり、救うどころかむしろ破壊するものであることを、見分けることができるものなのだ！――イエスの生涯について語られている聖なる寓話や仮装のもとには、愛についての知の殉教のもっとも痛ましい実例が潜んでいることは、十分に考えられることなのだ。きわめて無辜であり、きわめて強く欲望する［イエスの］魂が殉教したのだ。この魂はいかなる人間の愛にも満足できず、愛することと愛されること、ただそれだけを渇望したのである。そして過酷であり、ほとんど狂っていて、［みずからの］愛を拒む者には恐るべき激怒を向けたのだ。愛において飽くことを知らず、足ることを知らなかった哀れな者の歴史である。彼は自分を愛することを望まなかった人々を送りこむために、地獄を発明しなければならなかったのである。――そして最後に、人間の愛がどのようなものかを理解した後に、愛そのものであり、愛することのできる力そのものである神を発明しなければならなかったのだ。――この神は人間の愛を哀れんだ。あまりにみすぼらしく、あまりにも無知だったからである！　このように感じる者、このように愛のことを知っている者は、――死を求める。――しかしなぜこのような痛ましいことにこだわるのか？　もしもその必要がないのであれば。——

二七〇　仮装の心理学

深い苦悩を味わったすべての人は、精神的な自負心と吐き気を感じているものだ——どれほどまでに深い苦悩を味わうことができるかによって、その人の位階がほぼ決まるのである。こうした人は、自分の苦悩のために、もっとも賢い人やもっとも智恵のある人が知りうる以上のことを知っているという確信を抱き、その確信によって彩られているのである。これは、「お前たちなど、何も知らないではないか！」と言いうるほどの多くの遥かな戦慄すべき世界を熟知し、そこを「わが家」としたことがあるという恐るべき確信である。……苦悩する者が沈黙のうちに抱く精神的な自負心は、選り抜きの認識者、「聖別された」とでも言うべき認識者、ほとんど犠牲にされた者とも言うべき認識者が抱くこうした誇りは、さまざまな仮装を必要とする。差し出がましい同情の手から身を守るために、そもそも苦しみにおいて自分にふさわしくないすべての者から身を守るために、仮装が必要なのだ。

深き苦悩は人を高貴なものにする。他人と違った存在にするのだ。もっとも洗練された仮装の形式の一つに、エピクロス主義がある。これは苦悩を重く考えず、すべての悲しげな者、すべての深刻なものに抵抗しようという趣味を、やがてある種の大胆さをもって誇示するものだ。自分のことを誤解してもらうために朗らかさを利用する「朗らかな人間」というものもいる。——彼らは誤解されることを望んでいるのだ。また科学は朗らかさという外観を与えるし、科学性は人間が浅薄なものであるという結論をひきだすと考えて、科学を利用する「科学的な人間」という者もいる。——彼らは人を間違った結論に導くことを望んでいるのだ。

また自分の魂が誇りに満ちながらも、癒すことのできないほどに砕かれていることを隠し、否定することを望んでいる自由で厚かましい精神の人々もいる（ハムレットのシニシズムがそうだし、——ガリアーニの場合もそうだ）。ときには、あまりに知り過ぎた不幸な賢者にとっては、愚昧そのものが仮面になる。——だからこそ、「仮面に」敬意を払うこと、そして心理学や好奇心の使い方を間違えないようにすること、それが自由な人間のつとめの一つだということになる。

二七一　純潔の意味

二人の人間がもっとも鋭く対立するのは、純潔の意味と程度についての考え方が違う場合である。二人がどれほど立派にふるまい、たがいにどれほど有益であったとしても、たがいにどんなに好意をもっていたとしても、それが何の役に立つだろう。「これについての考え方が違えば」結局のところは――「鼻持ちならない！」ということになるのだ。純潔という最高の本能は、これに憑かれた者を一人の聖者にしてしまい、驚くべき危険な孤独のうちに置くのである。それこそは聖なるものであり、――純潔の本能の最高の精神化だからである。沐浴《もくよく》の幸福のいわく言い難い充実を味わうこと、魂を絶えず夜から朝へと駆り立て、暗鬱なものと「陰鬱なもの」から、明るみへ、輝くものへ、深みへ、繊細なものへと駆り立てる情熱と渇望を抱くこと、――このような傾向こそが人を際立たせるのであり――これは高貴な傾向である――、これは人を分かつのである。――聖なる者の同情とは、人間的なもの、あまりに人間的なものの汚れにたいする同情なのである。そしてこの同情そのものが、一つの不浄であり、汚れであるものとして考えられるような魂の高さと位階というものがある……。

二七二　高貴であるとは

人が高貴であることを示す〈しるし〉のようなものがある。みずからの義務を、すべての人への義務にまで引き下げないこと。みずからの責任を譲り渡すことを望まず、分かち合うことを望まないこと、みずからの特権と、その特権の行使も、みずからの義務の一つと考えること。

二七三　孤独の毒

偉大なものを目指している人間は、その途上で出会うすべての人を手段とみなすか、遅延させるものや障害物とみなすのである——あるいはひとときの安らぎのための臥所《ふしど》とみなすのだ。こうした人物には、同胞にたいする気高い善意がそなわっているものだが、これを発揮できるのは、みずからの高みにいたって支配するようになってからのことである。それまではいつも喜劇を演じていなければならないという意識にとり憑かれ、焦っているのだ——というのは、戦争ですら一つの喜劇であり、目的を覆い隠すものだからだ（すべての手段が目的を覆い隠すように）。——それが彼のあらゆる交際を堕落させるのだ。この種の人間は孤独を知っている。孤独がいかに強い毒を蔵しているかも。

二七四　カイロスの前髪をつかむ手

待つ者に固有の問題。——高き人間が、問題を解決しうるためには、適切な瞬間に行動しうるためには、——いわば「爆発する」ことができるためには、幸運というものが必要である。さまざまな計算しがたいものが必要なのだ。だがそうしたことはふつうは起こることはないものだ。だから地上のあらゆる片隅には座って待っている人々がいるのだが、彼らはいつまで待たねばならないかを知らないし、ましてや待っていても無駄であることも知らない。時には目覚めを促す呼び声が、行動することの「許可」をもたらす偶然がおとずれることもあるが、時すでに遅い、——ずっと座って待っていたために、行動のために最善の若さと力もすでに使いはたされているのだ。どれほど多くの人々が、いざ「飛び起きよう」として、自分の四肢がすでにいかに眠り込んでいたか、自分の精神がすでにいかに重くなっていたかに気づいて、驚愕することだろう！

「遅すぎた！」と彼は呟く。みずからを信じられなくなり、永遠に使い物にならなくなったのである。――天才の領域では、「「筆をもつ」手のないラファエロ」というものは（これを広義に解釈してのことだが）、例外的な存在ではなく、ごくありきたりのことなのではないだろうか。――おそらく天才というのはそれほど稀なものではないのである。稀なのは、偶然の前髪をつかむために、「好機」を、カイロスを思いのままにするために、天才が使う必要のある五百本の手なのである。

二七五　高貴さと低劣さ

ある人の高貴さをみることを望まない者は、その人における低劣なもの、目立つものに、それだけ鋭い眼を向けるものだ。――そしてそのことによって自分の正体をさらけだすのだ。

二七六　高貴な魂の脆さ

下劣で粗野な魂は、どんな種類の障害や損失にあっても、高貴な魂よりうまくやりすごすことができる。高貴な魂が直面する危険のほうが大きくならざるをえないし、生活条件が多様なものであることからして、不幸な目にあって滅びる可能性はきわめて大きいのである。——蜥蜴《とかげ》のような動物であれば、失った尻尾はまた生えてくるが、人間の場合はそうはゆかない。——

二七七　完成のメランコリー

——まったくひどい話だ！　昔ながらの愚かさの繰り返しだ！　自分の家を建て終わった頃になって、家を建てる前に——建て始める前に知っておかなければならなかったことを、やっと学んだことに気づくのである。「遅すぎた！」という永遠の悲痛な嘆き。――すべてを仕上げてしまった者のメランコリー！……

二七八　二枚目の仮面

――漂泊する者よ、君は誰なのか？　君は、嘲笑することもなく、愛することもなく、底の知れないまなざしで、自分の道を歩んでゆく。まだ計り足りないうちに、すべての水底の深みから、光のもとに引き上げられてきた測深器のように濡れて、悲しげにみえる――君は深みでいったい何を探していたのか？――君の胸は溜め息をつくこともなく、君の唇は吐き気を隠し、君の手は何をつかむにもはなはだ遅い。君は誰なのか？　君は何をしてきたのか？　ここで安らぐがよい。この場はすべての者を客として歓待する。休息するがよい！

　君が誰であろうと構わぬ、君にはいま何が気にいるのか？　休息するには何が欲しいのか？　そのことを告げるがよい。わたしがもっているすべてのものを君に与えよう！――「休息のためだって？　休息のためだって？　おお、好奇心の強い者よ、お前はそこで何を言っているのだ！　しかしわたしが欲しいものは、わたしが頼みたいものは——」。何だ？　何だ？　さあ、言いたまえ！——「わたしが欲しいのはもう一枚の仮面だ。二枚目の仮面だ！」……

二七九　悲しみと幸福

深い悲しみにしずむ者は、幸福になるとその悲しみの深さを明かすことになる。まるで嫉妬のあまり、幸福をおし潰し、窒息させるかのように、幸福につかみかかるのである。——ああ、彼らはよく知っているのだ。幸福がすぐに自分の手元から逃れ去ることを！

二八〇　跳躍の前

「駄目だ！　駄目だ！　いったいどうしたのだ？　彼は——後戻りしているではないか？」。——そのとおりだ。しかし君たちがそのことを嘆くなら、君たちは彼を理解していないのだ。彼はすべての偉大な跳躍をする者と同じように、飛ぶために後戻りをしているのだ。――

二八一 自己認識の〈謎〉

――「わたしの言うことを信じてもらえるだろうか？ しかしわたしは、信じてもらうことを要求する。わたしは自分のことを、また自分について、つねに手厳しく考えてきた。そもそも自分のことを考えるのはごく稀なことであり、強いられた場合だけだった。しかも〈その事柄そのもの〉を考える楽しみもなく、「自分」から遠ざかりながら、成功すると信じることもなく、考えてきただけだ。それは自己認識というものが可能であることに、抑えがたい不信感を抱いているからである。この不信の念に駆られてわたしは、理論家が認めている〈直接的な認識〉という概念は、形容矛盾ではないのかと感じるまでになってきたのである。――わたしが自分について知っているほぼもっとも確実なことは、こうした事実の全体なのである。わたしのうちには、自分について何か確定的なものを信じることに、ある種の反感のようなものがあるのだ。――そこにはおそらく謎が潜んでいないだろうか？ おそらく。しかし幸いにもそれはわたしの歯の立つようなものではない。――それはわたしが属している「人間という」種に固有なものも明らかにしているのではないだろうか？――しかしわたしについて何らかを明かすものではない。わたしには望ましいことではあるが――」

二八二　食後の吐き気

「君はいったいどうしたんだ？」――彼は戸惑いながら答えた。「わたしには分からない。わたしのテーブルの上を怪鳥ハルピュイアが飛んだのかもしれない[63]」。――最近はときに、穏やかで、節度があり、控え目な人物が、唐突に怒りだし、皿を叩き割り、テーブルをひっくり返し、叫びたて、荒れ狂い、すべての人々に無礼を働くようなことがあるものだ。――やがては自分に恥じ入り、自分のことに腹を立てながら、どこかへ行ってしまう。――どこへ行ったのか？　何のために？　どこかに隠れて飢え死にでもしようというのか？　自分のしたことを思いだして窒息死でもしようというのか？

――高尚で、好みにうるさい魂の欲望を抱いている人にとっては、テーブルに自分の好みの食事が用意されていることがごく稀だろうし、そうした羽目に陥る危険性は、いつの時代でも大きなものだろうが、現在ではそれは異様に大きなものとなっている。同じ皿の料理を分けあうことも忌まわしいような騒がしく、賤民的な時代に投げ込まれて、その人が飢えと渇きのために、あるいはついにその皿に「手を伸ばした」とするなら──思いがけずも襲われた吐き気のために、破滅するかもしれないといった具合だ。

──わたしたちはおそらく、誰もが自分にふさわしくないテーブルについてしまっているに違いない。そしてわたしたちのうちでもっとも精神的な者、この養うことのもっとも難しい者たちは、自分たちの前にある食べ物と、ともにテーブルについている者たちについての洞察と幻滅に急に襲われたときに生じる、あの危険な消化不良を経験しているのである、──あの食後の吐き気を。

二八三　他者の称賛

他人を称賛しようとした場合に、その人と意見が一致しないところだけを称賛しようとするのは、繊細で、高貴な自己抑制と言えるだろう。——そうではなく「意見が一致するところを」称賛するというのは、自己を称賛するのと同じことであり、これは良き趣味に反するというものだ。——もちろんこのような自己の抑制は、いつでも誤解されるための思わぬ動機やきっかけとなるものである。しかし趣味と道徳性において、このような真の意味での〈贅沢〉を味わうことができるためには、精神の鈍い人々と暮らしていてはならないのだ。むしろ、誤解や失策も、その繊細さのために人々に楽しみの種を提供するものとなるような人々のうちで暮らさねばならない。——それでないと、高い代償を支払うことになるだろう！——「彼はわたしを称賛している。だからわたしの正しさを認めているのだ」。——このような愚かしい推論は、わたしたちのように、隠遁して暮らす者たちの半生を駄目にしてしまうものだ。これはわたしたちの隣人と友人のうちに、間抜けな人々を連れ込むことになるのだ。

二八四　孤独の徳

大いなる誇り高き放下《ほうげ》をもって生きること、つねに世から超然として生きること。――みずからの情動を、みずからの賛否の意見を、気の向くままにもち、そして手放すこと。しばらくのあいだ、そうしたものが訪れるに任せること。馬を御するように、むしろ驢馬を御するように、そうしたものにまたがること。――すなわちこうしたものの愚かさと情熱を利用する術を知っていなければならないのだ。自分の前に、三百もの異なる景色を用意しておくこと。そしてサングラスも用意しておくことだ。誰にも自分の目の中を覗かせてはならない場合、ましてや自分の「心の底」を覗かせてはならない場合があるからだ。

また慇懃という、あの腕白で明朗な悪漢を仲間につけておくことだ。そして自分の四つの徳、すなわち勇気と洞察と共感と孤独という四つの徳の主人でありつづけることだ。孤独はわたしたちにとって一つの徳である。それは純粋さのもつ崇高な傾向と衝迫を示すからだ。この衝迫は、人間と人間が接触するとき――「社交」の場において――、人間がいかに不純なものとならざるをえないかを明らかにするのである。すべての共同性は、どうしたってどこかで、いつか人を――「卑俗」にするのだ。

二八五　星からの光

もっとも偉大な出来事ともっとも偉大な思想は――しかしもっとも偉大な思想とは、すなわちもっとも偉大な出来事である――、つねにもっとも遅く理解される。それと同時代の世代は、こうした出来事を経験することがなく、――その傍らを通りすぎるようにして生きているのである。星辰の領域と同じことが起きているのだ。もっとも遠くにある星からやってくる光は、もっとも遅く人間に訪れる。そして光が人間にとどかないあいだは、そこに星があることを――人間は否定するのである。「一つの精神が理解されるまでは、いったい何世紀を必要とするのだろうか？」――これもまた位階の秩序と礼儀作法《エチケット》を作りだすための尺度となる。精神と星にはこれが必要なのだ――。

二八六　下をみる人

「ここは展望が開けていて、精神が高められる」。――しかしこれとは反対の種類の人間もいるのだ。高いところに進み、展望が開けると、――「高みではなく」下を見下ろす人もいるのだ。

二八七　高貴さの確信

――高貴なものとはどんなものだろうか？　わたしたちにとって今日、「高貴な」という言葉がどんな意味をもつのだろうか？　この陰鬱に垂れこめた空のもとで、賤民の支配が始まる今日において、すべてのものが不透明で鉛色になるこの時代にあって、高貴な人間であることは何によって分かるのだろうか、どうやって高貴な人間を見分けることができるのだろうか？――高貴な人間であることを証すのは、行動ではない。――行動はつねに多義的なものであり、つねに謎めいたものなのだ――。高貴な人間であることを証すのは、「業績」でもない。今日の芸術家や学者のうちには、高貴なものへの深い渇望に駆り立てられていることが、その業績から理解できる人も多い。しかし高貴なものへの欲望というものは、高貴な魂そのものの欲望とは根本的に違うものだ。むしろこれは高貴な魂の欠如を示す雄弁で危険な兆候なのである。高貴な人間であることを決定的に示すのは、その位階の秩序を定めるのは、古い宗教的な用語を新しい、もっと深い意味で使うとすれば、その人の業績ではなく、「信仰」である。すなわち高貴な魂が、自分は高貴な魂であることを根本的に確信しているかどうかなのだ。これは探してえられるものでもなく、みつけられるものでもなく、おそらく失われることもないものである――高貴な魂は、みずからに畏敬の念を抱くのである――。

二八八　感激の徳

どれほど身体をひねってみたり、向きを変えてみたりしても、そして「隠したい心のうちをあらわにしてしまう、この」裏切り者の眼をどれほど両手で蔽ってみても

(――まるで手が裏切り者ではないかのように!――)どうしても避けがたく、精神をもってしまう人々がいるものだ。そして最後には、こうした人々はあるものを、すなわち精神を隠しもっていることを暴露してしまうのだ。できるだけ長いあいだ人を欺き、自分を実際にそうであるよりも愚かなものとみせるためのもっとも巧みな方法の一つは――これは日常生活においては、雨傘と劣らず不可欠なものだが――、それは感激してみせるということだ。ただしこれに似つかわしいもの、たとえば徳なども一緒に示す必要があるのだが。これをよく知っていたはずのガリアーニが語るように、徳とは感激だからである。

二八九　隠遁者の哲学

隠遁者が書いたものからはいつでも荒野のこだまのようなものが、孤独の囁き声のようなものが、孤独のうちでおそるおそる周囲を見回しているような気配が聞きとれるものだ。きわめて強い言葉からも、叫び声そのものからも、ある新しい種類の危険な沈黙と寡黙が響いて聞こえるのだ。隠遁者とは年がら年中、そして昼も夜も、ただ自分の魂だけと親密な諍《いさか》いと対話をつづけてきた者であり、自分の洞窟の中で――それは迷宮かもしれないが、金鉱であるかもしれないのだ――、穴熊に、宝探しに、宝守りに、あるいは竜になってしまった者のことである。こうした者の抱く想念は、ある独特な黄昏色《たそがれいろ》をおびるようになり、深みの匂いとともに黴《かび》の臭いがするものだ。そして近くを通るすべての人に、ある伝えがたいもの、不快なものを冷たく吹きつけるようになる。

隠遁者は、かつて哲学者が――哲学者はつねにまず隠遁者であったとして――、自分だけの最後の言葉を書物のうちに書き残したとは考えていない。そもそも人が書物を書くのは、自分のうちに隠しもっているものを隠すためではないだろうか？――そうだ、隠遁者はそもそも哲学者が「自分だけの最後の言葉」というものをもつことができるものかどうかを疑問に思うだろう。哲学者であれば、すべての洞窟の背後には、もっと深い洞窟が潜んでいるのではないか、潜んでいるに違いないのではないか――表面を越えた彼方には、もっと広々として、見慣れない豊かな世界があるのではないか、あらゆる〈土台〉の下に、あらゆる「根拠づけ」の下に、さらに深淵が潜んでいるのではないか、と。

すべての哲学は、前景の哲学である——これが隠遁者の判断である。「彼がここで立ちどまり、後ろを振り返り、周囲を見回したということ、彼がここをもっと深く掘り下げず、鋤《すき》から手を放したということ、そこには恣意的なものがある。——さらには不信をかき立てるものもある」。すべての哲学は、別の哲学を隠しもっている。すべての意見は一つの隠れ場であり、すべての語もまた一つの仮面である。

二九〇　共感の情

すべての深い思想家は、誤解されるよりも理解されることを恐れるものだ。誤解されて苦しむのは、彼の虚栄心だけだろう。しかし理解されて苦しむのは彼の心であり、共感の情である。共感の情はつねにこう語るのだ。「ああ、君たちはなぜわたしのように苦しい思いをしたがるのだ？」

二九一　道徳とは

人間とは、何とも嘘つきで、不自然で、不透明な動物である。ほかの動物からみると人間は、その力よりも策略と狡智のために不気味な存在である。人間は自分の魂を何とか単純なものとして享受しようと、疚しくない良心というものを発明したのだ。だから道徳というものは、魂を注視して楽しめるように発明された長期にわたる細心な欺瞞にほかならない。この観点からみると、一般に考えられている以上の多くのものが「芸術」のカテゴリーに含まれるものとなるだろう。

二九二　哲学者とは

哲学者とは、絶えず異常なことを経験し、見聞きし、邪推し、望み、夢見る人のことである。自分自身の思想によって、外からも、上からも、下からも、彼に起こる特有の出来事や落雷に撃たれる者のことである。哲学者自身がおそらく、新しい雷光を孕《はら》んだ雷雲であるに違いない。その者の周囲でつねに雷鳴が鈍くとどろき、唸り、吠え、不気味に閃くような不吉な人間なのだ。哲学者、ああ、しばしば自己から逃走し、しばしばみずからに恐れを抱く者。――しかし好奇心が強すぎて、何度でも「自分に戻ってくる」者である……。

二九三　苦悩の礼讃

「これは気にいった。これを自分のものとして、誰からも守って、大切にしてゆこう」と語る者。一つのことをやり通し、一つの決意を実行し、一つの思想を忠実に守り、一人の女性だけを愛し、ふてぶてしい輩を罰し、うちのめすことができる者。おのれの憤怒とおのれの剣をもち、弱い者、苦しむ者、抑圧された者、さらには獣たちから慕われ、おのずからしたがわれる者。その本性からして主人である者。――もしもそのような人間が同情を抱くならば、そうであれば！　この同情には価値がある！　しかし苦しむ者たちの同情など、どれほどの意味があるというのか！　同情せよと説教する者たちの同情など！　現在ではヨーロッパのいたるところに、苦痛にたいする病的な感受性と敏感さがみられる。また苦しみの訴えを耳にすることを、忌まわしいほどに貪欲に望む傾向がみられる。宗教や哲学の〈がらくた〉によって何か高尚なものであるかのように装う柔弱さがみられる。――まぎれもない苦悩の礼讃がみられるのだ。

このような夢見るような輩の「同情」のうちで何よりも目立つのは、いわば男らしさの欠如である。――この新しい種類の悪趣味は、徹底的に力ずくでも追放しなければならない。そしてわたしは、この悪趣味から身を守るために、あの効き目のある「ゲ・サベール」というお守りを――、われらの言語で言うならば「悦ばしき智恵」という護符を――人々が胸と首に掛けられんことを望むものである。

二九四　笑いの哲学

オリュンポス的な悪徳。――ある哲学者に抗して、すなわち生粋のイギリス人らしく、すべての思索する人々の頭のうちに、〈笑い〉というものへの誹謗中傷をかきたてようとしたホッブズに抗して――ホッブズは「笑いとは、人間性につきものの忌まわしい欠陥の一つであり、すべての思索する人々は頭のうちでこれを克服するように努める必要がある」と語ったのだ——、わたしは哲学者の位階の秩序は、その笑いの位階にしたがって決められるのだと主張したいところである——もっとも高い位階の者は、黄金の哄笑をなしうる者である。神々が哲学をするのだとしたら——多くの論拠に基づいて、わたしは神々も哲学をするのだと断定せざるをえない——、神々は超人間的な新しい笑い方を知っているに違いないし、そのことに疑問の余地はないのだ。——これはすべての真面目くさったものを笑い飛ばす笑い方だ！　神々は嘲笑を好む。神々は神聖な行為をするときにも、笑いを手放せないかのようである。

二九五　ディオニュソス神

心情の天才でもある偉大な韜晦者《とうかい》、この誘惑する神であり、生まれつきの良心の誘拐者は、その声でもって、すべての魂の冥界にまで降りてゆくことができる。彼の語る言葉、彼の投げるまなざし、そのどれ一つとして誘惑のための底意と含意のないものはない。彼が人々に自分の姿を示すやりかたは、まことに名人芸である。——それも自分のありのままを示すのではなく、彼につきしたがう人々が心の底から、根本的に服従するように、ますます彼に近づき、彼のもとに押し寄せるように、しかもそれがたんなる強制には思えないように、自分の姿を示すのである。――心情の天才とは、騒ぎたてる自惚れた人々を沈黙させ、耳を傾けることを学ばせる者であり、粗い魂を滑らかにし、彼らに新しい願望を――深い大空が映るように、鏡のように静まりかえっているという願望を楽しませる者である。――この心情の天才は、不器用で性急な手に、ためらうこと、そして優しくつかむことを教える。心情の天才は、厚く濁った氷の下にも、隠されたままに忘れられた宝が潜むことを、善意と甘い精神性の滴が潜んでいることを明かすのである。多量の泥と砂のうちに長いあいだ閉じ込められていた金の粒を探りあてる占いの棒なのだ。――この心情の天才に触れた者は、誰もがいよいよ豊かになるが、それも恩恵を与えられたからというわけでも、驚かされたからというわけでもない。見知らぬ富を恵まれたり、おしつけられたからというわけでもない。むしろみずからが豊かになり、かつてないほどに新しいものとなるからである。いわば氷を溶かす春先の風に吹かれて、深みから掘りだされ、心もとなく感じるかもしれないし、前よりも繊細で、壊れやすく、砕かれたものとなっているかもしれないが、それでもまだ名前もつけられていない新しい希望に満ちているから、新しい意志と生気に満ちているから、新しい憤懣と逆流する血に満ちているからである……。しかしわたしは何をしているのだろうか、友よ？　わたしは誰のことを語っているのか？　わたしは君たちにその名を告げるのを忘却するほどに、われを忘れているのだろうか？　しかし君たちはすでに、このような驚嘆すべき精神と神が誰なのか、このように称えられようとしているのが誰なのか、知っているのではあるまいか。

子供の頃からつねに漂泊し、いわば異郷に滞在していた者と同じように、わたしも多くの奇妙で危険でなくもない精神たちと道で遭遇してきたのである。とくにわたしがこれまで語ってきた精神、すなわちディオニュソス神とは何度も出会ったのである。かの誘惑する両義的な神、君たちも知っているように、わたしがかつて、ごく内密に畏敬をこめて、処女作を捧げた精神である——（しかしわたしは、この神に犠牲を捧げた最後の人物だったようだ。わたしがあのときに為したことを理解したように思える人は、一人としていなかったからだ）。その後わたしは、この神の哲学について多くのことを、あまりに多くのことを学んできた。それもすでに述べたように、口伝として直接に教えられたのだった。——わたしはディオニュソス神の最後の門弟であり、最後の秘蹟を授けられた者である。だとするとわたしはもはや、許されるかぎりでこの哲学について、わが友にもわずかながらその味わいを楽しませ始めてもよいのではないだろうか。

もちろんそれも声を潜めてのことだ。ここで語られるのは、さまざまな隠密なもの、新奇なもの、耳慣れぬもの、驚くべきもの、不気味なものだからだ。ディオニュソス神が哲学者であるということ、神々もまた哲学をするということ、このことすらすでに耳新しいことに思えるのだ。これは語って無害なことではないし、哲学者のうちでは不信の念を醸しだすものかもしれないのだ。──君たち、わが友のあいだでなら、それほど抵抗にあうことではないだろう。この哲学が訪れるのはむしろ遅すぎたと言えるくらいだからだ。それに君たちはもはや神も神々も、あまり信じていないという噂だ。わたしの物語の大胆さをさらにおし進めて、君たちの耳にしっかりとなじんだ習慣からはもはや厭わしいと思えるところまで行かねばならないのではないだろうか？たしかにこの神は、こうした対話のうちではどんどん歩を進めてしまい、わたしの何歩も先を歩んでいたのだ……。もしも人間のしきたりにしたがってこの神に、美しく華麗な装飾と美徳の称号を与えることが許されるならば、わたしはこの神について、その探求者としての、発見者としての勇気を、遠慮するところのない誠実さと真実を、智恵への愛を、大いに称えたことだろう。しかしこの神は、神を称えるこうした装飾やがらくたなど、まったく無視してしまうのだ。神は言うだろう。「このようなものは、汝や汝と同類の者たち、そしてこうしたものを必要とする者たちのために、とっておくがよい！　わたしには——みずからの裸体を覆い隠す理由などないのだ！」——はたして理解してもらえるだろうか、このような神や哲学者には羞恥というものが欠けていることが？——神はあるときこうも言った。「場合によってはわたしも人間というものを愛する」——これはその場に居合わせたアリアドネのことを指していたのだ[64]、「わたしからみれば人間は、地上に存在するすべての生き物のうちで、もっとも愛すべく、勇敢で、独創力のある動物なのだ。どんな迷宮に迷いこんでも、正しい道をみつけられる生き物だ。わたしは人間に好意を抱いている。わたしは、どうすれば人間をもっと前に進ませ、今よりもっと強く、もっと悪く、もっと深いものにできるだろうかと、思い巡らすことがしばしばある」

——わたしは驚いて「もっと強く、もっと悪く、もっと深くですか？」と尋ねた。

「そうなのだ」と神は言葉を重ねた。「もっと強く、もっと悪く、もっと深くだ。もっと美しくでもある」。——そして誘惑者である神は、人を魅惑する褒め言葉を語ったかのように、穏やかな微笑を浮かべた。このことからも、この神には恥じらいなどないことはすぐに分かる。——だから神々が人間から学ぶべきことがいくつかあるのではないかと想像することも、まったく根拠がないわけではない。わたしたち人間は、——より人間的なのだから……。

二九六　思想の〈午後〉

ああ、お前たちはそもそも何者なのだ、書き記され、描きだされたわたしの思想よ！　しばらく前までは、お前たちはまだ多彩で、若く、意地悪で、たくさんの棘があり、秘めやかな風味に富んでいて、わたしをくしゃみさせたり、笑わせたりしたものだった——しかし今ではどうなのか？　すでにお前たちはその新しさを失って、いくつかのものはすでに、〈真理〉にまでなっている（のではないかと、わたしは恐れるのだ）。お前たちはすでにそれほどまでに不死のものに、心が痛むほど誠実で退屈なものになっているようにみえるのだ！

かつてからそうだったのだろうか？　わたしたちは何を書き、何を描いているのだろうか、わたしたち、いわば筆を手にした中国の高官が、書き残すことができるものを永遠なものにしてしまうわたしたちが、いったい何を書き写すことができるのだろうか？　ああそれはただ、まさに萎《しお》れようとしているもの、香気を失い始めているものだけなのだ！　ああ、いつも遠ざかりつつある雷、力を使い果たした遠雷、黄ばんだ老年の感想だけなのだ！　ああ、飛び疲れ、方角を見失い、手でもつかめそうな鳥たち、――わたしたちの手でつかめそうな鳥たちだけなのだ！　わたしたちが永遠のものとするのは、これからもう長いあいだ、生きることも飛ぶことも適わぬようになったものたち、疲れて脆くなったものたちだけなのだ！

お前たち、書き記され、描きだされたわたしの思想よ、わたしが彩色できるのは、お前たちの午後だけなのだ。わたしは多くの色彩と、たくさんの多彩な情愛と、五十もの黄色と褐色と緑と赤の色をもっているというのに。――そしてお前たちが朝にはどのような姿だったかを、教えてくれる者とていないのだ、わたしの孤独から生まれた突然の火花であり、奇蹟であるお前たち、この昔なじみの愛すべき――邪悪な思想よ！

高き峰々より

結びの歌⑥⑤

＊＊＊

おお、生の真昼よ！　晴れやかな時よ！
　おお、真夏の庭園よ！
立ちながら、様子をうかがいながら、待ちながらすごすこの不安で幸福な時よ――
友たちをわたしは待っている、昼も夜もそなえながら
どこにとどまっているのか、友たちよ？　さあ、来るがよい！　時が来た！　時が！

それは君たちのためではなかったか、鈍色《にびいろ》をした氷河が
　今日、薔薇で飾られているのは
小川も君たちを待ちかねている。憧れに満ちて押し寄せ、吹きつけているのは
風と雲だ。今日はいつもよりも空高く、青空に向かって
遥かな鳥のまなざしで、君たちの様子をうかがいながら

いと高きところに、君たちのためにわたしの食卓が整えられている——
　このように星のごく近くに
住んでいるのは誰なのか、恐ろしく遠い深淵のうちに生きるのは誰なのか？
わが王国——これよりも遠くに広がる国があるだろうか？
そしてわが蜜——これをかつて味わったものがいるだろうか？……

——ああやっと到着したのか、君たち、友よ！——何と、わたしを求めて
　来たのではないというのか、君たちは？
君たちはためらい、呆れている——それなら君たちは恨めばよかったのだ！
わたしは——もはやかつてのわたしではないというのか？　手も、歩みも、顔も、変
　わってしまったというのか？
そしてこのわたしは、友よ、——わたしではないというのか？
別人になったというのか？　わたし自身にも見知らぬ者に？
　それはわたしのせいだというのか？

まるで力士だと、あまりにしばしば自分を抑えつけた力士だというのか？
あまりにしばしば自分の力に逆らい
勝つことで逆に傷つき、妨げられた力士のようだというのか？
わたしは風がもっとも強く吹くところを探したのか？
　わたしは住み慣れたのか
誰も住もうとしないところに、荒涼とした北極熊の住む地帯に
わたしは忘れたというのか、人間と神を、呪いの言葉と祈りの言葉を？
氷河をわたってゆく幽霊になったとでもいうのか？
――なつかしき友よ！　見よ！　いま君たちは蒼白になる
　愛と戦慄に満ちて！
いや、行くがよい！　怒ることはない！――ここに君たちは住まいを構えることはで
　きない。
ここ、いと遠き氷と岩壁の王国において――

ここ、人が狩人であるか、カモシカのような生き物であることしかできないところに
　あって
わたしは邪悪な狩人になって！——見るがよい、いかに強く
　ひき絞られていることか、わたしの弓が！
これほどに強くひき絞った者は、もっとも強き者なのだ——
しかし悲しいことだ！　この矢は危険なのだ
いかなる矢とくらべても。——ここから遠く離れるがよい！　君たちが傷つくことの
　ないように！……

君たちはかえってゆくのだな？——おお、わが心よ、よく耐えぬいた！
　お前の希望は強いまま変わらなかった
新しき友たちのために、お前の扉を開いたままにしておくがよい！
古き友たちは、立ち去らせるがよい！　思い出は去らせよ！
かつてお前は若かった、わが心よ、いまでは——前よりも若いのだ！

かつてわれらを結びつけていたのは、希望の絆だった――
　誰がいまそれを読むのか
愛がかつて書き残した文字を、あの色あせた文字を？
それを羊皮紙に譬《たと》えよう、手にするのもうとましく、
――羊皮紙のように陽にやけ、茶色になって。
もはや友ではない、それは――どう呼べばよいのか？――
　友の亡霊にすぎぬ！
それが夜もわたしの心と窓を叩き、
わたしをじっと見つめて言うのだ、「でもわたしたちは友人だったではないか」
　と――
――おお、萎《しな》びた言葉よ、かつては薔薇のように薫っていたものを！
おお、みずからを誤解した若き日の憧れよ！

　わたしが憧れて求めた者たち
わたしが自分の血縁と思い、自分とともに変わってゆくと思い込んでいた者たちも
彼らは年老いた、老いが彼らを追いやってしまったのだ。
わたしの血縁として残ったのは、変わってゆく者だけだった。

おお、生の真昼よ！　第二の青春よ！
　おお、真夏の庭園よ！
立ちながら、様子をうかがいながら、待ちながらすごすこの不安で幸福な時よ――
友たちをわたしは待っている、昼も夜もそなえながら
新しい友たちよ！　さあ、来るがよい！　時が来た！　時が！

＊　＊　＊

この歌は終わったのだ――憧れの甘き叫び
　口の中で死に絶えた。
魔法使いの仕業だった、しかるべき時の友は

真昼の友は――否！　それが誰なのか、尋ねてはならぬ――
ちょうど真昼だった。　一が二になったのは……

いまは祝おう、力をあわせて勝利がえられることを確信しながら
　祭りのうちの最高の祭りを
客のうちでも最高の客たる友、ツァラトゥストラが来たのだ！
今世界は笑いさざめき、戦慄すべき幕が引き裂け
光と闇のための婚礼の時が来たのだ……

＊　＊　＊

訳注

（1）真理はドイツ語ではヴァールハイトで女性名詞である。真理を女性で語るのは、西洋の哲学の古くからの伝統である。ニーチェの女性論には、本文で示されるように、女嫌いの傾向が強いが、ここでは伝統的な哲学者の間抜けぶりをからかう意味で真理が女性として譬えられている。哲学者は、中世の宮廷恋愛の伝統のように、女性に愛を捧げるべきであり、あたかも女からヴェールをはぐようにしてはならないのである。それがトルバドゥールの語る悦ばしき智恵、ゲ・サベール（断章二六〇）である。

（2）独断論はドグマティズムの訳語であり、現在では教条主義的な理論という意味合いを含んでいる。経験に基づかずに、超越的な立場から自分の理論を展開するという意味であり、カントも伝統的な形而上学が経験から離れた独断論的な立場に立っていることを批判していた。ただしここでニーチェが語っている独断論は、プラトンのイデア論に始まるものであり、西洋の哲学のほぼ全体を網羅するものである。ドグマとはギリシア語では理論、教説の意味しかなかった。

（3）ギリシア神話によると、スフィンクスはテーバイを訪れようとする人に、「朝は四本足、昼は二本足、夜は三本足。これは何か」という謎をだした。相手が間違えると、食べてしまったという。オイディプスはこれに正しく「人間」と答えて、スフィンクスは身投げして死んだと伝えられる。こうしてテーバイを救ったオイディプスは王になるのである。

（4）「すべては疑うべきである」というこのモットーは、デカルトが『省察』で語ったものである。マルクスの好みのモットーでもあった。

（5）周知のように、人間が万物の尺度であると語ったのは、プロタゴラスである。プラトンはプロタゴラスの言葉として、「人間はすべてのものの尺度である――あるものについてはあるということの、あらぬものについてはあらぬということの尺度である」という言葉を紹介している。『ソクラテス以前哲学者断片集』第V分冊、岩波書店、内山勝利訳、二八～二九ページ。

（6）定言命法は人間の道徳的な行動に無条件に適用される命令である。仮言命法は、ある目的を実現するためには何をしなければならないかを教えるが、定言命法は、

「汝、なすべし」と命じる。カントの『実践理性批判』を参照されたい。

（7）神への知的愛が人間の最高の活動であることを示したスピノザの『エティカ』は、定義、公理、定理、証明という幾何学的な方法で議論を展開する書物である。

（8）エピクロス、断片一〇一。アリゲッティ編訳のエピクロス作品集、四五九ページ（*Opere/Epicuro, A cura di Graziano Arrighetti*, Giulio Einaudi, p.459）。またアリストテレスは役者のことを「ディオニュソスの太鼓持ち」（ディオニュソコラケス）と呼ぶ人がいたと伝えている（アリストテレス『弁論術』三巻、一四〇五A、山本光雄訳、『アリストテレス全集』16、岩波書店、二〇八ページ）。ディオニュシオスはシケリアの僭主で、ディオニュシオス一世の統治している頃にプラトンはこの地を訪れ、王にご馳走になっている。息子のディオニュシオス二世には賢者になるための教育を与えようとしたこともあった。

（9）中世の驢馬祭りの驢馬の歌から。注解によるとニーチェが所蔵していたリヒテンベルクの書物からの引用だという（Georg Christophe Lichtenberg, *Vermischte Schriften*, 1867, V, 327）。もちろんここでニーチェは哲学者の「確信」を笑いものにしているのである。『ツァラトゥストラかく語りき』でも驢馬はただ「そうだ」という肯定の言葉だけを語る動物として登場する。

(10)ストア派の基本的な道徳は「自然にしたがって生きよ」ということだった。ストア派の創始者であるゼノンが『人間の自然本性について』で、「自然本性と調和しつつ生きることが目的である」と語ったことについては、『初期ストア派断片集』I、中川純男訳、京都大学学術出版会、一二八ページ以下を参照されたい。

(11)「アプリオリな総合判断がどのようにして可能なのか」という問いは、カントが『純粋理性批判』の冒頭で提起した問いであり、この書物はこの問いを軸に展開される。

(12)カントの哲学を継承しながら、ドイツ観念論の哲学体系の構築を試みたシェリングもヘーゲルも、テュービンゲンの神学校を卒業している。

(13)モリエール『病は気から』第三幕、幕間のラテン語の台詞。ただし邦訳の全集では省略されている。

(14)ルッジェロ・ジュゼッペ・ボスコヴィッチ（一七一一～八七）はクロアチア生まれの数学者、物理学者。ニュートンの自然科学の理論に依拠して、原子説を唱えた。カントと同時代の自然科学者であり、カントの理論には感銘をうけなかったニーチェも、この学者の理論に強い感銘をうけて、書簡などでは何度も引用している。

(15) スピノザの哲学の中心的な概念は、すべてのものが自己を保存しようとする衝動(コナトゥス)をそなえているということにある。ニーチェはこの概念に賛同しながらも、たんに自己を保存するのではなく、それを強化し、活気づける力が必要だと考えて、それを「力への意志」という概念にまで発展させたのである。

(16) フロイトの無意識の考え方が、ニーチェのこの「エス」の概念に強い影響をうけたのは、フロイト自身が認めていることである。フロイトは「ニーチェは、われわれのありかたにおいて非人称的なもの、いわば自然必然的なものを〈エス〉という文法的な表現で呼ぶのをつねとしていた」と語っている。『自我論集』中山元訳、ちくま学芸文庫、二二〇ページ参照。

(17) ウラル・アルタイ語族に属するとみられる日本語において、主語の概念が未発達であることも有名である。

(18) ミュンヒハウゼンは『ほらふき男爵の冒険』の主人公で、途中で沼に落ちてしまう。すると「すなわちワガハイ、この手でワガ辮髪をばひっつかみ、馬腹をわが膝でしっかと締めて、ウマとワガ身をワガ腕力にて、沼から引き上げたのであります」（ビュルガー編『ほらふき男爵の冒険』新井皓士訳、岩波文庫、七〇ページ）。

(19) 古代のアテナイでは毎年の悲劇の上演の後に、半人半獣の姿をしたサテュロスが登場する。サテュロスは滑稽で、エロティックな喜劇を演じるのが通例になっていた。

(20) 古代ギリシアのキュニコス派の哲学者の代表はディオゲネスである。彼は人間の性的な欲望の自然さを示すために、広場でオナニーをしてみせて、空腹もまたお腹をこするだけで収まればいいのだがと、語ってみせた。キュニコス派のクラテス夫妻は広場でセックスをしてみせたことでも有名である。このように常識的な道徳に挑戦する姿勢のために、彼らは犬（キュネー）に由来する汚名を与えられたのだった。

(21) フェルディナンド・ガリアーニ師（一七二八～八七）はイタリアの聖職者で、経済学者。一七七〇年に発表し、ディドロが仏訳して刊行した『小麦取引についての対話』は、小麦価格の統制は、国の状況に応じたものとすべきであると主張し、絶対的な自由化を主張する重農主義を批判したものである。ウイットに富む文章で、ヴォルテールから称賛された。

(22) これらの「亀の這うように《クルマガティ》」、「蛙の足取りで《マンディカガティ》」、「ガンジスの流れのごとくに《ガンガスロトガティ》」という三つの言葉はサンスクリットであり、ニーチェはこれを思考あるいは文体のテンポの問題と考えている。次の二八節では、ニーチェは理想とする文体を考察していて、ドイツ語ではイタリアの「速く」プレストのテンポで語ることが困難であることを指摘しているが、「ガンジスの流れのごとくに《ガンガスロトガティ》」が、このプレストのテンポに相当する。「亀の這うように《クルマガティ》」は、「遅く」レントのテンポであり、「蛙の足取りで《マンディカガティ》」はスタッカートである。ニーチェの一八八六年の草稿、邦訳の『ニーチェ全集』白水社、第Ⅱ期、第九巻、一三二ページを参照されたい。

(23) 迷宮はニーチェにとっては重要な比喩である。心というものがひとつの迷宮でもあるからだ。古代のクレタ島はミノス王が統治していたが、妻のパシファエが牡牛に恋をして、まぐわって子供を産む。それが半人半獣のミノタウロスであり、王はこの怪物が外に出られないように、迷宮を作る。この迷宮に入った者は外に出る道をみつけることができず、ミノタウロスに食べられる運命にある。この迷宮に入ってミノタウロスを殺すことに成功したのがアテナイの伝説的な王となるテセウスであり、彼が迷宮から脱出する手助けをしたのが、アリアドネである。

(24) ここでニーチェが考えているのはカントの美学である。カントはあるものが美しいかどうかという判断には、自分の利害や関心がいささかでも交じっていてはならないと考えた。「いやしくも美に関する判断にいささかでも関心が交じるならば、その美学的判断は甚しく不公平になり、決して純粋な趣味判断とは言えない」と考えたのである(カント『判断力批判』篠田英雄訳、岩波文庫、上巻、七三ページ)。

(25) ここでニーチェは最初にフランス語で、次にイタリア語で、最後にドイツ語で、この「自由思想家」という表現を三度も言い直している。

(26) ニーチェはパスカルの精神を高く評価する。そしてパスカルにおいてさえ、懐疑的で合理的な理性が「自殺」せざるをえなかったことで、キリスト教を厳しく断罪するのである。なおパスカルにたいするキリスト教の影響については、断章六二も参照されたい。

(27) 古代のローマ共和国の人々にとってキリスト教が野蛮な教えに思えた最大の理由は、三つあった――神が処女から生まれたこと、神が罪人として十字架にかけられたこと、神が死刑になったのちによみがえったことである。これらの問題をめぐる当時の代表的なローマの思想家とキリスト教の教父の激しい論争は、ケルソスとオリゲネスの議論の内容を紹介したオリゲネス『ケルソス駁論』にありありと記録されている。

(28) クンドリーはヴァーグナーの『パルジファル』の登場人物で、魔術師クリングゾルの手下となる呪われた女性。パルジファルにとって正負の両義的な役割を果たす。

(29) 北方の民族にとってはキリスト教が、民族の精神を裏切るような教えとしての感覚を残していたことについては、フロイトが鋭く指摘している。ゲルマン民族は「キリスト教というううわべの下では、かつての祖先と同じように、野蛮な多神教に帰依している」(フロイト「人間モーセと一神教(抄)」『幻想の未来/文化への不満』中山元訳、光文社、古典新訳文庫、三七二ページ)のであり、反ユダヤ主義も、キリスト教への反感が生んだものだとフロイトは考える。

(30) オーギュスト・コント(一七九八〜一八五七)はフランスの実証主義的な社会学者。人間の知の発達を、神学的、形而上学的、実証的という三つの段階をたどるものと考え、社会学を最高段階の実証的な次元に引き上げようとした。

（31）サント・ブーヴ（一八〇四～六九）はフランスの批評家で、フランスの近代批評の創始者とみなされている。主著『ポール・ロワイヤル史』は、イエズス会と激しく対立したジャンセニスムの本拠地であるポール・ロワイヤル修道院とジャンセニスムの歴史についての詳細な研究である。

（32）エルネスト・ルナン（一八二三～九二）はフランスの宗教学者で、実証主義的な研究で名高い。超自然的なものを認めようとせず、歴史的で実証的な視点から宗教を考察した。邦訳もある主著『イエス伝』は、七巻からなる『キリスト教起源史』の第一巻である。

（33）マダム・ド・ギュイヨン（一六四八～一七一七）はフランスの神秘家で、キエティスムの主唱者の中心人物の一人。

（34）ニーチェの永遠回帰の思想は本書ではここでわずかに姿をみせるだけである。「永遠にわたって、飽くことなく、もう一度《ダ・カーポ》と叫」ぶことが、道徳と深い結びつきをもっていることは、『善悪の彼岸』という本書のタイトルがここで繰り返されていることからも、明らかだろう。

(35) これはすでに述べられた新約聖書についてのニーチェらしい「嫌味」である(断章五二参照)。旧約聖書はヘブライ語で書かれている。イエスの時代にはもはやヘブライ語はほとんど忘れられていて、アラム語が主流になっていた。しかし新約聖書は民衆の語っていたアラム語ではなく、パウロの語っていたギリシア語で書かれている。そして古典ギリシア語と比較すると、かなり簡略化された深みのない文体で書かれているのである。文献学者のニーチェにとって、文体のまずさは思想のまずさを反映するものである。

(36) ファリサイ派はパリサイ派と呼ばれることもあり、イエスの時代のユダヤ教の主流だった一派である。戒律を重視し、イエスの弟子たちが安息日を守らないことを非難するなど、新約聖書では敵役として登場する。

(37) フランコ・サケッティ(一三三〇頃~一四〇一頃)は、フィレンツェ出身の作家。風刺にとむ小説集『新奇な物語三百話』で知られる。抄訳が杉浦明平訳『ルネッサンス巷談集』岩波文庫にある。

(38) ニーチェは Grundprobleme der Moral(『倫理の根本問題』)と書いているが、コンメンタール巻の注解によるとニーチェが所蔵していたショーペンハウアーの『自然哲学と倫理についての論考』（Schopenhauer, *Schriften zur Naturphilosophie und zur Ethik*, Frauenstadt, p.137）かららしい。

（39）これはキマイラについての『イーリアス』の説明を借りたものである。「前方は獅子、後ろは大蛇《おろち》、まん中は牝山羊《キマイラ》」（ホメーロス『イーリアス』第六書一八一行。呉茂一訳、岩波文庫、上巻、二二五ページ）。

（40）アレッサンドロ・カリオストロ（一七四三〜九五）はイタリアの有名な錬金術師で詐欺師。異端と詐欺の罪で終身刑になった。ここでは人をたぶらかす才能のある人の典型として語られる。ルキウス・セルギウス・カティリーナ（前一〇八〜六二）は古代ローマ共和国の末期の貴族で、国家にたいして陰謀を企てたが、キケロに見抜かれ、追討軍に討たれた。ここでは陰謀を企む人の典型として語られている。

（41）チェーザレ・ボルジア（一四七五頃〜一五〇七）は、イタリアの政治家で、イタリア全土の征服を目指して多くの小国を征服した。邪悪な手段を使うことをためらわなかった。マキアヴェッリの『君主論』では、政治的な力量が高く評価されている。

(42)ハーフィズ(一三二六頃～九〇頃)はペルシアの詩人で、女、酒、愛などについて神秘的な比喩と象徴に満ちた詩作品を発表した。ゲーテの『西東詩集』に影響を与えたことで有名である。『ハーフィズ詩集』黒柳恒男訳、平凡社。

(43)オイゲン・デューリング(一八三三～一九二一)はドイツの経済学者、哲学者。マルクス主義批判と、それにたいするエンゲルスの反批判で有名である。エンゲルスの『反デューリング論』を参照されたい。エドゥアルト・フォン・ハルトマン(一八四二～一九〇六)はドイツの哲学者。ヘーゲルとショーペンハウアーの哲学にシェリングの晩年の哲学を加味した哲学を展開した。

(44)マダム・ド・スタール(一七六六～一八一七)を指す。スタール夫人のドイツへのシニカルな批評は有名だった。『ドイツ論』(一八一〇年)を参照されたい。邦訳は鳥影社から、三分冊で刊行されている(エレーヌ・ド・グロート、梶谷温子ほか訳)。

(45)ゲーテとナポレオンの会見の模様は、ゲーテの会見記録に記されている。「彼はわたしをしばらく見つめてから〈ヴー・ゼット・アン・ノム〉(「これこそまさに男だ!」)と語った。わたしは頭を下げた」と書かれている(コンメンタール巻による)。ナポレオンの言葉がどのような意味だったかは測りがたい。

(46) サン=テヴルモン(一六一四~一七〇三)は、フランスの思想家で、モンテーニュの影響で、宗教に懐疑的な態度を示し、啓蒙思想家の先駆けのような役割をはたした。

(47) ジェレミー・ベンサム(一七四八~一八三二)はイギリスの法学者で経済学者。最大多数の最大幸福を原理とする功利主義の基礎を築いた。クロード・アドリアン・エルヴェシウス(一七一五~七一)はフランスの啓蒙時代の哲学者で、ロックの経験論から出発して、唯物論的な理論に到達した。功利主義の先駆的な理論を形成したことで知られる。

(48) ここでニーチェが「キャント」(cant)という英語を出しているのは、ほぼ同じつづりのカント(Kant)の道徳哲学のことを、その「道徳的な偽善」を、暗黙のうちに揶揄するためだろう。

(49) 鳥刺しはヨーロッパに古くからある職業で、モーツァルトの『魔笛』に登場するパパゲーノが有名である。鳥もちを使って、鳥を捕らえた(刺した)が、ここでは人間たちを誘惑してとりこにする人物像として描かれている。

(50)ロラン夫人(一七五四~九三)は、フランス革命の際に活躍したジロンド派の女性政治家。最後はギロチンで処刑されたが、自由という名のもとにどれほど罪が犯されてきたかという名言を吐いたので有名である。スタール夫人については訳注(44)を参照されたい。ジョルジュ・サンド(一八〇四~七六)はフランスの女性小説家。ショパンの恋人だった。ニーチェがここで「サンド氏」と書いているのは、サンドが男装をすることで有名だったからだろう。サンドの男装については池田孝江『ジョルジュ・サンドはなぜ男装をしたか』(平凡社)を参照されたい。

(51)ダンテの引用は、『神曲』天国篇第二歌、二二行。ただし正確には「ベアトリーチェは上を、私はベアトリーチェを見つめていた」(Beatrice in suso, e io in lei guardava)である(寿岳文章訳、ダンテ『神曲』集英社、四五九ページ)。ゲーテの引用は『ファウスト』第二部の結語。

(52)ギリシア神話に登場するヘラクレスはゼウスが妻に隠れて人間の女性に産ませた息子であり、妻のヘラのねたみによって多くの罪を犯す運命にあり、そのために一二の不可能と思われる難題を実行することを求められる。ここでは不可能なことに挑戦する偉大な冒険者というほどの意味で、ヘラクレス座が暗示されているのだろう。

(53)アウグスト・フォン・コッツェブ(一七六一〜一八一九)はドイツの劇作家で、時代うけのする多数の戯曲を発表している。ナポレオンを攻撃し、ドイツの自由主義的な熱狂を批判したために、暗殺された。

(54)ハインリヒ・フォン・ジーベル(一八一七〜九五)はドイツの歴史家で、ランケの弟子だった。ドイツの三月革命に参加し、後はプロイセンによるドイツ統一を主唱するプロイセン学派を創設した。ハインリヒ・フォン・トライチュケ(一八三四〜九六)は、プロイセンの宰相ビスマルクの協力者で、ドイツ軍国主義を代表する右派の歴史家となった。

(55)トマス・カーライル(一七九五〜一八八一)はイギリスの批評家。『英雄および英雄崇拝』の英雄の概念が、超人の概念と近いこともあって、ニーチェはカーライルをあまり好意的に評価しない。

(56)イポリット・テーヌ(一八二八〜九三)はフランスの歴史家で哲学者。実証主義的な批評を展開した。主著は『芸術哲学』『英国文学史』。

(57)プロヴァンスはフランス南東部の地方で、地中海に面した多数の観光地に恵まれた地である。リグリアはイタリアとフランスの国境地帯にあり、現在はイタリアの州（州都はジェノヴァ）。ナポレオンが征服して、リグリア共和国を作り、その後フランス領土としたが、ウィーン会議でイタリアのピエモンテ地方に合併された。海岸にはリヴィエラなどの大保養地がつづく。

（58）タンタロスはギリシア神話の人物で、ゼウスの息子でありながら、罪を犯して永劫の刑に処せられた。池の中につけられていながら、渇きのために水を飲もうとすると水は引き、飢えのために頭上にたわわに実る果実に手を伸ばすと、風に果実をさらわれる。ここでは欲望がいつまでも満たされず、欲求し、意志をもちつづける状態に置かれた人物を象徴する。

（59）若い頃には革命を夢見ていたヴァーグナーは、晩年になってカトリックに接近するようになる。ニーチェはヴァーグナーの「きわめて油断のならない手段」によって、パルジファルがキリスト教徒にされたと嘆いている。「ニーチェ対ヴァーグナー」、原佑訳、ちくま学芸文庫版、『ニーチェ全集14』、三六九ページ参照。

（60）サガはアイスランドを中心とした北欧の散文文学で、国王や豪族の伝記や伝説を物語る。一三世紀の「伝説的サガ」と呼ばれるジャンルは、その劇的な構成で知られている。古代のゲルマンの伝説も語られている。邦訳には『エッダ／グレティルのサガ』（松谷健二訳、ちくま文庫）、『ゲルマン北欧の英雄伝説：ヴォルスンガ・サガ』（菅原邦城訳・解説、東海大学出版会）などがある。

(61) ゲ・サベール（悦ばしき智恵）は、トルバドゥールと呼ばれたプロヴァンスの吟遊詩人たちが叙情詩を作るときに使った作詩法を指して言われる。ヘルダーはこのゲ・サベールは、宮廷生活に「悦ばしく心地よい楽しみ」をもたらす技巧であり、これがヨーロッパ近代詩の「曙光」となり、ここからヨーロッパで最初の啓蒙が始まったと語ったという（『ニーチェ事典』六四七ページによる）。

(62) ホラティウスの書簡から。落ち葉を熊手《フルカ》で掃いても、またすぐに元に戻るという言葉で、格言として有名になった。『書簡集』第一巻、書簡一〇、二四行から。邦訳では「君はシャベルで自然の神／「ナトゥーラ様」を追い出すが／「自然」はいつも戻ってきて、／気付かぬうちに誤った／侮蔑の念を追い払い、／結局、勝者となるのです」と訳されている。『ホラティウス全集』鈴木一郎訳、玉川大学出版部、五八二ページ。

(63) ハルピュイアはギリシア神話に登場する怪物で、上半身が女性であり、鳥の翼と爪をもつ。

(64) 訳注(23)にみられるように、アリアドネはテセウスを救い、父の国から逃れてテセウスとともに船でアテナイに向かうが、ナクソス島で置き去りにされてしまう。獣に食い殺されたという説もあるが、ある伝説によると、ディオニュソス神に愛されて、結婚したという。ディオニュソスはニーチェにとっては『悲劇の誕生』以来の重要な神であり、アリアドネはディオニュソスの「妻」として、『偶像の黄昏』などにも登場する。ニーチェの好みのモチーフである。

(65) この詩はニーチェが新たにえた友人のシュタインに送った詩をほぼそのまま再現し、最後にツァラトゥストラの来訪を告げる二連を追加したものである。ニーチェはシュタインに真の友人であることを期待したのだったが、彼はその期待に応えなかったのである。

解説――『善悪の彼岸』の位置

中山　元

ニーチェの目論見

『ツァラトゥストラかく語りき』は、ニーチェが満身の力をこめて、世に送った作品だった。しかしニーチェの予測に反して、反響はほとんどなかった。「ドイツ語で書かれております最も深遠な作品、言語のうえで最も完全な作品」(1)とニーチェが自負するこの作品は、あっさりと無視されたのだった。「魂《ゼーレ》の、最も深い、まさに決定的な事件」(2)であるはずのこの書物が、「一種の高級な文体練習としか」(3)みられなかったのである（少なくともニーチェはそう感じたのだった）。

しかしそこでニーチェは絶望したりしない。『ツァラトゥストラかく語りき』は、自分の個人的な経験とあまりにも深くかかわっているので、読者には分かりにくかったのではないかと考え直したのだ。そこでニーチェはツァラトゥストラが詩的な言葉で「歌った」ことを、もっと素《す》の言葉で読者に分かりやすいように語り直す必要があると考えた。こうして『善悪の彼岸』という書物が生まれることになった。ニーチェはブルクハルト宛ての書簡において『善悪の彼岸』が、前の『ツァラトゥストラかく語りき』と「おなじことをいっておりますが、しかし違うのです[4]」と説明しているのである。

だからこの書物は、『ツァラトゥストラかく語りき』で実現できなかった目的を、新しい手段で実現しようという野心に燃えた書物なのだ。そして次の『道徳の系譜学』は、『善悪の彼岸』のテーマをさらに掘り下げ、展開した書物となるだろう。

しかしじつはこの『善悪の彼岸』という書物もまた、『ツァラトゥストラかく語りき』に劣らず、謎に満ちた書物だった。ニーチェはこの書物の内容が「疑問符つき」のものであること、「スフィンクスのごときもの[5]」であることを認めている。最初から最後まで、疑問符と感嘆符をちりばめたこの書物は、人々の理解を拒む高峰であるかのように、立ちはだかる。

断章が複雑かつ細心に構成されたこの書物の一つの読み方については、「本書の読み方について――訳者あとがきに代えて」をごらんいただくとして、この「解説」では、ニーチェの目論見を、プラトン以来の西洋の形而上学の全体的な批判という観点から考察してみたいと思う。デカルトに始まってヘーゲルにいたる大きな山脈を構成する近代哲学は、ニーチェのこの近代哲学の批判をつうじて、現代哲学へとつながるのである。ニーチェは現代哲学へと開かれた「ドア」なのだ。なおこの書物の第二の重要なテーマである道徳の問題系は、次の『道徳の系譜学』（近刊）の「解説」でまとめて考察することにしたい。

新しき哲学者

ニーチェはこの書物の序文で、真理を女性と考えるように、読者を誘う。「真理が女であると考えてみては——、どうだろう？」と。ドイツ語では、真理（ヴァールハイト）は女性名詞だし、フランス語でもヴェリテは女性名詞である。フランス革命のときには、真理が女性の姿でアレゴリー的に表現されたことは有名であり、古くはグノーシス主義において、智恵（ソフィア）が女性として示された長い伝統もある。グノーシス主義のソフィアは、下界の人間たちの真の母親なのだった。

哲学は真理を求める学問であるというのは、プラトン以来の西洋の形而上学の伝統的な考え方でもある。しかし真理を求めるのは哲学だけではない。さまざまな自然科学もまた真理を追い求める学問である。しかし哲学と自然科学には、真理にたいする姿勢の違いがある（べきだ）とニーチェは考える。自然科学は、ベーコンが典型的に示したように、自然についての知識が人間にとって力になると考える姿勢を示している。知は力なりと信じて、自然の真の姿を「暴きだし」、真理を手にしようとするのだ。この自然科学的な実験と解明の姿勢が、ハイデガーのいう西洋の「世界観」となり、近代の西洋の科学技術の土台となり、世界的な西洋の覇権につながったのは、周知のことである。

しかし哲学も自然科学と同じように、真理を覆うヴェールを奪って、真理の姿をむき出しにする営みであるべきだろうか。ニーチェはここで真理を女性に譬えながら、こうした近代に特有の学問的な姿勢に異議を唱える。もしも真理が女性だとしたら、真理はヴェールをはがすような乱暴な行為によっては、ほんとうの姿を示すことはないだろう。着衣をはいで示された裸体は、真理の「真の姿」であると自然科学は主張するかもしれないが、哲学はそれは真理の「真の姿」ではないと主張する（べきだ）とニーチェは考える。

それではどうすればよいのか。ここでニーチェが思い浮かべるのが、プロヴァンスのトルバドゥールが歌った宮廷風恋愛（アムール・クルトワ）の伝統である。真理を求める者は、あたかも騎士であり、戦士であるかのように、憧れの女性の前で、自分の愛と誠意と熱意を示す必要がある。乞食になることを命じられた騎士のように、すべての誇りをかなぐり捨てても、女性（真理）に服従し、女性への愛が自分の命よりも大切であることを示すよう、求められるのだ。

ここで哲学者は、真理を裸体《はだか》にするのではなく、その愛情の深さを示す「競技」において、真理の前で自分の力を示し、他の騎士と競争することを求められる。(6) ニーチェが何よりも重視する哲学者の素質は、「誘惑者」であることである。(7) 誘惑者は誘惑する。ドイツ語でこの誘惑（フェアズッフ）という語には主として四つの意味がある。第一の意味は、スポーツにおける「試技」という意味である。哲学者は、女性を前にした競技の場で、自分の力を試されるのである。宮廷風恋愛の世界は、試技の世界である。試されるのは騎士であるが、同時に騎士を試す女性も逆の意味で試される。その女性が、騎士が自分の愛と命を捧げるに足る相手であるかどうかは、この試技の場で露呈されるからである。

第二の意味は「誘惑する、そそのかす」という意味である。哲学者は女性を誘惑し、愛情を求め、真の姿を示すように「そそのかす」。相手をその気にさせなければ、相手は真の姿を示すことはない。乱暴に扱えば扱うほど、真理は隠れてしまうだろう。

第三の意味は「試してみること」である。自然科学では、自然を相手に実験する。自然を拷問にかけるように、厳しく取り調べる。しかし哲学の試みは、この実験のような拷問にかける営みではない。自分の安全を危うくしてでも、不可能と思われることでも「やってみる」のである。試してみる者は、自然科学者のように自分を安全な場所においておくことはない。自分のすべてを賭けて、試すのである。この意味には、ワインの試飲のような意味も含まれる。味見をすること、真理を嘗めてみて、味わってみるのである。毒が含まれていたならば、その毒にあたることも、哲学者の宿命である。すでにソクラテスが哲学をエロスの営みにおける試技であることを明らかにしている。(8)

第四の意味は文章の種類の一つとしての「試論」(エッセー)である。エッセーという語は、試す(エセイエ)というフランス語から生まれたものであり、ドイツ語ではフェアズッフという語を試論という意味で採用した。エッセーの本質は、反・体系性にある。体系となることを拒むアフォリズムという形式で書くことが、哲学者の重要な資質であるとニーチェは考える。体系としての哲学は、どこかに虚偽を含んでいるというのが、ニーチェの確信である。真理は断片のうちにしか姿を現さないのである。

この四つの意味(9)において、哲学者は真理の前での試技において自分の力を示す者であり、女性としての真理を誘惑する者であり、自分の力を試してみる者であり、そのために真理の後ろ姿を、真理の頬に浮かんだ一瞬のほほ笑みを、アフォリズムという断片のうちで表現しようとする者である。

西洋哲学の伝統の批判

ニーチェは真理を女性に譬え、哲学者たちを、女性の愛を勝ち取るために試技に登場し、誘惑するという試みをするエッセイストに譬えたあとで、その時点での西洋哲学の現状を一筆で描きだす。西洋哲学は、形而上学としては「独断論」(ドグマティズム)に終始しており、そのために女性の愛を勝ち取ることも、真理に近づくこともできないのである。

ニーチェがここで独断論と呼んでいるのは、「理論あるいは教説」（ドグマ）を語る哲学理論ということである。懐疑主義にいたるまで、哲学は何らかの理論を語るのをやめたことはないのであり、その意味ではすべての哲学は（少なくともすべての形而上学は）独断論ということになる。カントは『純粋理性批判』では批判という方法も精神ももたない独断論の「まどろみ」を批判していた。しかしここでニーチェが「独断論の哲学者たちはこれまで、崇高で絶対的な哲学の建物を構築してきたのだが、その礎石となるものはいったい、どんなものであればよかったのか、繰り返し問われるようになる日はおそらく近い」（一一ページ）と指摘している独断論は、カントの哲学を含めた西洋哲学の全体にあてはまるべきものである。

そのことは、その「礎石」としてニーチェがあげているものを調べてみれば明らかになるだろう。この独断論は、「記憶にないほどの昔から伝えられた民族的な迷信のようなもの」であり、こうした迷信としてはたとえば、「現在でも主観や自我という名で悪さをしつづけている魂」があげられる。またこの独断論は、「［言語の］文法のために知らず知らずのうちに生まれたある種の地口のようなもの」であり、「あるいはごく狭く、ごく個人的で、あまりに人間的な事実を、無鉄砲にも普遍化することで生まれたもの」である。この三つの誤謬に、ニーチェが具体的にどのような内容を考えているかは、本書でやがてその片鱗が示されることになるだろう。

ニーチェが本書において特に明示的に批判する必要があるとみなした哲学者は、プラトン（断章七）、ストア派（断章九）、スピノザ（断章五、断章一三、断章一五、断章二一）、ロック（断章二〇）、カント（断章一〇、断章一一）、ヘーゲルとシェリング（断章一一）、ショーペンハウアー（断章一六、断章一九）だった。そしてこれらの哲学者への批判を調べることで、ニーチェが指摘した西洋哲学の欠陥、特に前記の三つの誤謬と、こうした誤謬を批判するニーチェの根拠、そして新しい現代哲学にいたる道筋が明らかになるのに違いない。

三つの批判

第一の民族的な迷信については、ニーチェは魂の不滅という理論をあげている。人間に魂があるという理論が初めて登場したのは古代ギリシアにおいてであり、とくにソクラテスが（あるいはプラトンが）魂の不滅の理論を提起したことで有名である。それまでのギリシアでは魂（プシュケー）は動物の息のようなものにすぎず、死ぬとその息が身体から漏れてしまうのだとされていたのである。

しかしソクラテスは、人間がこの世で不正をしても罰せられないという現実にたいして、彼岸での魂の処罰という新しい概念を（おそらくオルフェウス教からひきついで）提起したのだった。魂は身体を取り替えるかのように、次々と別の身体に宿るのである。[10] この魂の不滅の理論は、カントにいたるまで強固に維持されたのである。インドでも輪廻の思想があるが、死とともに魂が消滅してしまうことがないという確信は、キリスト教の復活の教義とともに西洋の「民族的な確信」に近い性質のものである。

ニーチェはまた、アリストテレスのカテゴリーの理論が、いかにギリシア的なものであるかを指摘している。哲学がギリシア起源のものであるかぎり、西洋の民族的な信念やものの見方から逃れることはできないのである。ニーチェの展望する「新しき哲学者」は、民族の伝統のうちに無意識のうちに棲みついているこのような自民族中心主義的なものの見方に安住することなく、みずからの哲学の伝統に批判的なまなざしを向けてゆくだろう。

第二の文法への信念について本書では、主語の概念が発達していないウラル・アルタイ語圏では、西洋とはまったく違うまなざしで世界を眺めるだろう（断章二〇）と指摘している。哲学は言語を使う営みであるために、それぞれの言語に固有な文法は民族的な信念とは違う意味で、哲学者を呪縛するものであり、この呪縛をふり解《ほど》くのは困難なこととなるだろう。ほとんど無意識的に人々を規定するものだからだ。

ニーチェはこの文法への信念が、たんに言語の使用にとどまるものではなく、キリスト教という宗教と、その根源において結びついていると考えていた。『偶像の黄昏』では文法について、「わたしたちが文法を信じているかぎりは、神を捨てきることができないのではないか」と懸念を表明していたのである(11)。文法を信じるということは、言語における秩序の存在を信じることであり、それはすなわち世界の秩序を信じることである。それは同時に世界を創造した神の存在を信じることであると考えるならば、哲学にとって文法を捨てることは、不可能に等しい野望だということになるだろう。ニーチェはその野望を抱くことを、「新しき哲学者」に求める。

第三の個人的なものの普遍化という誤謬は、二つの意味で考えるべきだろうと思う。一つは哲学の背後には哲学者の個人的な事情が伏在するということだ。ニーチェは『道徳の系譜学』において、ショーペンハウアーのカント批判を紹介しながら、そこにショーペンハウアーの若さと、性的な営みについての個人的な経験の表現をみいだしていた。哲学の体系が、ごく私的な要素によって決定されてしまうこともあるのである。

もう一つは、哲学者の抱く私的な確信というものの背後にひそむ「大衆の先入観」（五四ページ）という側面である。これは民族的な迷信や文法への信念とならんで、哲学を無意識のうちに規定する要素であり、哲学者はこれを無意識のうちにとりいれて、「それを誇張すること」しかやっていないかもしれないのである。近代哲学のうちに潜む無意識を暴くことによってしか、「新しき哲学者」は訪れないとニーチェは確信しているのである。

ニーチェの哲学はこのように、近代哲学のうちで「思考されぬもの」(12)について思考する課題を示したことで、「現代哲学が思考することを再開しうる出発点となる端緒を指しめした」(13)のだった。

ところで民族と文法と大衆の先入観の呪縛から解き放たれること、それは近代の自然科学、キリスト教の神学、世間の日常的な無意識から解放されることである。ニーチェの考える新しき哲学とは、真理を暴きだすのではなく誘惑する哲学、キリスト教の道徳のくびきの魔力を明らかにして、そこから解放される道を示す哲学、すべてのものの見方のうちに潜む先入観を暴きだしながら、遠近法（パースペクティブ）の自覚へと誘う哲学である。

これらの三つの批判は、考える自我というもっとも確実な土台から出発したデカルトに始まり、人間の認識能力を批判することによって、形而上学を再構築することができると考えたカントにいたるまでの近代哲学の遺産の上に立ちながらも、哲学そのものがキリスト教の伝統にいかに制約されているかを示し、みずからの思考のうちにあって威力を発揮している無意識の存在を暴くことで、新しい哲学の営みの道を拓く試みだと言えるだろう。しかしどの道も、考える以上に困難な課題をつきつけてくるのである。

この著作を補う『道徳の系譜学』ではニーチェは、カントの哲学も近代自然科学の客観的なまなざしも日常の生活の倫理も、キリスト教の司牧者のまなざしに貫かれていることを、詳細に暴いてゆくことになる。それがニーチェの近代哲学の克服のさらなる一歩を印すことになるだろう。

（1）一八八八年六月二一日付のカール・クノルツ宛て書簡。『ニーチェ書簡集 二』塚越敏、中島義生訳、ちくま学芸文庫、『ニーチェ全集』別巻2、一七六ページ。
（2）一八八八年二月一〇日付のカール・シュピッテラー宛て書簡。前掲書一三五ページ。
（3）同。
（4）一八八六年九月二二日付のヤーコプ・ブルクハルト宛て書簡。前掲書七六ページ。
（5）一八八六年一〇月一四日付のゴトフリート・ケラー宛て書簡。前掲書八一ページ。
（6）本書の断章四二「誘惑者」を参照されたい。断章四四ではこの誘惑者としての哲学者が「新しき哲学者」と呼ばれている。
（7）ゲオルク・ピヒト『ニーチェ』は、この誘惑というテーマからニーチェの哲学を考察しようとする書物である。
（8）ソクラテスの哲学とエロスの関係については、中山元『賢者と羊飼い』（筑摩書房）の第一部第五章を参照されたい。
（9）このフェアズッフの四つの意味については、L・ランパート『ニーチェの課題』(Laurence Lampert, *Nietzsche's task*, Yale University Press, 2001) の九五ページ以下を参照されたい。この書物は、『善悪の彼岸』を断章ごとに分析しており、参考になる。

(10) この魂の不滅の理論については、前掲の『賢者と羊飼い』第一部第七章を参照されたい。

(11) ニーチェ『偶像の黄昏』。原佑訳『ニーチェ全集14』(ちくま学芸文庫)四四ページ、一部修正。

(12) ミシェル・フーコー『言葉と物』渡辺一民、佐々木明訳、新潮社、三四二ページ。

(13) 同、三六三ページ。

ニーチェ年譜

一八四四年
プロイセンのライプチヒ近郊の町レッケンで、牧師の家に生まれる。両親ともプロテスタントの牧師の家の出身だった。

一八六四年　二〇歳
ボン大学神学部に入学。古典学の魅力につかれて、翌年には神学をやめると宣言し、文学部に編入する。

一八六五年　二一歳
ボン大学で文献学を学んだリッチュル教授がライプチヒ大学に移ったため、ニーチェもライプチヒ大学に移る。リッチュルの薦めで文献学研究会を組織。ニーチェがもっとも文献学者らしかった時期である。この年ショーペンハウアーの『意志と表象としての世界』を読んで感銘をうける。

一八六七年　二三歳
ライプチヒ大学の懸賞に応募した論文「ディオゲネス・ラエルティオスの典拠について」が受賞。一〇月にナウムブルク野戦砲兵騎馬連隊に入隊し、訓練をうける。

一八六八年　二四歳
軍務中に落馬して胸を強打し、療養。一〇月に除隊になり、ライプチヒ大学に復学する。『トリスタンとイゾルデ』を聞いて、ヴァーグナーに心酔する。リッチュル夫人の紹介でヴァーグナーを初めて訪問。

一八六九年　二五歳
文献学の研究者として学界から嘱望され、リッチュル教授の推薦で、バーゼル大学から古典文献学担当の員外教授として招聘される。まだ二五歳の若さであり、しかも博士論文も教授資格の取得も免除されることになった。翌年には正教授に昇格している。ニーチェが後に身体を壊してリゾート地をさすらうあいだも、バーゼル大学は年金を払いつづけ、ニーチェの生活を支えたのだった。

一八七二年　二八歳
前の年の春にルガノに滞在していた時に執筆した『悲劇の誕生』を年初に刊行。アポロ的なものとディオニュソス的なものという二つの芸術衝動の原理を提示した傑作である。ギリシア悲劇の根底には、ディオニュソス的な芸術衝動が働いていたと主張し、その根源を「合唱」という音楽に求めた。初版のタイトルを『音楽の精神からの悲劇の誕生』としたのもそのためであり、ニーチェはヴァーグナーの楽劇において、古代のギリシアの悲劇が再生すると考えたのである。このヴァーグナーへの思い入れのために、ヴァーグナー夫妻からは激賞されるが、文献学の専門家たちの評価はきわめて低かった。リッチュル教授にまで、「才気走った酔っぱらい」と評されるくらいだったのである。この時代の論考『ギリシア人の悲劇時代における哲学』は今なお鋭い考察を秘めている。

一八七三年　二九歳
『反時代的考察』第一篇を出版。第二篇と第三篇は翌七四年刊行。当時のドイツ文化の俗物性にたいする激しい批判で、ショーペンハウアーとヴァーグナーのうちに救いを見いだしている。

一八七六年　三二歳

病気のために大学の授業を休講にする。『反時代的考察』第四篇、『バイロイトにおけるリヒャルト・ヴァーグナー』を刊行。第一回バイロイト祝祭劇で『ニーベルンゲンの指輪』の練習を聞きにでかけるが、失望して逃げ出す。イタリア旅行。

一八七八年　三四歳
『人間的な、あまりに人間的な』を刊行し、ヴァーグナーとの仲が決裂する。人々の称賛を博していたヴァーグナーが、楽劇によって古代ギリシア悲劇の精神を復活させてほしいという願いを裏切るものに思えたのである。ヴァーグナーは激しいニーチェ批判の文章を公表する。

一八八一年　三七歳
六月末に、『曙光』刊行。前年にヴェネチア、バーゼル、マリエンバード、ジェノヴァなどのリゾート地を訪問しながら、書き留めたアフォリズムを集めたものである。この時代からニーチェはホテルにトランク一つで滞在し、歩きながら考えたアフォリズムをまとめて書物にするようになる。これがニーチェの思考を紡ぐ方法となったのだった。八月にジルス・マリアに滞在。「永遠回帰」の思想に襲われたのは、この地を滞在しているときのことだった。

一八八二年　三八歳
ルー・ザロメと出会う。すぐに結婚を申し込んで、拒絶されるが、友人のレーと三人で共同生活をする計画を立てる。『悦ばしき智恵』刊行。晩期にさしかかる前の中期のニーチェのきわめて豊饒な思考を集めたものである。

一八八三年　三九歳
六月に『ツァラトゥストラかく語りき』の第一部を刊行。九月には第二部を刊行する。巧みな比喩と凝った文体で、ニーチェの思想を〈詩〉として表現した書物であり、文学作品としても名を残す傑作である。なお第三部は一八八四年、第四部は一八八五年に刊行される。

一八八五年　四一歳
ジルス・マリアに滞在しながら、『善悪の彼岸』の草稿を書き上げる。ニーチェの晩年の思想は『力への意志』としてまとめられるはずだったが、結局は完成されなかったために、ニーチェの哲学的な著書において主著となるのは、『善悪の彼岸』と『道徳の系譜学』の二冊である。

一八八六年　　四二歳

『善悪の彼岸』刊行。自費出版で、一年かけても一〇〇部ほどしか売れなかった。ニーチェのアフォリズムがもっとも巧みなテンポによって、思想的な鋭さをきらめかせながら展開された書物である。『悲劇の誕生』に「自己批判の試み」と題した文章をつけて、かつてヴァーグナーに心酔していた頃の文章を「自己批判」する。また『人間的な、あまりに人間的な』の第一部と第二部に、新しい序文をつけて刊行し直す。

一八八七年　　四三歳

改訂の試みがつづけられ、一八八一年の『曙光』に序文をつけた新版を刊行し、一八八二年の『悦ばしき智恵』に、新たに執筆した第五部と「プリンツ・フォーゲルフライの歌」をつけた増補版を刊行する。『善悪の彼岸』を補足する論文として、『道徳の系譜学』を刊行した。この書物ではキリスト教の司牧者の倫理が、いかに西洋の道徳の背後にあって、哲学や科学の思考そのものまで規定しているかを浮き彫りにする。

一八八八年　　四四歳

ニーチェ晩年のさまざまな構想が立て

られる。『力への意志』の構想の一部は、『偶像の黄昏』としてまとめられ（刊行は八九年）、キリスト教批判の部分は、価値転換の書『アンチクリスト』としてまとめられることになる。

さらにヴァーグナー批判の書物として『ヴァーグナーの場合』が執筆され、自伝的な書物『この人を見よ』も書き始められる。

一八八九年　四五歳

一月三日、イタリアのトリノで昏倒。七日までのあいだに「ディオニュソス」「十字架にかけられし者」と署名した多数の「狂気の手紙」を友人たちに送っている。なかでもヴァーグナー夫人のコジマには数通の手紙を送っているが、その一つには、「アリアドネ、われは御身を愛す。ディオニュソスより」と書かれていた。友人に伴われてバーゼルに戻るが、治療不可能と診断される。

一八九三年　四九歳

妹のエリーザベトが、ニーチェの原稿を集めて『力への意志』として編集を開始する。現在でもニーチェの著作のように扱われるが、ニーチェにはこのような形で出版する意志はなかったようである。この頃から症状は悪化し、ほとんど外出もできなくなる。

一九〇〇年　五五歳

八月二五日、死去。故郷のレッケンに葬られた。

本書の読み方について——訳者あとがきに代えて

本書は、論文形式を採用した『道徳の系譜学』とは違って、アフォリズムという形式で書かれている。ニーチェが高く評価していたフランスのモラリストたちも、気ままな断章というアフォリズムの形式を愛好していたことを考えると、いわばこれは常套手段であるのかもしれない。

しかしニーチェの好んだアフォリズムという形式をあなどってはならない。ニーチェは本書を非常に厳密な構想に基づいて構築しているのだ。体系的な思考が、短い断章のうちにちらりと姿をみせるのである。注意深く読まなければ、ニーチェがどのような思考の道筋をたどっているか、読者は読み損なってしまうことになるだろう。ニーチェはある断章でそのことを次のように表現している。「私の本のようなアフォリズムの本の中には、短いアフォリズムの間やその背後にまさに禁じられた長いもの、すなわち思想の連鎖が隠されているのである。しかもそのうちのいくつかは、オイディプスや彼のスフィンクスにとっても十分問うに価するものであるかも知れない。論文は、私は書かない。そういうものは愚か者や雑誌の読者のためのものである」(『遺された断想』。麻生建訳、白水社、『ニーチェ全集』第Ⅱ期、第八巻、三九三ページ)と。

「きわめて深淵で汲みつくしがたい書物というものは……アフォリズム的で不意打ち的な性格をもって」いるというのがニーチェの信念であり、方法論でもあった。「そこにみなぎっている力や価値評価は、長い間表層の裏に留まっているのだ。表面にあらわれるのは、その作用だけなのである」(同、三二四ページ)。読者は、ニーチェの思考の糸をたどるためには、ニーチェが語ろうとして語らなかったことまでも、読み込んでみる必要があるのだ。

だからある断章と別の断章は、いわばニーチェの思考の峰々なのだ。それらの断章に記された思考の峰の間には、深い谷が刻みこまれている。一つの峰から次の峰へと、深い谷をまたぎ越すには「長い足」が求められるのだ。たとえば断章六四と六五を読んでみよう。

六四　認識そのもののための認識

「認識そのもののための認識」。これは道徳がしかける最後の落とし穴だ。このために人々はふたたび道徳に完全に巻き込まれるのだ。

この断章は、カントの哲学の根本的な信念であった認識の「純粋さ」というものへの疑惑を語るものである。近代哲学では、人が何ものかを、いかなる価値ともかかわりなく、純粋に認識することができると考えられているし、カントはそのような人間の純粋な認識能力の働きを解明することができると考えた。そして道徳的な理性は、認識する理性とは違う分野で働くものだと考える。しかしニーチェは、「認識そのもののための認識」や純粋な認識などというものは存在せず、認識がすでに主体の利害関係や道徳と深い結びつきをそなえていることを指摘する。そしてそのことを意識しないとき、認識の主体は道徳から「罠」をしかけられると考えるのだ。認識の純粋さを主張すればするほど、無意識のところで道徳にまきこまれてしまうのである。次の断章はそれを別の視点から言い換えたものだ。

六五　認識の魅力

認識にいたる途上において克服すべき羞恥心があれほど多くなかったら、認識というものの魅力はごくわずかなものだろう。

この断章は認識するという営みにおいて、人々は自分の羞恥心を克服すべきであること、すなわち認識するという行為には、何か恥ずべきものが、道徳に反する要素が、女性のヴェールをはぐような忌まわしいものが含まれることを語っている。前の断章は認識のうちで道徳がからんでいることを意識しないときに陥る罠について語るとすれば、この断章は認識が道徳に反する要素を克服しなければ、そもそも遂行できないものであることを語るのだ。

この断章には同番号の断章が別につけられている。ニーチェは断章の番号にも、順序にもとても意識的だったから、同じ番号がついている断章は、とくに注意が必要である。二つの断章には深い関係が秘められていること、そして同じ番号をつけなければ、その関係がみえてこないことを意味しているはずなのだ。

六五a　罪

罪を犯してはならないと言うときほど、自分の神に不誠実であることはない。

この断章は理解しにくい。罪を犯す主体が誰なのか、なぜ罪を犯してはならないと言ってはならないのか、そう言うことがなぜ自分の神に不誠実になるのか。謎はいくつもの問いを投げ掛ける。しかし認識において含められている恥ずべき行為という視点から読むならば、たとえば不道徳な行為によって罪を犯すことを避けようとするならば、いかなる認識も不可能になり、いかなる行為も不可能になるという意味で読むこともできるだろう。これは人間としての行為のすべてを否定してしまうことであり、それは「自分の」神にたいして、誠意のあるふるまいとは言えないだろうからだ。そして次の断章六六では、これを「自分の」神という視点から裏返して語ってみせる。

六六　神の羞恥心

人間には、みずからをけなさせ、盗ませ、欺かせ、利用させようとする傾向がある。

これはもしかすると、人間のもとにある神の羞恥心かもしれない。

この断章は、人間がみずからを劣った存在としてしまうことをひそかに好むものだと指摘する。人間は認識においても行為においても、恥ずべき行為を避けられないからであり、不道徳な生き物だからである。しかし神はそのことを求めるのであり、その求めに応じることが「自分の」神にたいする誠実さのありかたなのだ。だとすると、人間は認識において羞恥心を抱き、それを克服してきたのと同じように、ぼくたちを見守る神は、人間をそのようなものとしたことに、羞恥心を感じるに違いない。この神の羞恥心は、人間が認識において抱く羞恥心の裏返しなのである。

ニーチェの思考の技が冴えるのは、断章と断章をつなぐ「谷」の深さにおいてだけではない。断章のうちにも多くの「谷」が潜んでいるのである。その谷の存在を示すのが、ニーチェが多用する「──」の記号である。読者はこの「──」のうちに、ニーチェの思考の糸をたどることを求められるのだ。断章と断章とを分かつ行間の白地と同じように、この「──」は伏流水として地下に潜ったニーチェの思考の水脈を読み取ることを、とぎれたかにみえる思考の糸の不可視のつながりを読み取ることを、読者に求める。

たとえば断章一〇二、愛の実り。「愛する者は、相手が自分を愛してくれると知ったときに、相手にたいして興ざめした気分になるのではないだろうか。『なんだ、君を愛するというのはそれほどつまらないことなのか？　それほど愚かなことなのか？　それとも――、それとも――』」。

短い断章だが、最後に二つの「――」がつけられている。ここで読者はニーチェが何を考えていたかを読み込まなければならない。この二つの「――」はどう読むべきだろうか。すぐに思いつくのは「じつは君はぼくのこの愛に値しない人間だったのではないだろうか」という疑念だろう。あるいはそれを反転させた思考「それともぼくは、君の愛に値するほどに高き人間だったのか」と読むのだろうか。それとも「女というものは、何とたわいのない生き物なのだろう」だろうか。それとも「愛なんて、つまらない。もっと別のことに情熱を注ぐべきだ」だろうか。それとも――、それとも――。

このようにして、ニーチェの思考の記録である本書を読む時間は、読者が切れたかにみえるニーチェの思考の糸をつなぎ合わせながら、みずからの思考の糸を紡いでゆくための貴重なひとときとなることだろう。

最後になったが、本書はいつもながら光文社の文芸編集部の駒井稔編集長と、編集者の今野哲男さんの励ましで生まれたものである。文芸編集部の中町俊伸さんには、本文のわかりやすさへのこだわりなど、さまざまな側面からご配慮をいただいた。また編集者の中村鐵太郎さんには、原文と照らして、貴重なコメントをいただいた。これらの方々のご支援に、心から感謝したい。

中山　元

kobunsha classics
光文社古典新訳文庫

善悪《ぜんあく》の彼岸《ひがん》

著者　ニーチェ
訳者　中山元《なかやまげん》

2009年4月20日　初版第1刷発行
2025年9月20日　第11刷発行

発行者　三宅貴久
印刷　新藤慶昌堂
製本　ナショナル製本

発行所　株式会社光文社
〒112-8011東京都文京区音羽1-16-6
電話　03（5395）8162（編集部）
03（5395）8116（書籍販売部）
03（5395）8125（制作部）
www.kobunsha.com

KOBUNSHA

ISBN978-4-334-75180-7 Printed in Japan

いま、息をしている言葉で、もういちど古典を

長い年月をかけて世界中で読み継がれてきたのが古典です。奥の深い味わいある作品ばかりがそろっており、この「古典の森」に分け入ることは人生のもっとも大きな喜びであることに異論のある人はいないはずです。しかしながら、こんなに豊饒で魅力に満ちた古典を、なぜわたしたちはこれほどまで疎んじてきたのでしょうか。

ひとつには古臭い教養主義からの逃走だったのかもしれません。真面目に文学や思想を論じることは、ある種の権威化であるという思いから、その呪縛から逃れるために、教養そのものを否定しすぎてしまったのではないでしょうか。

いま、時代は大きな転換期を迎えています。まれに見るスピードで歴史が動いていくのを多くの人々が実感していると思います。

こんな時わたしたちを支え、導いてくれるものが古典なのです。「いま、息をしている言葉で」——光文社の古典新訳文庫は、さまよえる現代人の心の奥底まで届くような言葉で、古典を現代に蘇らせることを意図して創刊されました。気取らず、自由に、心の赴くままに、気軽に手に取って楽しめる古典作品を、新訳という光のもとに読者に届けていくこと。それがこの文庫の使命だとわたしたちは考えています。

このシリーズについてのご意見、ご感想、ご要望をハガキ、手紙、メール等で翻訳編集部までお寄せください。今後の企画の参考にさせていただきます。
メール　info@kotensinyaku.jp

光文社古典新訳文庫　好評既刊

純粋理性批判（全7巻）

カント／中山《なかやま》元《げん》●訳

西洋哲学における最高かつ最重要の哲学書。難解とされる多くの用語をごく一般的な用語に置き換え、分かりやすさを徹底した画期的新訳。初心者にも理解できる詳細な解説つき。

実践理性批判（全2巻）

カント／中山《なかやま》元《げん》●訳

人間の心にある欲求能力を批判し、理性の実践的使用のアプリオリな原理を考察したカントの第二批判。人間の意志の自由と倫理から道徳原理を確立させた近代道徳哲学の原典。

判断力批判（上・下）

カント／中山《なかやま》元《げん》●訳

美と崇高さを判断し、世界を目的論的に理解する力。自然の認識と道徳哲学の二つの領域をつなぐ判断力を分析した、カント批判哲学の集大成。「三批判書」個人全訳、完結！

永遠平和のために／啓蒙とは何か　他3編

カント／中山《なかやま》元《げん》●訳

「啓蒙とは何か」で説くのは、自分の頭で考えることの困難と重要性。「永遠平和のために」では、常備軍の廃止と国家の連合を説く。現実的な問題意識に貫かれた論文集。

道徳の系譜学

ニーチェ／中山《なかやま》元《げん》●訳

『善悪の彼岸』の結論を引き継ぎながら、新しい道徳と新しい価値の可能性を探る本書によって、ニーチェの思想は現代と共鳴する。ニーチェがはじめて理解できる決定訳！

ツァラトゥストラ（上・下）

ニーチェ／丘沢《おかざわ》静也《しずや》●訳

「人類への最大の贈り物」「ドイツ語で書かれた最も深い作品」とニーチェが自負する永遠の問題作。これまでのイメージをまったく覆す、軽やかでカジュアルな衝撃の新訳。

光文社古典新訳文庫　好評既刊

この人を見よ
ニーチェ／丘沢《おかざわ》 静也《しずや》◉訳

精神が壊れる直前に、超人、偶像、価値の価値転換など、自らの哲学の歩みを、晴れやかに痛快に語った、ニーチェ自身による最高のニーチェ公式ガイドブックを画期的新訳で。

人はなぜ戦争をするのか
エロスとタナトス

フロイト／中山《なかやま》元《げん》◉訳

人間には戦争せざるをえない攻撃衝動があるのではないかというアインシュタインの問いに答えた表題の書簡と、「喪とメランコリー」、『精神分析入門・続』の二講義ほかを収録。

モーセと一神教
フロイト／中山《なかやま》元《げん》◉訳

ファシズムの脅威のなか、反ユダヤ主義の由来について、みずからの精神分析の理論を援用し、ユダヤ教の成立と歴史を考察し、キリスト教誕生との関係から読み解いた「遺著」。

論理哲学論考
ヴィトゲンシュタイン／丘沢《おかざわ》 静也《しずや》◉訳

「語ることができないことについては、沈黙するしかない」。現代哲学を一変させた20世紀を代表する衝撃の書。オリジナルに忠実かつ平明な革新的訳文の、まったく新しい『論考』。

経済学・哲学草稿
マルクス／長谷川《はせがわ》 宏《ひろし》◉訳

経済学と哲学の交叉点に身を置き、社会の現実に鋭くせまろうとした青年マルクス。のちの『資本論』に結実する新しい思想を打ち立て、思想家マルクスの誕生となった記念碑的著作。

自由論
ミル／斉藤《さいとう》 悦則《よしのり》◉訳

個人の自由、言論の自由とは何か。本当の「自由」とは。二十一世紀の今こそ読まれるべき、もっともアクチュアルな書。徹底的にわかりやすい訳文の決定版。（解説・仲正昌樹）

光文社古典新訳文庫　好評既刊

ソクラテスの思い出
クセノフォン／相澤《あいざわ》康隆《やすたか》◉訳

徳、友人、教育、リーダーシップなどについて対話するソクラテスの日々の姿を、自らの見聞に忠実に記した追想録。同世代のプラトンによる対話篇とはひと味違う「師の導き」。

パイドン——魂について
プラトン／納富《のうとみ》信留《のぶる》◉訳

死後、魂はどうなるのか？　肉体から切り離され、それ自身存在するのか？　永遠に不滅なのか？　ソクラテス最期の日、弟子たちと獄中で対話する、プラトン中期の代表作。

ソクラテスの弁明
プラトン／納富《のうとみ》信留《のぶる》◉訳

ソクラテスの裁判とは何だったのか？　ソクラテスの生と死は何だったのか？　その真実を、プラトンは「哲学」として後世に伝え、一人ひとりに、自分のあり方、生き方を問う。

ニコマコス倫理学（上・下）
アリストテレス／渡辺《わたなべ》邦夫《くにお》・立花《たちばな》幸司《こうじ》◉訳

知恵、勇気、節制、正義とは何か？　意志の弱さ、愛と友人、そして快楽。もっとも古くて、もっとも現代的な究極の幸福論、究極の倫理学講義をアリストテレスの肉声が聞こえる新訳で！

政治学（上・下）
アリストテレス／三浦《みうら》洋《ひろし》◉訳

「人間は国家を形成する動物である」。この有名な定義で知られるアリストテレスの主著の一つ。後世に大きな影響を与えた、プラトン『国家』に並ぶ政治哲学の最重要古典。

弁論術
アリストテレス／相澤《あいざわ》康隆《やすたか》◉訳

ロゴス（論理）、パトス（感情）、エートス（性格）による説得の技術を論じた書。善や美、不正などの概念を定義し、人間の感情と性格を分類。比喩などの表現についても分析する。

光文社古典新訳文庫　好評既刊

詩学
アリストテレス／三浦《みうら》洋《ひろし》◉訳

古代ギリシャ悲劇を分析し、「ストーリーの創作」として詩作について論じた西洋における芸術論の古典中の古典。二千年を超える今も多くの人々に刺激を与え続ける偉大な書物。

神学・政治論（上・下）
スピノザ／吉田《よしだ》量彦《かずひこ》◉訳

宗教と国家、個人の自由について根源的に考察したスピノザの思想こそ、今読むべき価値がある。破門と焚書で封じられた哲学者スピノザの〝過激な〟政治哲学、70年ぶりの待望の新訳！

存在と時間（全8巻）
ハイデガー／中山《なかやま》元《げん》◉訳

〝存在（ある）〟とは何を意味するのか？　刊行以来、哲学の領域を超えてさまざまな分野に影響を与え続ける20世紀最大の書物。定評ある訳文と詳細な解説で攻略する！

人間不平等起源論
ルソー／中山《なかやま》元《げん》◉訳

人間はどのようにして自由と平等を失ったのか？　国民がほんとうの意味で自由で平等であるとはどういうことなのか？　格差社会に生きる現代人に贈るルソーの代表作。

社会契約論／ジュネーヴ草稿
ルソー／中山《なかやま》元《げん》◉訳

「ぼくたちは、選挙のあいだだけ自由になり、そのあとは奴隷のような国民なのだろうか」。世界史を動かした歴史的著作の画期的新訳。本邦初訳の「ジュネーヴ草稿」を収録。

寛容論
ヴォルテール／斉藤《さいとう》悦則《よしのり》◉訳

実子殺し容疑で父親が逮捕・処刑された〝カラス事件〟。著者はこの冤罪事件の被告の名誉回復のために奔走する。理性への信頼から寛容であることの意義、美徳を説く歴史的名著。